KB218732

성령의 불을 받아 권능있게 사실 분의 책

성령의 불
받을 때
느낌체험

강요셉지음

"…내 뒤에 오시는 이는 나보다 능력이 많으시니 나
는 그의 신을 들기도 감당하지 못하겠노라 그는 성령
과 불로 너희에게 세례를 베푸실 것이요"(마 3:11)

성령

성령의 불
받을 때
느낌 체험

성령

들어가는 말

필자가 23년이란 세월동안 성령치유목회를 하다가 깨달은 것은 많은 목회자와 성도들이 성령에 대하여 잘 이해하지 못하고 있다는 것입니다. 성령님을 은사로 알고 있는 분들도 계십니다. 성령님을 능력으로 알고 있는 분들도 계십니다. 성령님을 하나님이나 예수 그리스도보다 더 능력이 있는 것처럼 가르치고 있는 경우가 있습니다. 이는 지극히 잘못알고 계시는 것입니다. 하나님의 하나님, 그리스도의 하나님, 성령의 하나님입니다. 또한 세 분은 세 영이 아닌, 세 위의 하나님입니다. 합하면 삼위일체의 하나님입니다. 세분의 능력과 권능이 동일하십니다. 이것이 정확한 설명입니다. 성령님은 3위 하나님이십니다. 성령님은 하나님과 예수님께서 하신 일을 알게 하시고 믿게 하시고 초자연적인 하나님의 권능이 나타나도록 역사하시는 분입니다.

그래서 성령으로 세례를 받으라고 하는 것입니다. 문제는 성령으로 세례를 어떻게 받느냐 입니다. 예수를 믿으면 성령으로 세례를 받은 것이냐, 아니면 어떻게 다른 방법으로 성령의 세례를 받을 수 있느냐 입니다. 성령세례를 체험해보지 않은 분들이 참으로 난감하고 이해하기 힘든 이론입니다. 또 성령의 불을 받는다고 합니다. 성령의 불을 하늘에서 받는 것입니까? 아니면 교회에서 담임목회자로부터 받느냐. 철야하면서 기도해야 불을 받습니까? 어느 분들과 같이 20일 금식하여 기도해야 성령의 불을 받게 됩니까? 아니면 자신 안에서 성령의 불을 받는 것입니까? 어떤 방법으로 불을 받는다는 것입니다. 우리 목회자나 성도들이 많이 헷갈리는 이론입니다. 또 성령으로 충만하라고 합니다. 성령으로 충만하라는 이론도 쉽게 이해할 수가 없습니다. 성령으로 충만하려면 신앙생활을 열심히 해야 하는 것입니까? 아니면 교회에서 철야하면서 기도해야 성령으로 충만 받을 수 있는 것입니다. 아니면 어느 분들과 같이 밤에 높은 산에 올라가 철야하면 부르짖으며 기도해야 성령으로 충만 받을 수 있는 것입니까? 성령의 세례도 성령의 불을 받는 것도 성령의 충만함을 받는 것도 성도들의 입장에서 보면 참으로 난감한 것입니다. 이유는 교단마다 교회마다 각각 성령세례, 성령체험, 성령의 불을 받는 것, 성령충만 받는 것들에 대한 치침이 상이하기 때문입니다.

이 책에는 성령체험과 성령세례를 받고 성령의 불을 받고 성령으로 충만함을 받는 여러 가지 명확한 영적인 원리들이 상세하게 수록이 되어있습니다. 독자 여러분 이 책을 통하여 초자연적인 5차원의 성령의 역사에 대하여 바르게 깨달으셔서 살아계신 하나님의 성전이 되어 살아계신 하나님을 세상에 나타내시는 군사들이 다 되시기를 소원합니다.

주후 2022년 10월 30일

충만한 교회 성전에서

저자 강요셉목사.

세부적인목차

1부 성령은 죄를 태우는 불과 권세 능력

1장 성령께서 역사하는 불과 권세 능력

(마 3:11) "나는 너희로 회개하게 하기 위하여 물로 세례를 베풀거니와 내 뒤에 오시는 이는 나보다 능력이 많으시니 나는 그의 신을 들기도 감당하지 못하겠노라 그는 성령과 불로 너희에게 세례를 베푸실 것이요"

예수를 믿고 성령의 세례를 정확하게 받으면 그때부터 성령이 주인이 되어 자신의 마음 안에서 성령의 불이 나오고 말에 권세가 있는 하나님의 성전으로 새롭게 태어납니다. 성령님은 우리를 살아계신 하나님의 성전이 되게 하십니다. 이제야 깨닫고 보니까, 성령으로 세례를 받는 것과 성령의 불로 충만 받는 것이 그리 간단하지 않다는 것입니다. "귀신은 성령으로 세례 받고 성령이 충만하면 떠나갑니다." 맞는 말인데 실제적인 성령세례와 성령 충만이 그렇게 말과 같이 쉽지 않다는 것입니다. 분명하게 성령세례와 성령 충만은 달라서 성령으로 세례를 받는 다음에 자신 안에 주인으로 오신 성령으로부터 성령의 불이 나오면서 성령으로 충만하게 되는 것입니다. 무조건 교회예배당에서 살다시피 하면서 기도한다고 성령세례를 받고 성령으로 충만 받는 것이 아닙니다. 성령은 3위 하나님이십니다. 말이 아니고 살아계시면서 초자연적으로 역사하시는 하나님이십니다. 영이시라 보이지 않지만 살아계시는 분입니다. 성령님이 어떻게 역사하시느냐 입니다. 손이 발이 되도록 철야하며 기도하면 하늘에서 성령님이 임하시는 가입니다. 손바닥을 위로 펴고 불을 받으려고 해야 받을 수 있을 까요. 산에 올라가서 철야하며 애걸복걸하며 오래기도하면 성령으로 세례 받고 성령으로 충만 받을 수 있을 까요. 그래서 성령으로 세례를 받고 성령으로 충만을 받으려면 어떻게 해야 하는 지를 먼저 알아야 합니다.

지금 성령님은 하늘에서 임하시지 않습니다. 하늘에서 임한 것은 사도행전 2장 1-4절에서 끝이 났습니다. 어떤 분들이 말하는 것과 같이 하늘에서 임하는 성령으로 세례 받고 충만 받으려고 입을 벌리고 아무리 철야하며 열심 있게 기도해도 성령은 임하시지 않습니다. 분명하게 지금은 그때(사도행전 2장 1-4절) 하늘에서 임하는 성령으로 세례를 받은 사람을 통해서 전이가 됩니다. 조금 이해하기 쉽지 않을 것입니다. 사도행전 2장 1-4절에서 성령세례 받은 사람들에게 역사하시는 살아계신 성령님이 성령을 사모하고 안수 받고 기도한 사람들을 통하여 지금까지 쭉 전파 전이되었다는 것입니다. 쉽게 설명하면 성령세례를 받아 성령의 지배와 장악과 성령으로 충만한 분들를 통하여 살아계시며 초자연적인 5차원의 성령께서 전이된다는 것입니다. 그러므로 성령으로 세례를 받고 성령으로 충만 받으려면 성령세례를 받아 성령의 지배와 장악과 성령으로 충만한 목회자를 찾아가야 합니다. 분명하게 지금은 성령님은 성령으로 충만한 성령님이 주인 된 사람을 통해 역사하시기 때문입니다. 성령님은 살아계시지만 하늘에서 임하시지 않고 성령으로 세례를 받고 성령으로 충만 받아 성령의 지배와 장악이 되어 성령의 인도를 받는 사람을 통하여 전이가 됩니다. 성경은 "너희는 너희가 하나님의 성전인 것과 하나님의 성령이 너희 안에 계시는 것을 알지 못하느냐"(고전 3:16). 성령님은 우리에게 주인으로 오셔서 살아계신 하나님의 성전이 되게 하십니다. 분명하게 성령님은 성전된 사람을 통하여 역사하시고 전이됩니다. 성령세례를 받으시려면 성령으로 세례 받고 성령의 지배와 장악이 되어 성령의 인도를 받는 사람이 인도하는 교회나 기도원이나 치유센터에 가셔야 빨리 성령세례를 받고 성령으로 충만을 받을 수가 있는 것입니다. 고집부리지 말고 따지지 말고 사람 말에 미혹당하지 말고 순수하게 순종해야 빨리 성령으로 세례를 받고 성령으로 충만 받으면서 성령의 역사로 자신의 온몸 성전을 청소하며 귀신을 쫓아낼 수가 있습니다. 그러면 성령으로 세례를 받을 때 어떠한 현상이 일어나고 온몸으로 느끼고 체험하느냐 입니다. 분명하게 성령님은 살아계신 초자연적인 하나님이시기 때문에 성령님이 자신을 점령하여 세례를 베풀 때 온몸으로 느낄 수 있는 체험이 일어납니다.

첫째, 초기 성령을 받을 때 대표적인 현상. 성령은 살아서 초자연적으로 역사하는 실체입니다. 능력도 아니고 은사도 아닌 3위 하나님이십니다. 성령은 성도를 장악할 때 살며시 역사하시지 않습니다. 반드시 육체적으로 느끼게 됩니다. 성령님이 자신의 전인격(영-혼-육)을 장악하기 위하여 임재하시면 마음을 열고 성령체험의 반응을 보이는 것이 당연한 것입니다. 최초 밖에서 임하는 성령의 세례를 체험하면 이런 현상이 나타날 수가 있습니다. 몸이 뻣뻣해집니다. 몸이 뜨겁거나 따뜻합니다. 몸이 시원해집니다. 바람이 느껴집니다. 몸에 전기가 감전된 것같이 찌릿찌릿합니다. 감동이 옵니다. 눈물이 납니다. 허리가 꺾이며 자꾸 뒤로 넘어지려고 합니다. 손에 힘이 주어집니다. 몸에 힘이 빠지기도 합니다.

기분 나쁘지 않는 소름이 끼칩니다. 향기가 납니다. 손발이 저리는 느낌을 받습니다. 몸이 떨리거나 흔들립니다. 근육이나 피부의 한 부위가 떨립니다. 호흡곤란을 느끼기도 합니다. 신체 부위가 커지는 느낌이 듭니다. 물을 먹는 것 같습니다. 잔잔하게 내려오는 것 같습니다. 기뻐집니다. 영적인 생각이 나면서 흥분됩니다. 소리가 질러집니다. 입으로 바람이 불어집니다. 자신은 낮아지고 하나님의 경외하심이 느껴집니다. 방언 찬양이 나오기도 합니다. 눈이 부셔 눈을 깜빡깜빡 거립니다. 배가 묵직해지면서 힘이 들어갑니다. 배가 아프기도 합니다. 술에 취한 것 같이 어지러움을 느낍니다. 잠이 오는 것 같이 졸음이 옵니다.

초기에 밖에서 임하는 성령의 세례를 체험하면 이와 같은 현상을 느끼고 체험합니다. 왜냐하면 성령께서 자신에게 역사하고 있다는 것을 알게 하기 위해서 일으키는 역사입니다. 성도가 체험과 믿음이 없어서 성령님이 자신에게 역사한다는 것을 잘 믿지 못하기 때문입니다. 성령님은 인격이시기 때문에 이렇게 알고 느끼게 역사하시는 것입니다. 그러나 차차로 자신의 영 안에서 분출되는 성령의 불과 성령으로 지배되고 장악이 되면 잔잔해지면서 몸으로 느끼는 가시적인 현상이 점차로 줄어듭니다. 점차로 현상이 줄어들면서 성령으로 충만하여 평안해진다면 자신이 성령으로 장악이 되고 있는 증표입니다. 이때부터는 본인의 영 안에서 성령의 불이 타오르도록 의지적인 노력을 해야 합니다. 성령의 충만 성화는 자신의 노력이 있어야 가능한 것입니다.

많은 분들이 이야기하신 것처럼, 이러한 성령의 불의 역사를 잘못된 것이라든지, 이단이라든지, 금해야할 사안이라든지, 그런 것과는 상관이 없는 아주 정상적인 오히려 권면할만한 성령의 초기 임재현상입니다. 권면한다고 누구나 이처럼 그렇게 되는 것은 아니겠지만…. 성령의 임하실 때의 몸의 영적 반응이니 염려하지 마시고 더욱 성령님이 이끄시는 대로 기도에 힘쓰시기를 바랍니다. 마음을 열고 성령의 불로 충만 받기를 사모하시기를 바랍니다.

그러나 이런 현상이 일어나는 것만 관심을 가지면 안 됩니다. 성령의 불의 역사가 자신을 지배하고 장악하여 육에 역사하는 악한 기운을 기침이나 울음이나 토함을 통하여 배출해야 합니다. 자꾸 배출하면 할수록 상처가 치유되니 마음이 평안해지고, 기도가 깊어지고, 성경말씀의 비밀이 보이는 영안이 열리기도 합니다. 좌우지간 지속적(몇 년이고)으로 이런 가시적 현상이 일어나는 것은 권장할 만한 사안이 아닙니다. 초기에 일어나는 현상이기 때문입니다. 자신의 영 안에서 분출되는 성령의 불로 장악하여 치유되면 점점 빈도가 약해지다가 더 이상 나타나지 않는 것이 보통입니다. 초기에는 강력한 뜨거움을 체험하기도 하지만 성령으로 지배되고 장악이 되면 점점 평안한 상태만 지속됩니다. 성령의 불의 역사를 체험하면서 자신 안에 상처와 독소(초인적인존재)를 배출해야 합니다. 그래야 전인격이 성령으로 지배와 장악 되어 질병과 상처가 치유되고 영적인 성도로 변합니다. 몸의 진동이나 떨림은 그 자체는 은사가 아니지만, 초기 성령체험의 대표적인 한 현상이라 말할 수 있겠지요. 몸의 진동이나 떨림이 있는 성령체험 중, 은사를 받기도 하고 특정한 은사가 나타나기도 할 수 있으나, 은사자체는 아니지만, 은사의 전조(시작, 징후)현상이라 표현하는 것이 좋겠습니다.

그리고 이미 은사가 임한 뒤에도 성령이 임하실 때, 강렬한 성령체험이 동반될 때, 몸의 진동이나 떨림 현상이 계속 이어질 수 있습니다. 그러나 점점 강도가 약해지는 것이 보통입니다. 이유는 성령의 불이 자신을 장악했기 때문에 진동이나 떨림은 약해지는 것입니다. 몸의 진동(떨림)은 은사 이전에도 있고, 은사를 받는 과정에도 자주 경험되고, 은사를 이미 받은 은사의 훈련과 성숙함이 이루어진 이후에도 있을 수가 있습니다. 정확히 말하자면 초기 성령님 임재하실 때 혹은 은사를 주실 때 일어나는 내 몸의 반응(체험)현상이랍니다. 내 몸에 진동(떨림)이 있으면 여러 가지 은사와 능력이 함께 임한답니다. 방언 체험할 때에도 성령님이 강하게 임재하시면 온 몸이 흔들리고 떨리고 지진이 날 때 물 컵 속의 물방울이 진동하듯이 춤추듯, 붕붕 뜨듯, 좌우로 고무줄로 당기듯, 흔들립니다. 기도할 때에도 진동(떨림 현상)이 일어나지만, 예배나 찬양 기도하는 시간과 아무 상관없이 진동(떨림 현상)을 경험하는 이들도 많습니다. 이것은 기도할 때만이 아닌 지금도 성령님이 내주하시고 동행하신다는 확증이라고 이해하면 될 것입니다. 진동의 강도도 사람 따라, 믿음 따라, 성령 체험 따라 다 다릅니다. 떨림의 양상도 모두 다릅니다. 온 몸이 떨리기도 하고 몸의 일부분만 떨리기도 하고, 팔이나 어깨만 떨리기도 하고, 다리만 떨리기도 하고, 머리만 떨리기도 합니다. 어떨 때는 왼쪽의 몸의 기관만 떨리기도 하고, 그리고 신체부위의 떨림이 이동하기도 한답니다. 다 정상이고 지극히 좋은 것이고 하나님이 부어주시는 성령의 역사입니다.

　대개 진동만 있지 않고 몸의 뜨거워짐, 거대한 자석에 붙들려있는 느낌, 어마어마한 무게로 눌리는(아주 따뜻하게 기분 좋은 접붙인 것과 같은 느낌의 눌림)느낌, 머리의 뚜껑이 열려서 그 속으로 무언가 들어가고 나가는 광채를 느끼기도 합니다. 안수기도 받을 때, 축도를 받을 때에도 이와 같은 현상이 일어나기도 합니다. 운동을 심하게 했을 때 근육이 뻐근하고 결리는 것과 같은 통증도 수반될 때도 있답니다. 이는 성령님이 아주 강하게 임하셨을 때 내가 믿음이나 기도의 분량이 적어서 통증을 느끼기도 피곤함을 경험하기도 하는데 모두 정상적인 것이고 좋은 것입니다. 지각이 흔들리고 온 지구가 들썩거릴 것과 같은 환상체험이 오면서 꼭 콘크리트 바닥을 내 옆에서 거대한 굴착 기계로 파 들어갈 때 흔들림처럼 온 옴이 덜덜덜덜두두두두 떨리다가 형용하기 힘든 크고 웅장하며 강렬한 주님의 음성이 임하기도 한답니다. 이렇게 자신에게 주신 것은 은혜체험이요. 성령의 불의 역사 체험이요. 영적 만나주심(영적 교제)이라고 할 수 있습니다. 성령이 자신에게 임재 하셨다는 것을 알게 하기 위해서 나타나는 현상입니다. 자신의 양팔이 바람개비처럼 빠르게 돌려지며 펄럭이듯 할 수도 있습니다. 흡사 선풍기를 틀어놓은 것처럼 빙글빙글 돌며 온 몸이 붕붕 뜨듯 들리며 진동을 할 것입니다.

그러나 이러한 현상이 일어났다고 다 된 것은 아니랍니다. 분명하게 초기 성령께서 자신을 장악할 때 나타나는 현상이니 자신은 성령으로 완전하게 장악되려고 의지적인 노력을 해야 합니다. 이런 현상에만 머무르면 믿음이 자라지 않고 보다 깊게 영안이 열리지를 않습니다. 성령 사역을 전문으로 하는 사역자에게 가셔서 내면을 말씀과 성령으로 내면을 정화하고 상처와 독소를 배출하면 이런 현상이 더 이상 나타나지 않을 것입니다. 성령의 불이 자신을 완전하게 장악하면 절대로 이런 현상이 나타나지 않습니다. 분명하게 초기 성령을 체험할 때 나타나는 현상이니 빨리 깨닫고 성령으로 온몸 기도하여 치유되어 초보를 면해야 할 것입니다.

이런 초기 성령을 체험한 분들은 더욱더 신령한 은사를 사모하시구요. 하나님의 나라와 의를 위하여, 하나님을 기쁘시게 하기 위하여, 존귀하게 쓰임받기를 감사함으로 구하시기를 바라며, 자신에게 임하는 은혜와 성령의 교통하심이 날마다 풍성하여져서 가족뿐 아니라, 많은 이웃과 다니는 교회예배당과 모든 성도의 가정에 이르기까지 넘쳐흘러서 주님께 칭찬받는 믿음이 되시기를 바랍니다. 이런 현상을 체험한 분도 분명하게 치유될 부분이 많으니 말씀과 성령으로 전문적인 성령치유를 하는 목회자를 만나 성령으로 집중기도하며 치유하여 하나님이 원하시는 영적인 상태가 되시기를 바랍니다. 그래야 하나님에게 귀하게 쓰임을 받게 됩니다.

둘째, 초기 성령을 받을 때 체험하는 현상은 분별이 필요하다.
성령이 성도를 장악하면 몸으로 느끼게 됩니다. 진동을 하기도 합니다. 손이 위로 올라가면서 흔들기도 합니다. 몸이 뒤 틀리기도 합니다. 허허허 하면서 웃음이 터지기도 합니다. 마치 전기에 감전된 것과 같이 손이 찌릿찌릿하기도 합니다. 땀을 흘리면서 악을 쓰기도 합니다. 손가락이 게 발과 같이 오그라들면서 떨기도 합니다. 사지가 뒤틀리기도 합니다. 덩실덩실 춤을 추기도 합니다. 팔과 다리가 오그라들기도 합니다. 배가 아프기도 합니다. 이상한 소리를 내기도 합니다. 이유 없는 두려움이 엄습하기도 합니다.

저도 처음 성령사역을 할 때는 이런 현상을 느끼면서 성령 세례를 받은 것이라고 믿었습니다. 성령사역을 20년이 넘은 지금에 와서 보니 참으로 위험천만한 분별해야 할 성령의 역사가 교회에서 일어나고 있다는 것입니다. 이런 현상은 분명하게 분별되어야 할 현상입니다. 성령이 임재 하니 사람 속에 숨어있던 악한 영이 정체를 폭로할 때 일어나는 현상이라고 해도 틀리지 않습니다.

필자가 얼마 전에 성령사역을 하면서 위와 같은 현상을 일으키는 성도를 안수 했습니다. 그랬더니 악한 영이 말로 표현할 수 없을 정도로 떠나갔습니다. 3일 동안 지속적으로 안수하니 위와 같은 영적현상이 일어나지 않았습니다. 일어나지 않을 뿐만 아니라, 본인의 마음이 너무 편안하고 기도가 술술 나온다고 간증을 했습니다. 그래서 본인에게 기도할 때 이런 현상이 일어난 것이 얼마나 되었느냐고 질문했습니다. 3년 정도 되었다는 것입니다. 3년 동안 귀신에게 속은 것입니다. 이 성도가 잘못된 것이 아닙니다. 이런 현상을 보고 양신역사라고 하면서 바로잡아줄 영적인 사역자가 별로 없었다는 것입니다. 이 성도의 말에 의하면 3년 동안 성령의 역사가 있다는 곳은 안 가본 곳이 없을 정도로 다 다녀 보았다는 것입니다. 그런데 어느 한곳에서도 바로 잡아주는 곳이 없었다는 것입니다.

이 성도가 하는 말이 성령의 역사가 있다는 곳에 가서 2박 3일 또는 3박 4일 은혜를 받고 오면 한 일주일은 충만하게 지낸답니다. 그런데 2주가 되면 슬슬 마음이 답답하고 기도가 잘되지 않아서, 또 다른 곳을 가게 되었다고 했습니다. 이 현상은 이렇게 설명할 수 있습니다. 성도는 영의 만족을 누려야 모든 것이 좋아집니다. 자기 나름대로 성령이 충만하다고는 하지만, 저와 같은 전문적인 성령사역을 하는 분들의 눈에는 이렇게 보입니다. 이 성도의 마음 안에 있는 성령의 역사가 밖으로 나타나지 않는 것입니다. 즉, 영의 통로가 막혔다는 것입니다. 성도는 마음 안에 있는 성령의 불과 성령의 생수가 심령에 부어져서 밖으로 나와야 영의 만족을 누리는 것입니다. 그런데 영이 막혀서 심령에서 성령의 역사가 밖으로 나오지 못하니 은혜 받을 때는 괜찮은데 시간이 지나면 답답해 지는 것입니다.

이 문제가 왜 생길까요. 첫째, 성령의 불을 밖에서 받는다는 잘못된 이론 때문입니다. 이는 이책에서 상세하게 설명을 합니다. 둘째, 성령의 불을 받으려고 밖에만 관심을 가지니 정작 자신의 심령에 관심을 갖지 않으니 영의 통로가 열릴 이유가 없는 것입니다. 셋째, 자신의 심령 상태에는 관심을 갖지 않고, 그저 보이는 면과 밖으로 역사가 나타나는 것에만 관심을 가진 결과입니다.

지금 많은 교회와 성령사역을 하는 곳들이 모두 이렇습니다. 성령의 불을 밖에서 받으려고 능력이 있고 불이 있다는 강사에게만 관심을 가지기 때문입니다. 저도 초기 성령사역을 할 때와 성령의 능력(불)을 받으러 다닐 때 모두 이런 식이었습니다.

저는 다행하게도 내적치유를 하면서 내면에 관심이 많았기 때문에 쉽게 내면관리를 하다 보니까, 성령의 불은 자신의 영 안에 계신 성령으로부터 나와야 된다는 것을 알게 된 것입니다. 그래서 내면관리를 집중해서 하다 보니까, 앞의 성도와 같이 잘못된 성령의 역사를 분별하여 치유할 수가 있었습니다. 이런 분들이 우리교회 집회에 오면 먼저 기도 시간에 제가 안수를 일일이 하면서 성령의 역사가 성도의 마음 안에서 일어나도록 합니다.

조금만 지나면 강력한 성령의 역사가 일어나 속에서 더러운 상처와 귀신들이 떠나갑니다. 이렇게 2일만 하면 거의 모두 이해할 수 없는 성령의 역사가 정리됩니다. 점차 안정을 찾아 심령에서 불이 나오는 성도들로 바뀌게 됩니다. 기도는 성령으로 해야 합니다. 자신의 마음 안에 계신 성령의 역사가 밖으로 나오면서 치유도 되고, 귀신도 떠나가고, 자신의 안에 계신 성령으로부터 '레마'도 들리게 되는 것입니다. 귀신 축사하면 능력 있는 목사가 귀신을 불러내어 쫓아내는 줄로 알고 있습니다. 이것은 잘못 알고 있는 것입니다. 자기 안에 계신 성령의 불의 역사가 밖으로 나오면서 귀신을 몰아내는 것입니다. 귀신은 전적으로 귀신의 영향을 받는 성도의 성령의 권능에 의하여 밀려나오도록 해야 합니다. 그래서 성령의 세례가 중요한 것입니다. 성령의 세례가 임하고 영 안에서 성령의 불이 분출되어야 귀신을 축귀할 수 있기 때문입니다.

영적인 사역자는 어떻게 하면 피 사역자에게 성령의 역사가 강하게 일어나게 할 수 있는지 비결을 터득하고 행할 수 있는 사람이 진정 영적인 사역자입니다. 방법은 그리 어렵지 않습니다. 피 사역자의 심령에서 성령의 역사가 일어나 밖으로 나오게 하면 되는 것입니다. 그런데 성령의 불을 밖에서 받는다고 인식하고 밖에만 관심을 가지고 있으니 영의 통로가 뚫리는데 시간이 많이 걸립니다. 성도들이 영의 만족을 누리지 못하고 방황을 합니다. 성령의 불을 밖에서 받으려고 관심을 밖에 두니 심령을 치유할 수가 없습니다. 심령치유가 되지 않으니 예수를 20년을 믿어도 변화되지 않는 것입니다. 구습은 반드시 성령의 역사가 마음속에서 일어나야 치유가 됩니다. 바른 성령의 역사를 알고, 바르게 기도하고, 성령을 체험하면 성도가 변하지 않으려고 해도 변화될 수밖에 없습니다. 이를 시정하여 해결해야 될 문제는 첫째로, 성령의 불은 자신의 영 안에서 나와야 합니다. 물론 처음에는 밖에서 역사하는 성령의 불을 받아야 합니다. 그러나 시간이 경과되면 자신의 영 안에서 성령의 불이 나오도록 영성관리를 해야 합니다. 그래야 영이 자랍니다. 영은 생명의 말씀과 성령의 역사에 의하여 영이 깨어나고 자라게 됩니다. 둘째로, 기도를 바르게 해야 합니다. 성령으로 심령에 관심을 두고 기도해야 합니다. 머리를 써서 아무리 장구한 말을 많이 한다고 해도 변화되지 않습니다. 왜냐하면 인간적인 3차원의 기도이기 때문입니다. 성령으로 기도하여 심령에서 초자연적인(5차원) 성령의 역사가 일어나야 변화되기 시작 합니다. 성령으로 기도할 때 자신 안에서 성령의 불이 나오기 때문입니다.

제가 지금까지 설명한 말을 오해해서 들을 수가 있어서 다시 한 번 말씀 드립니다. 성령님은 인격체이시지만 실제적인 어떤 능력과 에너지로써 충만하게 임하면 우리가 육체적으로도 어떤 느낌과 감각을 느끼게 됩니다. 일반적으로 불의 뜨거운 느낌, 전류가 흐르는 것과 같은 느낌, 몸이나 신체의 일부가 가벼워지는 부양감, 또는 반대로 무거워지는 것과 같은 느낌, 환한 빛이 비추어져 오는 것과 같은 느낌, 때로는 향기가 풍겨오는 것과 같은 느낌, 한없이 포근한 느낌, 시원한 느낌, 때로는 편안하여 졸리는 것과 같은 느낌 등 다양하게 느껴집니다. 그러나 이와 같은 현상은 성령체험의 초기에 나타나는 현상입니다. 어느 정도 신앙이 자라고 영이 깨어나 영 안에서 성령의 불이 분출되어 성령이 자신을 장악하면 서서히 몸으로 느끼거나 볼 수 있는 가시적인 현상이 없어집니다. 그저 평안하기만 합니다. 왜 그럴까요? 성령이 자신을 완전하게 장악하여 성령님과 하나가 되니 전인격이 천국이 되어 살아계신 하나님의 성전이 되었기 때문입니다.

필자가 그동안 성령사역을 하면서 체험한 결과 성령의 세례 체험현상은 항상 일어나는 것이 아닙니다. 성령으로 변하여 영이 자라면 자란 만큼씩 몸으로 느끼거나 볼 수 있는 가시적인 현상이 현저하게 줄어듭니다. 그래서 자신이 몸으로 느끼거나 볼 수 있는 가시적인 현상이 나타났다고 영적으로 다 된 것이 아니라는 것입니다. 이는 이 책을 읽고 있는 분이 말씀과 성령으로 깊은 영성을 개발하여 성령님과 인격적이고 친밀한 관계가 되면 이해할 수가 있습니다. 이는 성령님과 이런 관계가 된 것입니다. 성령이여! 임하소서. 하면 이미 성령님이 자신을 장악한 것으로 믿는 것입니다. 믿으니까, 성령께서 마음껏 역사하는 것입니다.

이를 믿고 담대하게 성령님이 주신 레마를 가지고 사역을 하면 성령이 역사하여 주시는 관계이기 때문입니다. 한마디로 성령님과 주거니 받거니 하는 관계가 되었기 때문에 성령의 임재현상이 필요가 없는 것입니다. 너무 밖으로 나타나는 성령의 임재현상에 관심 갖지 마시고 말씀과 성령으로 변하여 성령님과 인격적인 관계가 되려고 노력해야 합니다. 성도들을 이렇게 지도해야 성도들의 믿음이 자라서 영의 자립을 하면 영적인 군사가 되어 하나님에게 쓰임을 받을 수가 있는 것입니다. 히브리서 저자는 5장 12절에서 이렇게 말합니다. "때가 오래 되었으므로 너희가 마땅히 선생이 되었을 터인데 너희가 다시 하나님의 말씀의 초보에 대하여 누구에게서 가르침을 받아야 할 처지이니 단단한 음식은 못 먹고 젖이나 먹어야 할 자가 되었도다" 성도는 자신의 머리가 아니라 성령으로 진리를 깨달아 성령님이 주인 되어야 합니다.

능력 있다는 목사님만 바라보고 성령의 불 받으려고 하는 무지한 성도들을 만들지 말아야 합니다. 스스로 자기에게 임재 하여 계신 성령님으로부터 불을 받고 레마를 받아 살아가는 성도를 만들어야 합니다. 다시 말하면 영적인 자립을 하는 성도를 만들어야 한다는 것입니다. 그래야 어디를 가더라도 자기 안에 계신 성령님과 친밀한 관계를 가지면서 자기가 위치해 있는 곳을 하나님의 나라로 만드는 하나님의 군사가 될 수 있는 것입니다. 우리는 무슨 현상을 보고. 체험하는 것에 중점을 두지 말고, 자신이 예수님의 성품과 같이 변화되고 있는지에 관심을 두어야 합니다.

그리고 성령 사역을 하시는 분들은 영들을 분별하는 능력을 깊고 수준 높게 개발하여 성도들이 불필요한 고통을 당하지 않도록 지도할 수 있어야 합니다. 성령은 하나님과 하나이시며 예수 그리스도를 영접하여 죄 사함을 받은 하나님의 자녀들에게 선물로 임하시고 하나님의 자녀들에게 보혜사로 오셔서 온몸을 치유하시며 진리 가운데로 인도하시는 귀한 분이십니다. 따라서 하나님의 선물인 성령을 사모하며 우리 마음 안에 모셔 들여 하나님의 자녀 된 권세를 얻고 영생과 천국을 소유하는 자가 되어야 하겠습니다.

2장 성령의 불 받으려면 성령을 알아야

(요 16:7)"그러나 내가 너희에게 실상을 말하노니 내가 떠나가는 것이 너희에게 유익이라 내가 떠나가지 아니하면 보혜사가 너희에게로 오시지 아니할 것이요 가면 내가 그를 너희에게로 보내리니"

성령의 불세례를 받고 성령으로 충만하게 살아가려면 성령님이 어떤 분인지 정확하게 알고 체험해야 합니다. 하나님은 예수를 믿는 성도가 성령을 알고 성령으로 세례를 받고 성령과 인격적인 관계를 맺으면서 살아가기를 소원하고 계십니다. 무지하기만 하던 필자도 성령을 알고 성령으로 세례를 받고 성령과 인격적인 관계를 맺으면서 많은 영적인 변화를 체험하고 기쁜 마음으로 목회를 하고 있습니다. 성령께서는 우리를 인도하실 때 밤같이 어둡고 캄캄한 시련을 당할 때면 낙심과 절망으로 얼어붙은 마음을 녹여주시고 훈훈하게 해 주셔서 믿음과 용기를 우리 마음속에 부어주시고 앞길을 안내하시는 것입니다.

또 우리를 보호하시고 밝은 길로 인도하시며 대낮의 삶의 생존 경쟁에서 힘들고 지칠 때, 낙심할 때 우리를 위로해 주시고 상쾌하게 해주시고 쉬게 해주시고 기쁨과 소망을 주심으로 이 광야 같은 세상을 우리들이 승리로 살아가게 만들어 주시는 것입니다. 이스라엘 백성이 낮에는 구름기둥, 밤에는 불기둥이 없이는 절대로 광야를 통과할 수 없습니다. 그들은 광야에서 다 희생되고 죽었을 것입니다. 그처럼 오늘 우리가 예수 믿고 이 삭막한 세상에서 신앙생활 해나가려고 할 때 우리 속에 와 계신 성령이 구름기둥과 불기둥처럼 우리에게 희망과 용기와 능력과 위로와 평안을 주시지 아니하신다면 우리의 신앙생활은 결코 성공할 수가 없습니다.

성령님은 어떠한 분이신지, 어떻게 역사하시는지, 바르게 알아야 성령으로 세례를 받고, 성령으로 충만 받으면 성령의 불세례를 받으면서 권능있는 믿음생활을 할 수가 있습니다. 성령께서 세상에 오신 것을 바르게 알고 받아 누리려고 해야 할 것입니다.

첫째, 처음에는 하늘에서 성령이 강림하셨다. 예수님은 요한복음 14장 16절로 18절에서 "내가 아버지께 구하겠으니 그가 또 다른 보혜사를 너희에게 주사 영원토록 너희와 함께 있게 하리니 (17) 그는 진리의 영이라 세상은 능히 그를 받지 못하나니 이는 그를 보지도 못하고 알지도 못함이라 그러나 너희는 그를 아나니 그는 너희와 함께 거하심이요 또 너희 속에 계시겠음이라 (18) 내가 너희를 고아와 같이 버려두지 아니하고 너희에게로 오리라."

예수님께서 십자가에서 해 받으시고 부활하시고 승천하셨습니다. 이제는 그들은 고아와 같이 되었습니다. 내동댕이 쳐버리고 버림받은 처지에서 올 때 갈 때 없는 상황에서 성령오시기를 기다리는 것입니다. 예수님께서 "볼지어다 내가 내 아버지께서 약속하신 것을 너희에게 보내리니 너희는 위로부터 능력으로 입혀질 때까지 이 성에 머물라 하시니라."(눅 24:49). 하셨기 때문입니다. 예수님이 제자들이 믿을 수 있도록 부활하사 40일 동안 여러 모습으로 나타나셔서 낙심한 제자들을 다 모으셔서 감람산에 오게 하시고 그곳에서 최대의 명령을 내리시고 그들이 보는 앞에서 하늘로 승천해 올라가셨습니다.

사도행전 1장 4~8절에 "사도와 같이 모이사 저희에게 분부하여 가라사대 예수살렘을 떠나지 말고 내게 들은 바 아버지의 약속하신 것을 기다리라 요한은 물로 세례를 베풀었으나 너희는 몇 날이 못되어 성령으로 세례를 받으리라 하셨느니라. 저희가 모였을 때에 예수께 묻자와 가로되 주께서 이스라엘 나라를 회복하심이 이때니이까 하니 가라사대 때와 기한은 아버지께서 자기의 권한에 두셨으니 너희의 알 바 아니요 **오직 성령이 너희에게 임하시면 너희가 권능을 받고 예루살렘과 온 유대와 사마리아와 땅 끝까지 이르러 내 증인이 되리라 하시니라**"고 주님께서 말씀을 하셨습니다. 이 말씀을 듣고 제자들은 예루살렘 마가 요한의 다락방에 모여서 120여명의 남-여 성도들이 열심히 성령이 오실 때까지 간절히 기도하였습니다. 그러자 한 열흘이 지나고 오순절 날이 이르자 갑자기 하늘로서 강한 바람 같은 소리가 나며, 그들 방에 가득하더니 불의 혀같이 갈라지는 것이 각 사람 머리 위에 하나씩 임하였습니다. 그들이 곧 성령의 충만함을 받고 성령의 말하게 하심을 따라 다른 방언으로 말하기 시작했습니다. 그것이 바로 하나님의 성령께서 이 땅에 강림하신 날인 것입니다. 예수께서 부활하사 아버지 보좌 우편에 앉으시매 아버지께로부터 성령을 선물로 받아 제자들에게 부어주신 것입니다. 이래서 그만 성령이 오시고 성령 세례를 받자마자 제자들에게 거대한 변화가 다가온 것입니다. 제자들은 갑자기 성령의 비추심을 통해서 예수님의 십자가 죽음과 부활이 인류구원의 하나님의 역사인 것을 깨닫게 된 것입니다. 그들은 예수 그리스도의 죽음이 비참한 실패라고 생각하고 그것이 그리스도 복음의 종말인줄 생각하였는데 성령이 와서 비추어주자 그리스도의 십자가의 죽으심과 부활은 바로 인류를 죄에서 구원하는 하나님의 위대한 계획이요, 하나님의 은사요, 하나님의 승리란 것을 깨닫게 된 것입니다. 예수님이 몸으로 죽었다가 몸으로 부활한 것을 그들이 보고 깨닫자마자 몸이 다시 살고 영원히 사는 것을 알게 되어서 인간은 죽어서 사라지는 것이 아니라 인간은 죽음으로써 다시 부활해서 영원히 산다는 확신을 얻게 된 것입니다.

그리고 하나님과 예수님의 살아계심을 몸으로 체험하고 뜨겁게 사랑하게 되었습니다. 하나님의 성령이 속에 들어와 계심으로 성령의 역사로 말미암아 야! 하나님은 살아계신다! 부활하신 예수님은 우리와 같이 계시는 것을 이제는 들어서 아는 것이 아니라, 몸으로 체험하고 그들은 뜨겁게 하나님과 예수님을 사랑하게 된 것입니다. 그러자 천국의 소망과 기쁨이 충만하게 되어서 이 세상에서 살아가는 인생의 삶은 일부분 같은 생활이나 주께서 예비한 영원한 영광스러운 천국이 확실한 것을 알게 되고 마음의 기쁨이 넘쳐흐른 것입니다. 그리고 겁과 두려움이 사라지고 강하고 담대한 믿음이 생겼습니다. 성령의 이끌림을 받는 성도가 되었습니다.

살면 전도요! 이 세상을 떠나면 영원한 천국이다! 두려울 것이 뭐냐? 강하고 담대한 마음이 생겼습니다. 그리고 전도의 열심이 마음을 폭발하여 그들은 일어나서 온 예루살렘을 복음으로 채우고 유대와 사마리아와 땅 끝까지 물밀듯이 그리스도의 복음으로 밀고 나가게 된 것입니다. 그리고 그들의 말과 행동에 하나님의 초자연적인 권능이 나타나서 귀신이 쫓겨나가고 병든 자가 고침을 받고, 하나님의 기적적인 역사가 나타난 것입니다. 당시 사회의 낮은 계층의 소수의 사람들이 일어나 인류와 세계 역사를 뒤바꾸어 놓는 위대한 역사를 베풀게 된 것입니다. 이것이 바로 성령께서 오셔서 그들 생애 속에 일어난 거대한 변화를 말하는 것입니다.

하나님의 성령께서 오늘 우리 가운데 와 계시는데 우리가 이 성령님을 인정하고 환영하고 모셔드리고 충만하면 우리 예수 믿는 성도들의 생활 속에 옛날에 사도들이 체험한 이 거대한 변화가 우리에게 다가오게 되는 것입니다. 이렇기 때문에 잠자는 교회가 깨어 일어나고 잠자는 성도가 새로운 신앙의 불길을 얻기 위해서는 이와 같은 성령과의 만남, 성령의 체험이 반드시 있어야 되는 것입니다. 오늘날은 주님께서 새삼스럽게 성령을 하늘에서 부어 주실 필요가 없습니다. 성령은 오순절 날 이후 2000년 동안 성령세례 받은 우리 가운데 와 계신 것입니다. 우리가 예수님을 믿고 회개하고 깨닫기만 하면 성령은 바람같이 불같이 생수같이 우리에게 임하여서 역사해 주시는 것입니다. 이와같이 성령님은 오순절 날까지 사모하고 순종하는 사람들에게 하늘에서 임재하셨습니다. 그 다음부터는 이때에 성령 세례받은 사람들을 통해 나타내셨습니다. 지금은 성령세례 받은 사람들을 통해 전이 됩니다.

둘째, 다음에는 성령의 불세례를 받은 사람을 통해 임하셨다. 처음은 하늘에서 임하셨지만 그 다음 부터는 성령 세례받은 사람들을 통하여 나타내셨습니다. 사도행전 10장에는 고넬료 가정에 성령의 불이 임한 사건이 나옵니다. 고넬료는 이탈리아 사람이었습니다. 이탈리아의 육군대위였습니다. 그는 유대인이 아니었습니다. 그럼에도 불구하고 그는 구제를 많이 하고 하나님께 기도를 많이 했는데 오후 3시에 간절히 기도하니까 갑자기 하나님의 천사가 그 앞에 나타났습니다. '고넬료야!, 고넬료야!' 하매 깜짝 놀라서 소스라쳐 쳐다보니까 '네 구제와 기도가 하늘에 상달되었다. 욥바에 사람을 보내서 베드로라는 사람을 청하라. 그가 구원에 대한 말을 해줄 것이다.' 고넬료가 욥바에 사람을 보내 베드로를 청해다가 말씀을 듣습니다. 원래 고넬료는 그 식구들과 함께 기도를 많이 했었습니다. 그래서 고넬료는 베드로가 오기 전까지 온 친지들을 모아 놓고 간절히 기도하고 있는데 베드로가 와서 하나님의 말씀을 증거 합니다. 모세의 율법으로도 의롭다 함을 받지 못한 사람이 예수를 믿으면 그 피로 말미암아 죄 사함을 받고 의롭게 된다는 설교를 하자. 그 말씀을 듣고 그것을 믿자마자 성령이 임하신 것입니다. 그래서 고넬료와 그 가족들이 다 성령의 세례를 받고 하나님을 높이며 방언을 말하고 역사가 일어났었습니다.

그러므로 지금 성령이 역사하는 교회 시대는 성령을 받은 사람에게 찾아가 말씀을 듣고 안수 받을 때 성령을 받을 수 있습니다. 지금은 혼자 기도할 때 하늘에서 성령의 불이 임하지 않습니다. 성령세례를 받은 충만한 사람에게 말씀을 듣고 안수를 받을 때 성령의 불이 임합니다. 다시 말해서 혼자 기도해서는 성령의 세례를 받을 수 없다는 것입니다. 처음은 성령세례와 성령의 불세례를 받은 사람을 통하여 성령의 불을 받을 수가 있다는 말입니다.

그러나 계속 다른 사람을 통해서 성령의 불을 받으면 안 된다는 것입니다. 자꾸 다른 사람을 의지하여 성령의 불을 받으려고 하면 영적자립을 할 수 없는 성도가 되기 때문입니다. 다른 사람을 통하여 성령의 불을 받은 성도는 이제 자기 안에 있는 성령의 불을 밖으로 나오게 해야 합니다. 자기 안의 성령의 불이 나올 때 불세례가 나타나는 것입니다. 알아야 될 것은 베드로는 성령으로 음성을 들었고, 고넬료는 천사를 통해서 음성을 들었습니다.

셋째, 성령이 우리를 도와주시는 일들

1) **성령은 지혜의 영이신 것입니다.** 이사야11장 2절로 말한 것처럼 "여호와의 신 곧 지혜와 총명의 신이요 모략과 재능의 신이요 지식과 여호와를 경외하는 신이 그 위에 강림하시리니"라고 말한 것처럼 우리 속에 와 계신 성령은 지혜의 영이신 것입니다. 지혜란 뭡니까? 지혜란 하나님만 아시는 문제 해결 방법입니

다. 문제에 부딪쳤을 때 그 문제를 해결할 수 있는 능력을 말한 것입니다. 그렇기 때문에 이 세상의 생존경쟁은 바로 지혜의 경쟁입니다. 문제를 해결하고 해결하는 사람은 점점 앞으로 나아가고 문제에 부딪쳐서 전진하지 못하고 주저앉으면 이 사람은 패배하는 것입니다. 이런데 하나님의 성령께서는 지혜의 영으로 우리 속에 와 계십니다. 성경은 말하기를 너희가 누구든지 지혜가 부족하거든 꾸짖지 아니하시고 후히 주시는 하나님께 구하라 그리하면 주시리라고 말씀한 것입니다. 주님이 나를 믿는 백성은 머리가 되고 꼬리 되지 않고 위에 있고 아래 되지 않고, 남에게 꿔줄지라도 꾸지 않겠다는 것은 주님께서 우리에게 넘치는 지혜를 주시겠다는 것입니다. 이러므로 금을 구하지 말고 은을 구하지 말고 지혜를 구하라고 잠언에 말한 것처럼, 우리 속에 성령이 지혜의 영으로서 임재하여 계심으로 항상 성령님께 지혜를 구하십시오! 문제를 당했을 때 어떻게 문제를 해결할지 지혜를 구하십시오! 성령께서는 지혜의 영이십니다.

　2) **성령은 총명의 영이십니다.** 총명의 영이란 사물을 깨닫는 능력입니다. 마음이 아둔해서 사물을 깨닫지 못합니다. 무엇이 일어나는지 어떻게 되는지 어떻게 될지 모르고 암담하게 있을 때가 많습니다. 요새는 총명이 없이는 생존경쟁에서 살아나갈 수가 없습니다. 온 세계의 역사를 통해서 또 경쟁을 통해서 무슨 일이 일어나는지 빨리 깨닫고 알아 대처해야 됩니다. 총명이 필요합니다. 이 총명은 바로 성령이 우리 속에 계셔서 총명의 영으로서 우리에

게 깨달음을 주십니다. 빨리 사태를 깨닫고 거기에 대처하면 사고도 미연에 방지할 수 있고 또 새로운 세계를 열어갈 수 있는 것입니다. 총명은 얼마나 필요한지 모릅니다. 바로 성령이 총명의 영으로 우리 속에 들어와 계신 것입니다.

3) **성령은 모략의 영입니다.** 모략이라고 말하면 사람들은 잘못되게 해석하는데 나쁜 모략이 아니라 모사를 행해 주는 영이라는 것입니다. 성령께서는 일을 성공시키는 가르침을 주는 것이 바로 모략입니다. 어떻게 하면 원만한 가정을 가질 수 있는가? 어떻게 하면 좋은 부부관계를 가질 수 있는가? 어떻게 하면 자녀를 잘 기르는가? 어떻게 하면 사업을 잘 성공시킬 수 있는가? 어떻게 하면 이 일을 무사히 잘 해결할 수 있는가? 어떻게 하면 하나님을 기쁘시게 할 수 있는가? 이런 여러 가지 일에 모사를 주시는 것입니다. 성령은 그 카운슬링을 주십니다. 어려운 문제를 당하면 지혜로운 사람에게 카운슬링을 받으러가지 않습니까? 우리 속에 계신 성령이 바로 모략의 신이신 것입니다. 모사를 베풀어주십니다. 성령께 구하면 성령이 모사를 주십니다. 삶을 살아가다가 당하는 어려움을 성령님과 의논하시기를 바랍니다.

4) **성령은 재능의 영입니다.** 여러 가지 재능을 주셔서 능력 있게 인생을 살게 합니다. 사람들 각자를 주님이 택하셔서 여러 사람의 성향에 따라서 특별한 재능을 주시고 특별한 능력을 주셔서 그 재능을 가지고 어떠한 사람은 노래를 잘하고, 어떠한 사람은 가르치기를 잘하고, 어떠한 사람은 설교를 잘하고, 또 어떠한

사람은 기계를 잘 만지고 주님께서 주를 믿는 사람에게 여러 가지 특별한 재능을 주셔서 이를 가지고서 우리 하나님께 봉사하고 인류에 봉사할 수 있도록 만들어 주는 영이신 것입니다.

5) **성령은 지식의 영입니다.** 지식이란 하나님만 아시는 문제입니다. 어려움을 당할 때 무슨 문제인가 질문해야 합니다. 성령께서 우리가 모르는 사물에 대한 정보, 하나님의 말씀에 대한 지식을 가르쳐 주시며 성령께서 여러 가지 지식의 말씀을 얻게 해 주시는 것입니다. 성경을 읽을 때 말씀의 비밀을 깨닫게 해주시고, 사물에 대한 정보를 올바르게 깨닫게 해주시고, 이래서 무식한 자가 되지 않고 모든 것을 알고 깨달아 알고 사전에 대비하게 도와주는 성령이신 것입니다. 우리가 문제가 있을 때 문제의 원인을 알게 하시는 것이 지식의 영입니다. 나도 모르게 나에게 와있는 문제를 알게 하시는 영입니다. 상담을 할 때 상담의 근본이 되는 문제의 원인을 알게 하여 해결하게 하시는 영입니다. 귀신을 축사할 때 하나님의 말씀으로 지혜로 역사하는 영입니다.

6) **성령은 하나님을 경외케 하는 영입니다.** 마음속에 하나님을 두려워하게 되고 모시게 합니다. 항상 성령께서 하나님을 경외하라 하나님을 두려워 모셔라 하나님을 섬겨라 그래서 마음에 늘 경건함을 가지고 죄악을 두려워하고 하나님을 거역하는 것을 두려워하고 경건하게 하나님을 섬길 수 있도록 회개시키는 이런 역사를 베푸는 영이신 것입니다.

7) **성령은 하나님과 예수님을 나타내는 영입니다.** 성령은 하나

님의 영으로서 하나님과 예수님을 나타내는 영입니다. 성령은 마치 거울과 같아서 우리가 거울을 들여다보면 거울이 보이지 않고 우리 얼굴이 보입니다. 우리가 성령을 들여다보면 성령은 보이지 않고 하나님 아버지와 예수님만 보이게 되는 것입니다. 이 성령께서 계시의 영으로서 우리 속에 들어와서 이런 역할을 하게 되기 때문에 이것을 알고 구하면 이대로 성령께서 역사하여 주는 것입니다.

8) 성령은 외적인 능력을 베풀어주시는 것입니다. 성령은 우리에게 치유의 은사를 주셔서 병을 고치게 하시고 기적을 행하시는 은사를 주셔서 기적을 나타내시고, 믿음을 주시는 은사를 주시고, 예언의 영은 하나님 안에 있는 말씀의 비밀을 증거 하는 은사를 주시고, 섬기게 하는 은사를 주어서 열심으로 능력 있게 섬기게 해 주시고, 가르치는 은사를 주어서 잘 가르치게 만들어 주시고, 또 권위 즉 위로하는 은사를 주어서 고통당하는 사람에게 가서 말로써 잘 위로할 수 있도록 그렇게 해 주시고, 구제하는 은사를 주어서 특별히 많은 재물을 모아 다른 사람들에게 구제할 수 있는 이런 은사도 주님이 베풀어주시고, 다스리는 은사를 주어서 행정력을 가지고 잘 다스리게 만들어 주시고, 또 긍휼을 베푸는 은사를 주어서 사람들을 불쌍히 여기고 그들을 도와서 고아와 과부를 잘 감싸주는 이러한 은사도 우리에게 주시는 것입니다.

그러므로 로마서12장 6~8절에 "우리에게 주신 은혜대로 받은 은사가 각각 다르니 혹 예언이면 믿음의 분수대로, 혹 섬기는 일이면 섬기는 일로, 혹 가르치는 자면 가르치는 일로, 혹 권위하는 자면 권위하는 일로, 구제하는 자는 성실함으로, 다스리는 자는 부지런함으로, 긍휼을 베푸는 자는 즐거움으로 할 것이니라" 이와 같은 은사를 성령께서 각자에게 나누어주심으로 내게 어떠한 은사가 있는지를 살펴보고 성령의 은사를 받은 대로 열심을 다해서 충성스럽게 하나님을 섬겨야 되는 것입니다.

성령이 와 계신 사람에게는 여러 종류의 은사가 와 계신 것입니다. 자기의 힘으로 하면 안 됩니다. 자기에게 와 있는 그 은사를 사용해야 합니다. 남의 은사를 흉내 내서는 안 됩니다. 성령은 각자에게 적당한 은사를 주셨기 때문에 자기가 받은 은사를 생각하고 주님 성령께 기도해서 그 은사를 통해서 일하면 인간의 힘으로 상상할 수 없는 큰 역사가 일어나게 되는 것입니다.

넷째, 성령님의 지배와 장악된 가운데 성령의 인도를 받으면서 살아야 된다. 성령은 우리를 도우시는 역할을 하고 있기 때문에 인격자인 성령님을 인격자로서 모셔야 됩니다. 인격자는 멸시하고 무시하면 멀어지다가 소멸됩니다. 사람이 이 세상에 살면서 인격적인 무시를 당하면 그건 절대로 살 희망이 없습니다. 무시당하는 아내가 집에서 온전한 아내의 역할을 하지 아니하며 무시당하는 남편이 남편으로서의 역할을 할 수 있습니까? 사회에서도 사람이 사람대접을 받지 못하고 무시당하면 분노하고 대적하는 것입니다.

오늘날, 하나님의 성령이 우리가운데 이처럼 와 계셔도 우리가 성령님을 무시해 버리면 성령님이 소멸 당하게 되는 것입니다. 2000년 동안 성령은 교회에 계시고 우리 속에 계심으로 성령님을 무시하면 안 됩니다. 항상 성령님을 인정하고 환영하고 모셔드리고 의지해야만 되는 것입니다. 아침에 일어날 때 성령님 오늘도 저와 같이 계시오니 성령님을 인정합니다. 환영합니다. 모셔드리고 성령께 의지합니다. 성령님을 인정해야 됩니다. 사람은 자기를 인정해 주는 사람을 위해서 목숨을 버린다는 말이 있는 것입니다. 인정을 받을 때 신바람이 납니다. 그러므로 성령님도 인격자이심으로 성령님을 우리가 인정하고 모셔드릴 때 하나님의 성령은 기쁘게 우리 가운데 역사하사 우리를 도우셔서 예수님의 은혜를 받고 하나님의 사랑을 입도록 이끌어 주는 것입니다.

그리고 성령님과 참으로 친하게 교제해야 되는 것입니다. 왜? 성령님은 우리와 24시간 같이 계시고 성령님은 우리를 돕기 위해서 주인으로 항상 같이 계십니다. 우리를 인도하시죠? 우리를 깨우치시지요? 우리를 격려하시죠? 위로하시죠? 가르쳐주시지요? 변호해 주시지요? 꾸짖어 주시지요? 정하게 해주시지요? 회개하게 해 주시지요? 영-혼-육체의 질병을 치유해주시지요? 이러므로 성령은 24시간 우리와 같이 계십니다. 그래서 우리를 이끌어서 예수님 품안에 안기게 하시고 하나님 아버지를 섬기도록 성령은 끊임없이 도와주시는 어린아이의 선생과 같이 우리와 같이 계시므로 우리는 항상 성령님을 마음속에 인정하고 환영하고 모셔드리고 의지해야 됩니다.

그리고 성령님께 늘 감사해야 되는 것입니다. 그리고 모든 일에 하나님의 성령과 범사에 의논해야 됩니다. 성령은 우리를 잘 되도록 돕는 하나님이시기 때문에 돕는 자랑 의논하지 누구와 의논하는 것입니까? 그러므로 영육의 문제를 강요셉 목사에게 와서 의논하는 것처럼, 일하실 때 성령이여! 이런 일을 해도 됩니까? 성령이여, 이일을 어떻게 해야 되겠습니까? 도와주옵소서, 예수님의 뜻에 맞고 아버지의 사랑을 받을 수 있는 그 길로 이끌어 달라고 성령께 늘 도움을 구해야 되는 것입니다. 성령이 가정교사와 같이 우리와 같이 계시니 늘 어려운 문제가 있으면 성령님의 도우심을 우리가 구해야 되는 것입니다. 그러나 성령님은 절대로 당신 자신을 나타내지 않습니다.

성령님은 내가 성령이다! 나를 경외하라! 그런 말 절대 안합니다. 성령은 온전히 거울과 같습니다. 거울을 들여다보면 내가 거울이다 나를 봐라! 이렇게 말하는 거울은 없습니다. 어떤 거울을 들여다보아도 거울은 언제나 들여다보는 그 사람의 얼굴을 비추이지 자기를 나타내지 않습니다. 성령은 결코 자기를 나타내지 않습니다. 성령은 언제나 아버지 하나님을 나타내고 예수님만 나타내는 것입니다. 사람들 보고 내가 성령이니 내 말을 들어라! 이런 말하지 않습니다. 성령은 언제나 우리 아버지 하나님과 예수 그리스도의 이름으로 말씀하시고 당신 자신은 언제나 감추는 것입니다.

그리고 성령은 예수를 믿자마자 곧장 우리 속에 와서 계십니다. 그때 성령은 바로 구원의 영으로서 우리 안에 와 계십니다. 우리가 믿자마자 우리에게 오시는 성령은 집안에 있는 우물물과 같습니다. 집안에 있는 우물물은 우리집안에 있으니 우리가 사용하고 마시는 것이지, 온 동네와 다 나눌 순 없지 않습니까?

그러므로 처음으로 나에게 오신 성령은 처음 받아쓰는 집안에 있는 우물물 같이 나 혼자서 성령과 동행하는 충분한 능력을 우리가 가지고 있습니다만, 성령의 충만함을 받으면, 성령의 불 세례를 받으면 내 속에서 강물이 넘쳐 나오는 것입니다. 강물은 온 도시와 나누어 마실 수가 있는 것입니다. 그러므로 나 혼자 구원받았으나 성령의 불 세례를 받으면 강물같이 넘쳐나는 성령의 능력으로 온 도시와, 온 촌락과, 다 나눌 수 있는 것입니다.

요한복음 7장 37절에 "명절 끝 날 곧 큰 날에 예수께서 서서 외쳐 가라사대 누구든지 목마르거든 내게로 와서 마시라 나를 믿는 자는 성경에 이름과 같이 그 배에서 생수의 강이 흘러나리라 하시니"고 말씀하신 것입니다. 우리들이 예수님을 믿자마자 하나님께서 주시는 영이 바로 성령인 것입니다. 그러므로 누구든지 믿는 자는 성령을 이미 받은 사람인 것입니다.

그러나 성령을 받고 난 다음에도 더 간절히 기도해서 나만 성령 모시고 있지 말고 이 성령의 은혜를 온 천하에 나누기 위해서 성령충만함 받기 위해서 우리 기도해야 되는 것입니다. 성령의 불 세례 받기 위해서 기도드리는 것입니다.

그리고 성령은 인격자이기 때문에 성령님과 함께 친하게 지내고 감사하고 함께 손잡고 지내며 모든 일을 성령과 함께 의논하고 성령님의 도우심을 받아서 우리는 아버지 하나님의 사랑과 예수 그리스도의 은혜 속에 들어가게 되는 것입니다. 그러므로 이렇게 하기 위해서는 우리가 굉장히 애를 쓰고 힘을 쓰고 노력을 해야 되는 것입니다.

저는 하나님 말씀을 증거하러 나갈 때마다 그렇게 합니다. 보혜사 성령이여 주인으로 모십니다. 함께 갑시다. 성령이여 저를 인도하시고 역사하여 주시옵소서. 성령이여 말씀을 증거할 때 도와 주시옵소서. 성령이 기름 부어 주시면 모든 일을 능력 있게 이룰 수가 있습니다. 그러나 인간의 힘으로 하려면 피와 땀과 눈물이 흘리고 많은 상처를 입고도 일을 이루지 못합니다. 그러므로 성령과 우리는 함께 일하는 자가 되어야 하는 것입니다.

그리고 성령님을 통해서만이 하나님의 사랑과 예수 그리스도의 은혜를 공급받을 있습니다. 하나님은 보좌에 계시고 예수님은 일을 마치시고 보좌 우편에 계시고 성령은 우리와 같이 계셔서 하늘나라와 교통이 있게 해 주시는 것입니다. 성령은 우리와 같이 계셔서 하늘나라와 교통을 이루게 해 주시는 것입니다. 그러므로 성령을 통해서 하나님의 사랑이 우리 마음속에 부은바 되고 성령을 통해서 예수 그리스도의 은혜가 우리에게 부은바 되는 것입니다. 그러므로 성령이여 우리를 통해서 교통하여 주시고 기도를 통하여 하나님의 사랑과 예수 그리스도의 은혜를 얻게 하여 주시옵소서. 기도가 하늘나라와 교통인데 성령의 기름 부으심으로 말미암아 기도가 능력 있게 이루어질 수 있는 것입니다.

3장 성령님은 예수님과 하나님을 알게 하는 분

(마 3:16-17) "예수께서 세례를 받으시고 곧 물에서 올라오실새 하늘이 열리고 하나님의 성령이 비둘기 같이 내려 자기 위에 임하심을 보시더니 (17) 하늘로부터 소리가 있어 말씀하시되 이는 내 사랑하는 아들이요 내 기뻐하는 자라 하시니라"

성령님은 삼위 하나님으로 예수를 믿는 우리들과 영원토록 동행하시며 예수님과 하나님을 알게 하시고 살아계신 하나님을 나타내시는 분입니다. 성령하나님을 모르면 치유되고 변화를 경험할 수가 있습니다. 삼위일체 하나님의 신비한 비밀을 깨닫는 것은 성령으로 밖에 될 수가 없습니다. 인간적인 지식이나 상식으로는 삼위일체 하나님의 신비를 이해할 사람이 없습니다. 구원을 이루려면 삼위일체 하나님을 인정해야 됩니다. 삼위일체 하나님을 인정하지 않고 "유일신론과 삼신론이 혼용"하면 진정한 구원을 이룰 수가 없습니다. 일부 목사님들과 장로님들이 기독교의 신관은 유일신론이라고 하는가 하면, 성령을 하나님이나 예수 그리스도보다 더 능력이 있는 것처럼 가르치고 있는 경우가 있습니다. 기독교는 유일신론이 아닙니다. 하지만 기독교인들의 대부분은 "기독교는 삼위일체론을 믿는다"고 여기기보다는 기독교는 유일신론이라고 생각하는 경우가 많습니다. 때론 서적과 교과서에서 기독교가 유일신론이라고 가르치는 경우도 있습니다. 기독교가 왜 유일신론이 아닌 삼위일체론으로 말해야 되는지에 대해 설명하겠습니다. "진짜 유일신을 주장하는 종교는 유대교와 이슬람과 여호와증인이며 기독교는 삼위일체론이라 말해야 올바른 것"입니다.

우리가 보통 말하기를 기독교는 유일신을 믿는 종교라고 합니다. 그러나 보통 일반적으로 목사들이 그렇게 말하면 통하지만, 영적으로 깨달은 목회자나 신학자들이 말할 때는 기독교는 유일신론이 아닌 삼위일체론이라고 말해주어야 합니다. 유일신론은 유대교에서 말한 야훼의 하나님이며, 유대교는 예수님을 신이라고 말하지 않습니다. 이슬람교 또한 예수님은 신이 아닌 선지자라고 말합니다. 여호와 증인 역시 파수대에 예수님을 거명하지 않습니다. 그러한 까닭에 진짜 유일신을 주장하는 종교는 유대교와 이슬람과 여호와증인입니다.

기독교는 유일신론이 절대로 아닙니다. 삼위일체론이라 말해야 올바르게 말하는 것입니다. 기독교는 예수님을 하나님으로, 성령을 하나님으로 믿습니다. 하나님의 하나님, 그리스도의 하나님, 성령의 하나님입니다. 또한 세 분은 세 영이 아닌, 세 위의 하나님입니다. 합하면 삼위일체의 하나님입니다. 세분의 능력과 권능이 동일하십니다. 이것이 정확한 설명입니다. 기독교는 삼위일체론을 믿는 신앙이라고 말해야 옳습니다. 삼위일체론을 인정하고 삼위일체 하나님을 적용해야 능력 있는 삶을 살아갈 수가 있습니다.

왜냐하면 능력은 자신 안에 주인으로 계시는 성령하나님으로부터 나오기 때문입니다. 예수님을 하나님으로 성령하나님을 하나님으로 인정하지 않으면 능력의 실체가 없는 것입니다. 그래서 유신론이나 삼신론을 주장하는 목사나 성도는 참다운 능력을 추구하지 못하고 받지도 못하는 것입니다. 설령 능력이 있다고 하더라도 능력의 출처가 의심스러운 사단이나 자신의 능력입니다.

삼위일체 교리는 인간의 이성과 오감을 뛰어넘는 것입니다. 너무나 신비한 것입니다. 삼위일체 하나님의 교리는 고린도서에 있는 것처럼 인간의 지혜로는 하나님을 알 수 없기 때문에 머리로서 이해하는 것이 아니라, 성경이 말씀하시는 대로 성령님의 조명을 받아 믿음으로 수용해야 할 것입니다. 삼위일체에 관해서는 두 가지 기본적인 자세가 필요합니다. 성경을 자세히 살피겠다는 성경에 대한 우리의 자세와 다른 하나는 내 마음에 주시는 성령의 은혜의 깨달음에 대해서 민감하겠다는 이 두 가지를 가지고 있으면 좋겠습니다.

우선, 성경이 말하는 삼위일체에 대해서 정의를 말씀 드리겠습니다. 삼위일체에 관해서는 유일하신 하나님 한 분이신데 삼위입니다. 일체의 일체라는 것을 너무 육신적인 형상으로 생각하시지 마십시오. 삼위라는 말은 어려운 용어인데, 영어로 하면 three persons, 세 인격입니다. 세 인격인데 한 하나님이십니다. 인격은 지-정-의를 가지고 있는 독립된 인격입니다.

삼위일체에 대한 정의를 보면 성부 하나님과 성자 예수님과 성령 하나님은 구별된 세 인격(person)으로 영원부터 영원까지 '동시에 존재'하시고 '상호 내주'하십니다. 아버지와 아들과 성령으로 구분되어지나 결코 분리되지 않으십니다. 삼위일체 하나님이란 분리할 수 없는 동일본질(호모우시온:Homoousion)"하나의 동일한 본성"안에 3개의 구별된 위격 인격이 함께 영원히, 함께 동등하게, 함께 본질적으로 존재하심을 의미합니다.

동일본질이라는 말이 원어로 호모우시온이라고 되어 있습니다. 호모라는 말은 본질적으로, 우시아란 말은 본질로 합성어가될 때 우시온으로 되어 호모우시온이라는 동일본질이라는 말입니다. 이 동일본질 속에서 함께 영원히, 함께 동등하게, 함께 본질적으로 계시면서 서로 구분되고 서로 구별되시지만 분리되지 않습니다.

이 내용에 대해서 성경으로 증명하겠습니다. 창세기 1장에 보면 1절부터 하나님이 복합적으로 나와 있습니다. 성부 하나님만 나온 것이 아니라, 복합적으로 나와 있고, 요한계시록 22장 마지막 부분에도 성부와 성자와 성령 하나님께서 축복하시는 것으로 나와 있습니다. 창세기 1장에 보면 태초의 하나님은 복수형입니다. 창세기 1장 26절에 보면 복수형의 하나님을 좀 더 자세히 설명합니다.

우리의 모양대로 우리의 형상을 따라 우리가 사람을 만들고… 창세기 1장 27절에 하나님께서 사람을 창조하시되 하나님의 형상대로… 하나님께서 자기의 형상대로 창조하셨습니다. 창세기 1장에서 삼위의 하나님으로, 복수의 하나님으로 함께 동역하는 하나님으로 나와 있습니다. 창세기 3장 22절에 보면 '우리 중 하나'라고 해서 삼위 하나님의 인격의 정확성을 말씀하십니다. 그 외 구약의 창세기 18장에는 예수 그리스도의 선재성, 이사야 48장에는 삼위의 인격이 드러납니다. 신약성경과 구약성경을 비해보면 삼위 하나님의 사역에 대해서 신약이 구약보다 조금 더 분명하고 두드러지게 표현되어 있습니다.

신약에 삼위일체의 하나님이 어떻게 나타나시는지 마태복음 3장 16절, 17절에 예수님이 세례 받으실 때 삼위의 하나님이 잘 나타나있습니다. 하늘 문이 열리며 하나님 아버지가 말씀하십니다. 아들 예수 그리스도께서는 육체로 오셔서 직접 세례를 받으셨습니다. 그 다음 성령 하나님은 세례를 받으시는 동안 비둘기같이 임하시는 것입니다. 그 외 신약의 여러 군데에 있습니다. 요한복음 14장, 고린도전서 12장, 베드로전서 1장, 3장, 유다서 1장 20~21절에도 나타나 있습니다.

이제 삼위일체에 대한 잘못된 이해를 보겠습니다. 먼저 삼신론(Tre-theism)이 있습니다. 하나님이 셋이라는 것입니다. 만약에 하나님이 셋이라면 예수님께서 선포하신 "아버지와 나는 하나이시다"라는 말씀이, 요한복음 14장 9절을 보면 "나를 본 자는 아버지를 보았다. 내가 아버지 안에 아버지가 내 안에" 이 말씀이 틀리게 되는 것입니다.

두 번째는 양태론(Modalism)이란 것이 있습니다. 물이 있는

데 기체로 승화하면 수증기가 되고 얼면 고체가 된다는 개념입니다. 삼위일체의 개념을 이렇게 이해하는 것이 전형적인 양태론입니다. 이것은 잘못된 것입니다. 실제로 하나인데 역할만 다르다고 하면 심각한 문제입니다. 삼신론이 아니고 삼위일체론입니다.

이제 성삼위일체 하나님을 믿을 때 실제적으로 우리의 신앙생활에 어떤 식으로 접목이 되어야 하는 것입니까? 구체적으로 우리의 현장 가운데 구원사역에 있어서 삼겹줄의 은혜가 있습니다. 성삼위하나님께서 우리에게 삼위일체 되어 주신 축복이 무엇입니까?

첫째, 성부 하나님이 구원의 계획을 하셨습니다. 에베소서 1장 3~6절을 보면 아버지 하나님께서 우리를 선택하사 자기의 아들들이 되게 해주셨다는 것입니다. 하나님의 계획은 우리를 선택하신 것입니다. 하나님이 우리를 선택했다는 것은 위대한 진리가 포함되어있는 것입니다. 놀라운 일입니다. 수많은 사람 가운데 우리를 선택하신 것입니다.

성부 하나님은 우리를 구원할 계획과 뜻을 세우십니다. 에베소서 1:4~5절입니다. "곧 창세전에 그리스도 안에서 우리를 택하사 우리로 사랑 안에서 그 앞에 거룩하고 흠이 없게 하시려고 그 기쁘신 뜻대로 우리를 예정하사 예수 그리스도로 말미암아 자기의 아들들이 되게 하셨으니" 성부 하나님은 창세전에 그 기쁘신 뜻대로 우리를 구원하기로 예정하시는 일을 하셨다고 말씀합니다.

이처럼 성부 하나님은 계획하시고 뜻하십니다.

두 번째, 성자 예수그리스도는 구원을 성취하는 것입니다. 에베소서 1장 7절~12절까지 자세히 나와 있습니다. 7절 말씀은 고린도후서 5장 21절에서 이해하면 잘 확인될 것입니다. 하나님이 우리의 죄를 속량하기 위하여 예수님의 피의 값을 치르셨다는 말입니다.

성자 하나님은 무엇을 하셨습니까? 성부 하나님의 계획과 뜻에 순종하여 우리를 구원하는 일을 하셨습니다. 즉 하나님이신 예수님께서 우리와 같은 인간이 되어 이 세상에 오셨고, 우리의 죄를 대신하여 아무 죄가 없음에도 십자가에서 죽으셨습니다. 이처럼 예수님이 이 세상에 오셔서 하신 모든 일은 성부 하나님의 뜻과 계획 가운데 있는 일이었습니다. 요한복음 17:4절에 보면 "아버지께서 내게 하라고 주신 일을 내가 이루어 아버지를 이 세상에서 영화롭게 하였사오니"라고 말씀합니다. 예수님이 이 세상에서 하신 모든 일은 성부 하나님께서 하라고 하신 일이었습니다. 예수님은 성부 하나님의 뜻과 계획에 순종하심으로 우리를 구원하셨던 것입니다.

셋째로 성령 하나님은 모든 것을 알게 하시고 구원의 적용을 하셨습니다. 성부 하나님의 선택과 성자 예수그리스도의 피 흘리심이 성령님의 사역을 통해서 우리 속에서 적용되고 확인된다는 뜻입니다. 성령 하나님의 역할이 무엇입니까? 에베소서 1장 13절을 보면 성령이 주시는 확신 있는 믿음의 소유자가 되었다는 것입니다. 앞으로 우리가 영원한 천국에 가면 주님과 영원한 새 몸을 입는 것입니다. 주님과 영원히 사는 것입니다. 여러 가지 하나님의 특별한 보증과 기업을 허락해 주신 것입니다.

성령 하나님께서는 우리의 구원을 위해 무엇을 하셨습니까? 예수님께서 십자가에서 우리 대신 죽으시고 부활하심으로 우리를 구원하셨다면, 그 구원이 오늘 나에게 주어지도록 역사하는 분은 성령님입니다. 요한복음 3:5절에 보면 "예수께서 대답하시되 진실로 진실로 네게 이르노니 사람이 물과 성령으로 나지 아니하면 하나님의 나라에 들어갈 수 없느니라"고 말씀합니다. 성령으로 거듭나지 않은 자는 구원을 받을 수 없다는 말입니다.

이것은 예수님께서 우리를 위해 십자가에서 죽으셨으나, 성령님을 통해서 그 사실을 믿지 못하면 구원받지 못한다는 것입니다. 성령님이 사실로 믿게 하신다는 것입니다. 성령님이 예수님의 인격으로 변화되게 하십니다. 그러므로 우리가 구원을 받기 위해서는 반드시 성령님의 역사가 필요한데, 성령님은 예수님의 십자가 죽음과 부활이 바로 나를 위한 사건임을 깨닫도록 역사해 주십니다. 그래서 고린도전서 12:3절에 보면 이렇게 말씀합니다. "그러므로 내가 너희에게 알리노니 하나님의 영으로 말하는 자는 누구든지 예수를 저주할 자라 하지 아니하고 또 성령으로 아니하고는 누구든지 예수를 주시라 할 수 없느니라"

성령으로 아니하고는 누구든지 예수를 주시라고 할 수 없다고 말씀합니다. 즉 성령님께서 우리로 하여금 예수님을 믿고 영접하도록 역사해 주신다는 것입니다. 이처럼 성령님은 예수님께서 십자가에서 이루신 구원을 우리의 것이 되도록 만들어 주십니다. 이것을 성경은 하나님께서 성령님으로 우리에게 도장을 찍었다고 표현합니다. 에베소서 1:13절입니다. "그 안에서 너희도 진리의 말씀 곧 너희의 구원의 복음을 듣고 그 안에서 또한 **믿어 약속의 성령으로 인치심을 받았으니**" 성령으로 인치심, 즉 도장을 찍었다는 것입니다. 이런 이유로 구원받은 우리 안에 성령님이 주인으로 계시는 것입니다. 바로 구원 받았음을 확증하는 도장의 역할을 하십니다. 성령님이 구원의 확신을 가지고 예수님의 형상으로 변화되게 하십니다. 성령님이 믿는 자들을 통하여 예수님의 능력을 나타내십니다. 목사님들이 안수를 하여 귀신을 몰어내고 병을 고치고 성령으로 충만하게 하는 것은 목사님의 주인이신 성령님이 목사님을 통하여 역사하시는 것입니다.

그래서 목사님이 능력이 있는 것이 아니고 목사님의 주인이신 성령하나님께서 능력이 있으신 것입니다. 표현을 바르게 해야 합니다. 그렇기 때문에 삼위일체 하나님을 믿지 못하면 구원도 능력도 받을 수가 없는 것입니다. 예수님을 믿음으로 죄인인 옛사람이 죽고 다시 예수님으로 태어나 성령으로 예수님을 나타내기 때문입니다. 자신 안에 주인이신 예수님(성령하나님)이 구원을 이루게 하시고 능력으로 나타나시기 때문입니다. 목사가 능력 있는 것이 절대로 아닙니다. 목사는 예수를 믿을 때 죽었습니다. 지금 사는 것은 예수님이 사시는 것이기 때문입니다. 삼위일체 하나님을 바르게 깨달아야 성령으로 말미암은 능력을 행사 할 수가 있습니다.

이렇게 우리의 구원을 위해 삼위 하나님께서 함께 역사하여 주셨습니다. 성부 하나님은 우리를 구원하기 위한 뜻과 계획을 세우시고, 성자 하나님은 그 계획과 뜻에 따라 실제로 구원의 일을 하시고, 성령 하나님은 성자 하나님이 이루신 구원을 우리 모두에게 직접 알게 하시고 적용하여 주셨습니다. 이처럼 우리의 구원은 삼위 하나님의 역사로 말미암은 것입니다. 오늘 우리들은 하나님께서 한 분이시며, 또한 성부-성자-성령 하나님으로 계신다는 사실을 성경을 통해서 살펴보았습니다.

넷째, 형체가 각각 다릅니다. 하나님은 영이십니다. 예수님을 육체를 입고 사람의 모양으로 나타내셨습니다. 사람으로 33년간 사시다가 세상 죄를 위하여 십자가에서 죽으시고 부활하셔서 40일 동안 보이시다가 승천하셨습니다. 예수님께서 보내주신 성령은 영이십니다. 하나님은 영이시라, 한 번도 사람에게 나타내신 일이 없습니다. 그래서 이스라엘 사람들은 모세를 하나님으로 생각했던 것입니다. 보이지 않지만 살아서 역사하시는 분입니다.

예수님은 성령으로 잉태되어 사람의 몸을 입고 태어나신 분입니다. 예수님은 사람의 아들로 세상에 오신 하나님의 아들이십니다. 만물을 창조하신 전능하신 하나님이십니다. 영존하시는 하나님이 사람이 되어 아기로 탄생하신 것입니다. 예수님은 하나님이시며 동시에 사람이십니다. 이사야 9장 6절 말씀은 예수님께서 이 세상에 태어나시기 약 700년 전에 이사야 선지자를 통해서 예수 그리스도의 탄생을 예언하였습니다.

만물을 창조하신 하나님이 육신이 되어 처녀 마리아를 통하여 탄생하신 것도 기묘한 일입니다. 유대 땅 베들레헴에서 탄생하신 아기 예수는 동물들이 밥을 먹는 밥통인 구유에 누우셨습니다. 사역을 시작하시면서 자기 백성들을 사랑하셨지만 유대 지도자들에게 정죄와 버림을 당하시고 로마의 총독인 빌라도에게 사형을 선고 받은 사형수가 되셨습니다. 사형 선고를 받은 예수님은 잔인한 사형 집행도구인 십자가에 손과 발이 못 박혀서 비참한 죽임을 당하셨습니다. 그런데 그 저주의 십자가에서 피 흘려 죽임 당하신 희생을 통하여 만민의 죄를 속량하신 것입니다. 또한 죽은 자 가운데서 부활하심으로 말미암아 사망의 권세를 깨뜨리셨습니다. 그래서 십자가의 도와 전도의 미련한 방법으로 믿는 사람들을 구원하시는 것이 하나님의 기묘한 지혜와 능력입니다.

사도 요한은 예수님께서 창조주이시며 전능하신 하나님이심을 증언하고 있습니다. 요한복음 1장 1절로 3절에 "태초에 말씀이 계시니라 이 말씀이 하나님과 함께 계셨으니 이 말씀은 곧 하나님이시니라. 그가 태초에 하나님과 함께 계셨고 만물이 그로 말미암아 지은 바 되었으니 지은 것이 하나도 그가 없이는 된 것이 없느니라"고 하였습니다. 태초부터 계신 말씀이신 하나님이 만물을 창조하신 전능하신 하나님이십니다.

그런데 말씀이시며 전능하신 창조주 하나님이 육신이 되어 세상에 오셨습니다. 요한복음 1장 14절에 "말씀이 육신이 되어 우리 가운데 거하시매 우리가 그의 영광을 보니 아버지의 독생자의 영광이요 은혜와 진리가 충만하더라"고 하셨습니다. 말씀이신 하나님이 육신이 되어 우리 가운데 사셨던 분이 예수님이십니다. 사도 요한이 예수님의 영광을 보니 아버지의 독생자의 영광이었습니다. "본래 하나님을 본 사람이 없으되 아버지 품속에 있는 독생하신 하나님이 나타내셨느니라(요 1:18)" 예수님은 보이지 않는 하나님을 눈으로 볼 수 있도록 나타내셨습니다.

전능하신 하나님이 사람으로 찾아오셔서 함께 거하셨다는 것이 놀라운 은혜입니다. 예수님은 사랑 받을만한 자격이 없는 사람들에게 은혜를 베풀어주시고 참된 삶이 무엇인지 가르치시며 본을 보여주셨습니다. 예수 그리스도는 어제나 오늘이나 영원토록 동일하십니다. 예수님은 오늘도 성령으로 나와 함께 하시는 전능하신 하나님이십니다. 전능하신 예수님은 우리와 함께 하시며 우리에게 힘과 능력이 되어주십니다.

바울은 교회를 박해하다가 부활하신 예수님을 만난 이후 사람들에게 예수 그리스도를 증언하는 사역자가 되었습니다. 바울 사도는 복음을 전하다가 말할 수 없는 고난과 어려움을 당하면서도 "내게 능력주시는 자 안에서 내가 모든 것을 할 수 있다"고 담대하게 말했습니다. 우리가 믿는 예수님은 전능하신 하나님이십니다. 그러므로 내게 능력 주시는 예수님을 믿고 담대하게 살아가시기를 바랍니다.

성령하나님은 예수를 믿는 사람들을 통하여 자신을 나타내시는 영이십니다. 성령하나님은 하나님과 예수님을 알게 하시며 나타내시는 분입니다. 구원을 이루도록 역사하십니다. 예수님의 형상으로 바뀌도록 믿는 자 안에서 역사하십니다. 예수님의 권능을 나타내시어 믿는 자들을 귀신으로부터 자유 함을 얻도록 하십니다. 예수님을 믿는 자들은 성령으로 충만 받아야 합니다. 성령으로 충만하면 잠재의식의 상처가 치유되고 이성과 육체에 역사하던 귀신들이 떠나가니 자유하게 되는 것입니다.

다섯째, 그렇지만 하나입니다. "하나님의 삼위일체교리"가 신비한 것은 세 분 하나님은 독립된 별개의 형태로 존재하시지만 "나와 아버지는 하나이니라"(요한복음10:30)라고 또한 증거 하십니다. 이같이 '삼위일체'는 참으로 신비한 영역이라 볼 수밖에 없는 것입니다. "하나님이 가라사대 우리의 형상을 따라 우리의 모양대로 우리가 사람을 만들고…"(창세기1:26)에서 보듯 "우리의 형상"을 복수형으로 표기하고 있습니다. 이는 곧 삼위일체 하나님을 계시하고 있는 것으로 '삼위일체'의 전제조건은 곧 '화목'인 것입니다. '삼위일체'란 완벽한 화목적 단일체를 의미합니다. 하나님은 형상이나 모양이 없습니다. 그런데 인간을 하나님의 형상, 모양대로 만들었다는 것은 무슨 뜻일까요? 이는 하나님과 화목할 수 있게 인간을 창조하셨다는 의미입니다. 그렇다면 과연 인간들과의 관계성에서 하나님이 원하는 화목이 가능할까요? 이것은 책을 읽는 분의 상상에 맡기겠습니다.

또, 실제적으로 우리 삶에 성삼위 하나님께서 어떻게 역사하십니까? 웨인 그루뎀이라는 트리니티 신학교의 조직신학 교수는 삼위 하나님이 우리의 실생활에 영향을 끼치는데 특별히 두 부분이라고 했습니다. 하나는 결혼생활에 있어서, 또 하나는 교회생활에 있어서 신비한 연합과 일치가 여기에 나타난다고 말했습니다. 인격이 서로 다른 부부가 결혼했습니다. 배경이 다르니 서로 갈등구조가 심각합니다. 그런데 성삼위 하나님의 신비와 신앙의 신비가 깊이 들어가게 되면 그리스도와 교회가 연합된 것처럼 남편과 아내가 성령 안에서 연합되는 것입니다. 서로 다른 몸이지만 연합이 되는 것입니다.

엄청난 신비가 여기에 담겨있습니다. 예수님을 잘 믿고 신앙생활을 잘 하고, 영적인 세계에 눈이 열리면 부부의 삶이 굉장히 인격적이고 영적으로 깊어지는 것입니다. 교회생활도 마찬가지입니다. 수많은 교우들이 지체로서 다 다른 기능이고 다릅니다. 다름에도 불구하고 이 말씀을 듣고 성령 안에서 하나 되고 영적으로 하나로 소통되기 시작합니다. 이런 은혜가 있을 때 우리 교우들끼리 신앙 안에서 동지가 되는 것입니다. 우리가 서로 성령 안에서 한 식구가 되었다는 사실을 기억하고 성삼위 하나님의 신비에 온 교회가 젖어 들기를 소망합니다.

결론적으로 삼위일체 하나님을 바르고 정확하게 인식하지 못하고 믿지 못한다면 구원도 불확실할 수가 있습니다. 목회자라면 입하고 말만 살아있는 사람이 될 소지가 다분하게 있습니다. 더군다나 치유는 상상할 수가 없는 것입니다. 매일 **빠짐없이** 치유 센터에 다닌다고 할지라도 근본적인 치유가 불가능합니다. 능력 있는 신앙생활도 할 수가 없을 것입니다. 귀신을 축귀하는 것도 불가능합니다. 귀신을 축사한다고 하더라도 자신이 직접 성령의 권능으로 하지 못하고 다른 사람을 의지하여 축귀를 받으려고 하기 때문에 죽을 때까지 자신 안에 역사하는 귀신을 축귀하지 못할 수도 있습니다. 이유는 성부하나님은 계획하시고 성자하나님은 사람의 몸을 입고 오셔서 성부하나님이 계획한 구원을 이루시고, 하늘나라 천국을 실제적으로 만드셨습니다. 이제 이것을 알게 하시는 분은 성령하나님이시고 이것을 믿는 자를 통하여 이루어지게 하시기 때문입니다. 모두가 삼위일체 하나님께서 일체(하나)가 되어 하시는 역사이기 때문입니다. 삼위일체론은 크리스천들에게 참으로 중요한 진리입니다.

충만한 교회에서는 매주 월-화-금-토요일 09:00-11:00까지 1주전 예약하여 집중기도 내적치유 시간이 있습니다. 성령의 불세례를 받고 싶으나 받지 못하며, 상처나 질병이 깊어 서 장기간 고통을 당하고, 권능이 나타나지 않는 분들이 참석하시면 모두다 기적적인 영육의 치유와 능력을 받습니다. 반드시 1주전에 전화하시고 예약해야 합니다(02-3474-0675).

4장 성령체험이란 정확하게 무엇을 말할까?

(행 10:44-47)"베드로가 이 말을 할 때에 성령이 말씀 듣는 모든 사람에게 내려오시니 (45) 베드로와 함께 온 할례 받은 신자들이 이방인들에게도 성령 부어 주심으로 말미암아 놀라니 (46) 이는 방언을 말하며 하나님 높임을 들음이러라 (47) 이에 베드로가 이르되 이 사람들이 우리와 같이 성령을 받았으니 누가 능히 물로 세례 베풂을 금하리요 하고."

목사님들이나 성도님들 중에 성령체험에 대하여 많이 강조합니다. 성령체험이란 과연 무엇을 말하는 것일까요? 성령체험을 바르게 이해하려면 성령님에 대하여 정확하게 알아야 합니다. 성령님은 삼위하나님이십니다. 많은 분들이 이해하는 것과 같이 성령님은 능력이나 불이나 도깨비 방망이 같은 기적을 일으키는 분이 절대로 아닙니다. 성령님은 초자연적으로 역사하시는 살아계신 하나님이십니다. 성령님은 삼위하나님으로서 하나님을 알게 하십니다. 예수님을 알게 하십니다. 성경말씀을 깨닫게 하십니다. 예수를 믿는 성도들을 인도하여 성화되게 하십니다.

영이시지만 살아계신 분입니다. 성령님은 예수를 영접한 사람에게만 역사하십니다. 그러니까, 예수님을 주인으로 영접한 사람이어야 성령을 체험할 수가 있다는 말입니다. 성령님은 초자연적이고 5차원의 살아계신 하나님이라는 것을 믿는 사람에게만 체험하게 하시고 역사하시고 믿게 하시는 것입니다. 성령체험이란 성령님께서 보이지 않는 영이시지만 살아 역사하시는 하나님이시라는 것을 온몸과 마음과 오감을 통하여 느끼고 깨닫고 믿도록 하기 위하여 초자연적으로 역사하시는 것입니다.

그러니까 우리가 성령님 우리 안에 있는 주인으로 계시는 성령이 빛과 길과 진리가 되어주고, 내게 생명수를 부어 줄 것이고, 전지전능 권능으로 나를 인도해 줄 것입니다. 이렇게 성령께서 역사하여 주시려면 우리가 우리 안에 있는 성령을 바로 보면 좋은데, 성령은 '영(靈)'입니다. '영'은 볼 수가 없습니다. 보고, 듣고, 사실은 생각할 수도 없습니다. 성령으로 깨닫고 믿어야 믿는 자를 통하여 살아계심을 나타내시고 역사하시는 것입니다.

'영'은 만나야 됩니다. 보지 않고 믿어야 합니다. 몸으로 체험해야 합니다. 그런데 이 만남이라는 것이 내면에서 만남인데 이것이 오묘한 겁니다. 믿지 않으면 이해할 수가 없습니다. "성령 체험했다." "몸으로 성령을 느꼈다." "나는 성령님의 역사를 눈으로 봤다." 이렇게 육안으로 볼 수도 있습니다. 또 마음의 시각적인 느낌으로, "마음의 눈으로도 봤다." "성령의 음성을 들었다." 오감적으로, 생각-감정-오감을 통해서 얼마든지 설명할 수 있습니다. 왜냐하면 성령님은 영이시지만 살아계신 초자연적인 5차원의 하나님이시기 때문입니다.

그렇기 때문에 성령을 체험하면 "정말 나는 그런 숭고한 마음을 느꼈다." "내 마음에 뭔가를 느꼈다." 다 좋습니다. 성령님은 자신의 주인이라는 것을 인정하고 믿는 것입니다. 믿는 자에게 살아계신 성령님이 역사하고 계시다는 것을 느끼고 믿게 하기 위해서 체험적으로 역사하시는 것입니다. "나(성령)는 네 안에 살아서 존재한다." "스스로 현존하는 나(성령)이다." 이라는 것을 믿게 하시는 것입니다.

성령을 받아서 성령과 하나가 된 상태에서 어떤 식으로 성령을 체험하게 될까요? 간단합니다. 성령님이 주인이시라는 것 뒤에 뭐가 붙으면, 붙은 만큼 성령이 가려지는 것입니다. 올바른 성령 체험은 뭐냐 하면 자신이 자신 안에 초자연적으로 역사하시는 존재의 본질이 성령이라는 것을 자각하는 겁니다. 자신의 주인이 성령이라고 믿는 것입니다. 자신의 주인이라는 것을 인정하는 것입니다. 성령님은 믿는 자의 주인 상태에 계셔야 되는 것입니다. 이는 성령님이 믿는 자의 주인 된 상태가 되었다는 말입니다. 그냥 여러분 자체가 성령님이 주인 된 상태, 성령님과 하나가 되어야 됩니다.

그러면 "나(성령)는 스스로 현존한다." 외의 다른 말이 붙으면 안 되는 것입니다. 다른 말이 안 붙고, 오로지 '현존하는 성령님'만 느껴질 때, 그 나는 이미 '성령의 나'이고, 그것은 자신의 '영'입니다. '혼'이 아니라 '영(성령)'이 주인 된 것입니다. 자신이 깊은 묵상과 기도를 통해서 현존하는 나(성령)로 존재할 때, 성령을 제대로 체험하는 것이고, 온전히 성령과 하나 된 것입니다.

그런데 "아, 몸에 어떤 느낌이 있었어요, 그런 감정 느꼈어요, 가슴이 막 두근거리고 그냥 눈물이 나더라고요." "또 막 황홀한 막 신비로운 체험이 있었어요, 오감적인 체험이 있었어요." 뭐라고 떠들어도 그것은 부수적인 현상입니다. 그게 아니라는 게 아니라, 성령이 자신에게 보여준 생각-감정-오감 차원의 예고 적 차원에서 나타난 모습들입니다. 성령님이 살아서 역사하고 계시다는 것을 알게 하시기 위해서 역사하시는 현상인 것입니다. 쉽게 설명하면 성령님에 대하여 맛보기로 알게 되는 것입니다. 그렇기 때문에 성령체험으로 머물러서는 안 됩니다. 이제 성령의 불세례 성령 충만으로 진전이 되어야 합니다.

그럼 성령체험과 성령 충만은 무엇이 다른가요? 성령 충만은 먼저 우리의 지정의의 굴복입니다. 그러나 우리의 지성과 감정과 의지가 주님의 성령께 온전히 굴복하지 않기 때문에 성령 충만에 도달하지 못합니다. 온전한 성령 충만은 우리의 의지와 동기만으로 되는 것이 아니라 성령께 나의 모든 기능하는 부분이 굴복하고 지배당하는 것을 말합니다.

지성 : 말씀이 다스리고 말씀이 살아있어야 합니다.

의지 : 의지가 주님께 굴복해야 합니다.

감정 : 기쁨이 넘치는 삶이 되는 것입니다.

지성이 하나님께 굴복하려면 성령의 인도하심으로 성령의 지배가운데 성경을 많이 읽고 묵상해야 합니다. 성령으로 말씀을 깨달아야 한다는 것입니다.

많은 이들이 성령을 체험하는 것을 성령 충만이라고 착각하고 살아가고 있습니다. 사실 누구나 성령을 체험하는 것만으로도 그는 일시적으로 하나님께 사로잡히는 것입니다. 하나님은 바로 그러한 분이요, 우리의 마음에 생명과 희락과 기쁨을 주시기 때문입니다. 그러나 하나님은 우리가 성령이 충만하기를 바라십니다. 이 말은 성령이 우리의 모든 부분을 다스리기를 원하신다는 것입니다. 그렇게 함으로서 성령이 나를 통하여 역사하시는 일에 전혀 거절당하시지 않는 것입니다. 즉 성령이 내 안에서 하시는 일을 내가 거부하지 않는 것입니다. 이러한 것은 분별력이 필요합니다. 성령님이 자신을 온전하게 지배하고 장악하여 흘러넘치는 것입니다. 내가 안에서 나타나는 것이 다 성령의 역사라 생각할 것이 아니라 말씀부터 올바로 정리를 하고 하나님께 나를 드려야 합니다.

첫째, 성령체험은 성령님에 대하여 맛보기를 하는 것이다. 성령 체험은 성령으로 사로잡히는 것이 아닙니다. 성령께서 믿는 자에게 오셔서 살아서 역사하시는 분이라는 것을 느끼고 깨닫게 하시기 위하여 순간적으로 역사하시는 것입니다. 외적인 역사입니다. 예수님을 믿는 사람에게 성령은 임재하십니다.

임재하신 성령님을 아직 믿는 자의 전인격을 사로잡지 못한 상태입니다. 전인격을 사로잡지 못한 상태에서 성령을 살아계신 하나님이시라고 믿는 자에게 실제적으로 역사하시어 믿도록 하시는 외적인 역사입니다. 맛보기로 나타내시는 것입니다.

그렇기 때문에 성령체험을 했다고 성령 충만하다고 자만하면 안 되는 것입니다. 성령님이 자신을 통하여 역사하시고 계신다는 것을 깨닫게 하시는 역사이기 때문입니다. 살아계신 성령하나님 이라는 것을 느끼고 믿게 하시기 위하여 맛보기로 보여 주시는 역사라고 믿어야 합니다.

그러므로 성령 체험했다고 다된 것이 아니라는 것입니다. 성령 체험을 했으면 성령님이 자신의 전인격을 장악 지배하시도록 마음을 열고 예배드리며 성령으로 기도하여 성령의 불이 자신 안에서 타오르도록 해야 합니다. 성령체험은 외부적으로 밖에서 가시적으로 역사하시는 것을 말합니다. 성령체험을 했다고 할지라도 아직 자신이 성령의 지배 속에 들어가지 못했다는 것입니다.

그렇기 때문에 성령체험으로 만족하면 앉은뱅이 신앙인이 될 소지가 다분한 것입니다. 그럼 어떻게 해야 할까요? 성령님을 주인으로 모시고 부지런히 말씀을 묵상하고 예배를 즐겨하면서 성령으로 기도해야 합니다. 이렇게 마음을 활짝 열고 적극적인 신앙생활을 할 때 성령님이 자신 안에서 불로 역사하시는 것입니다. 자신 안에서 성령의 불세례가 나타나는 것입니다. 하나님은 눅 3:16절에서 "요한이 모든 사람에게 대답하여 이르되 나는 물로 너희에게 세례를 베풀거니와 나보다 능력이 많으신 이가 오시나니 나는 그의 신발끈을 풀기도 감당하지 못하겠노라 **그는 성령과 불로 너희에게 세례를 베푸실 것이요.**" 하십니다.

이는 성령의 지배가운데 바르게 해석해야 합니다. 지금 예수님은 예수님을 믿는 자의 마음 안에 주인으로 임재하여 계십니다. "그 날에는 내가 아버지 안에, 너희가 내 안에, 내가 너희 안에 있는 것을 너희가 알리라"(요 14:20). 분명하게 "너희가 내 안에, 내가 너희 안에 있는 것을 너희가 알리라" 말씀하십니다. 예수님은 지금 예수님을 주인으로 영접한 사람의 마음 안에 계십니다. "그 (예수님)는 성령과 불로 너희에게 세례를 베푸실 것이요." 하십니다. 예수님께서 마음 안에서 성령의 불세례를 베푸시는 것입니다. 그래서 성령의 불세례가 나타나도록 적극적인 활동을 해야 하는 것입니다. 그렇기 때문에 성령체험 했다고 만족하면 안 된다는 것을 알고 믿고 말해야 합니다.

둘째, 성령 충만은 내가 죽은 것이고, 또 매일 죽는 것이다. 어떤 이는 성령이 역사하여도 자기의 욕심과 생각으로 살아갑니다. 이것이 불가능한 것 같아도 사실 그러합니다. 기독교는 사람이 만든 종교가 아니고 영이시며 살아계신 하나님께서 친히 만드신 기독교이기 때문에 체험의 기독교라고 하는 것입니다. 체험의 기독교이기 때문에 이론으로 되지 아니하고 몸과 마음과 오감으로 체험하고 나타나야 믿을 수가 있는 것입니다. 성령의 불세례 성령충만 역시 마찬가지입니다. 성령의 충만을 체험해보지 않으면 모릅니다. 그런데 성령의 충만을 모르고 성령의 체험이 바로 성령충만이라고 생각하는 자는 예수님을 알아도 성령을 무시하고 모욕하고 사상으로 거부하고 살아갈 수도 있습니다.

성령체험은 성령께 굴복하라는 시작의 의미이고, 나의 존재가 변화되어야 할 입장이기도 한 것입니다. 그러나 성령의 불세례 성령충만은 이미 내가 하나님께 온전히 장악되고 지배되고 있는 것입니다. 둘은 분명히 다른 것입니다.

이러므로 성령의 체험 후에도 자신의 내부의 죄와 죄 된 사상, 견고한 진이 처리되지 않음으로서 내적인 영적 전쟁을 하고 있음에도 불구하고 자신이 온전하거나 신앙이 대단하다고 생각하는 것은 참으로 속고 있는 것입니다. 은사를 체험한 것이 대단한 것이 아닙니다. 그럼 무엇이 대단할까요? 성령을 체험한 이후로 그 사람은 그 어떠한 것도 대단할 것이 없습니다. 오직 하나님 앞에서 겸손할 뿐입니다. 성령하나님께서 자신의 주인으로 지배하시도록 마음을 열어야 합니다. 자신이 죽어 없어져야 합니다. 자신이 어떠한 존재가 된다는 그 망상은 여전히 자신이 죽지 않았다는 의미이고 종종 그런 사람이 사고를 치는 것입니다.

그의 죄가 처리되지 않은 것입니다. 성령의 체험을 하면 더욱 정결하고 의롭게 되도록 자기를 예수님의 피로 씻는 회개에 집중하는 것이 낫습니다. 그렇게 하지 않기 때문에 성령의 역사가 나타나지만 자신의 악한 것과 어리석음과 부족함도 동시에 드러나는 이유라고 생각합니다. 자신 안에서 성령님과 악한 영의 양신역사가 일어난다는 것입니다. 그럴 때에 바람에 나는 겨와 같이 마귀의 공격에 속수무책이 되는 것입니다.

그러나 성령의 불세례 성령충만은 내가 죽은 것이므로 나의 의지와 생각과 지성과 감정이 아닙니다. 오직 성령께 나를 드리는 것이요, 성령이 나를 다스리기를 간절히 소망하는 것입니다. 언제나 성령님은 자신이 주인이 되시어 나를 다스리시기를 원하십니다. 이렇게 될 때에 성령님의 지배 속에 들어가는 것입니다.

나를 위하여 목숨 버리신 예수님의 사랑을 믿는 믿음으로 모든 갈등을 제거하고 고민을 거부하는 것이고, 사단의 "그래도 한 번 너의 유익을 위하여 생각해봐."라는 말도 거부하고 오직 주님의 말씀과 성령의 역사에 순종하는 것입니다. 주님의 말씀에 순종할 때에 비로소 성령이 내게 더 강력하게 흘러넘치시기를 시작할 것입니다. 성령은 우리가 순종할 때에 우리에게 더욱 부어지십니다.

셋째, 성령충만은 죄를 이기는 것이다. 죄를 이긴다는 것은 먼저 자신이 죽어서 육신과의 싸움에서 이기는 것입니다. 육신의 욕심을 버리고 주님만 바라는 것입니다. 나를 먹이시고 입히시는 주님을 바라는 것입니다. 욕심에 눈이 먼 사람은 자기의 잘못된 생각을 모릅니다. 알 수가 없습니다. 눈이 가려서 자기의 생각은 다 옳은 줄 알기 때문입니다. 한 마디로 하자면 "성령충만하지 않고 그 외적인 증거가 없으면서 스스로의 말로 자신을 옳다고 말하는 자는 모순에 빠진 것이다."라는 것입니다.

성령이 충만하다면 반드시 증거가 나타납니다. 전도라든지 성령의 이끌림을 받는 기도라든지 은사라든지 사랑이라든지 섬김이라든지 진리의 올바른 분별이라든지 열매라든지, 카리스마넘치는 성령치유 사역이라든지 사람마다 그 결과와 모양은 달라도, 불완전한 사람이지만 성령의 행하심이 나타나게 됩니다.

정말 그 사람이 옳고 하나님이 인정하실 만한 옳음이 있다면 새 언약에 따라서 예수님을 믿는 그에게 성령을 안 부어주실 리가 없는 것입니다. 마치 이방 사람인 고넬료와 같이……. 그러므로 내적 외적인 증거 없는 성령충만은 거짓인 것이고, 사상에 속아 넘어간 것입니다. 성령의 은사는 종료되었다는 엄청난 거짓말을 권위 있는 학자가 하는 바람에(워낙 오래 되어서 그가 누구인지는 정확하게 조사를 하지 않았지만) 그 이하의 사람들이 대략 그러한가? 하며 받아들인 것입니다. 필자는 옛날 어린 시절에 외할아버지로부터 이러한 이야기를 자주 들었습니다. 남들이 갓쓰고 장에 가니 망건쓰고 장에 간다고, 남들이 하니 저도 망건이라도 쓰고 장에 간다는 것입니다. 정확하게 확인 하지도 않고 남이 말하는 대로 믿고 따라간다는 것입니다. 모두가 맹종을 할리는 없지만 누구라도 대략 넘어가기는 잘 하는 것입니다. 이것이 우리 한국교회의 큰 맹점입니다. 귀신을 축사하면 이단이다. 하면 확인도 하지 않고 축사를 거부하는 것입니다. 하나님은 영이십니다. 영이시기 때문에 체험해보아야 믿을 수가 있는 것입니다. 기독교는 하나님과 1:1의 기독교입니다. 자신이 직접 체험해 보고 믿고 따라가야 한다는 것입니다. 다른 사람의 이론을 따라가면 잘 못될 수도 있습니다. 성경은 이렇게 경고합니다. "그냥 두라 그들은 맹인이 되어 맹인을 인도하는 자로다 만일 맹인이 맹인을 인도하면 둘이 다 구덩이에 빠지리라 하시니"(마 15:14).

그러므로 그룹이나 파벌이나 교단에서 말하는 이러한 논리에 넘어감으로 성령에 대하여 반드시 알아야 할 것을 놓치는 것입니다. 죄를 이기지 못하는 것은 성령충만이 아닙니다. 죄에 지는 것입니다. 자기가 살아있는 것입니다. 이때에 우리는 죄를 회개하며 자신이 죽고 온전히 예수님을 의지해야 합니다.

넷째, 참된 분별력은 성령의 지배하심 때문에 나타난다. 그분이 우리의 영과 혼과 육신을 다스려야만 우리는 우리의 육신의 모습을 알게 됩니다. 성령님은 자신을 보게 하십니다. 마귀는 남을 보며 평가하게 하십니다. 율법도 남을 보고 판단하게 하는 것입니다. 성령의 지배 속에서 세상의 악함과 유혹을 분간하게 됩니다. 우리의 대적 사단의 존재를 알게 됩니다. 성령이 나를 지배하여 나를 다스리실 때에 성령의 나타나심과 행하심으로 당연히 은사가 나타납니다.

그리고 성령의 열매가 맺히고 성령의 증거가 나타납니다. 증거 없는 성령 충만은 거짓이고 말로만 "성령 충만하자" 라고 말하면서 자신의 삶을 조정하지 않는 자는 성실하지 못한 것입니다. 참된 분별력이 성령의 지배하심 때문이라는 것은 성령의 검인 말씀을 가진 자들도 인정해야 하는 것입니다. 성령께서 분별력으로 나타나시기 때문입니다.

고전 2:12-13절에서 "우리가 세상의 영을 받지 아니하고 오직 하나님으로부터 온 영을 받았으니 이는 우리로 하여금 하나님께서 우리에게 은혜로 주신 것들을 알게 하려 하심이라 (13) 우리가 이것을 말하거니와 사람의 지혜가 가르친 말로 아니하고 오직 성령께서 가르치신 것으로 하니 영적인 일은 영적인 것으로 분별하느니라." 말씀하십니다.

여기서 성령의 가르치신 것이란 무엇일까요? 사람의 말에 대조되어서 성령께서 말씀으로 우리에게 깨닫게 하고 가르치시는 것입니다. 무엇이 하나님의 역사이고 아닌지를 가르치시는 것입니다. 무엇이 하나님의 은혜인지 아닌지를 가르치시는 것입니다.

인격적인 성령님은 언어로 가르치십니다. 말씀으로 가르치십니다. 어떤 이는 그저 성령님이 이렇게 하라고 하신 것 같아요, 라고 필링(feeling)으로 일합니다. 소위 필 받아서 말하고 행동합니다. 자기의 생각을 말하되 성령이 말하게 하신 것이라 생각합니다. 이것은 대단한 착각입니다. 미숙하고 아직 검증되지 않은 것입니다.

　성령은 모든 진리 가운데로 우리를 인도하시는 분이시기 때문에 진리부터 가르치십니다. 진리로 인도하심이 먼저인 것입니다. 그 이후에 성령의 역사하심이 있는 것입니다. 착각해서는 안 되는 것입니다. 나의 하는 모든 말과 행동과 목적이 하나님의 말씀으로 해석되지 않는다면 그는 멈추어야 합니다. 그리고 성령의 지배 가운데 말씀을 받아야 합니다. 하고 싶은 대로 하여 죄가 되고 하나님의 징계나 치심이나 막으심을 당하지 않으려면 성령께서 알게 하시는 진리를 따라 가야 합니다.

　먼저 진리는 내가 성경에서 고르는 것이 아니라, 반드시 살아계신 하나님의 마음에서 그 분의 입을 통하여 우리에게 전달된 것이어야 합니다. 이것이 마태복음에서 예수님이 말씀하신바 사람이 살아가는 방법입니다. "예수께서 대답하여 이르시되 기록되었으되 사람이 떡으로만 살 것이 아니요 **하나님의 입으로부터 나오는 모든 말씀[레마]으로 살 것이라 하였느니라 하시니**"(마 4:4). 이러한 말씀이 레마이고 그 말씀 이후에 우리는 생명이 풍성하고 생명이 있는 사역을 하게 됩니다. 이것이 참된 성령의 사역인 것입니다. 이것은 신학적 활동이 아니라 말씀의 사역인 것입니다. 하나님은 "신령한 일은 신령한 것으로 분별하느니라." 말씀하십니다.

"육에 속한 사람은 하나님의 성령의 일들을 받지 아니하나니 이는 그것들이 그에게는 어리석게 보임이요, 또 그는 그것들을 알수도 없나니 그러한 일은 영적으로 분별되기 때문이라 (15) 신령한 자는 모든 것을 판단하나 자기는 아무에게도 판단을 받지 아니하느니라."(고전 2:14-15).

어떤 이들은 말씀을 가지고 있다고 하면서 나는 성령의 은사는 부정한다 하는데 성령의 나타남은 이런 모순이 없는 것입니다. 그러나 성령의 은사가 있다고 하면서 감정이나 느낌으로만 활동의 근거를 삼는 자는 사단에게 속을 수 있음을 알아야 합니다.

직장 생활하면서 "혹시 사장님이 이것을 원할지도 몰라"라며 자기 생각으로 일을 하는 자세 때문에 사장님이 열 받는 것입니다. 사장님은 이렇게 말할 것입니다. "아니 내가 언제 그걸 하라고 했나?" 직접 지시하심을 듣고 일해야 뒤탈이 없는 것입니다. 대통령 수하에 있는 이들이 대통령의 분명한 언어로 된 지시를 받지 않고 마음대로 말하고 행동하기 때문에 사고를 치는 것이 한 두 건이 아닙니다.

더 높으신 하나님의 종이라 하는 이들도 이러한 사고를 한두 번 하는 것이 아닙니다. 그러므로 나중에 예수님을 주여! 라고 부르면서도 주님께 거부당하는 참으로 비참한 모습이 될 수도 있습니다. 성령의 은사를 말하는 자들이 위험에 빠지는 것은 바로 이 점입니다.

말씀에 없는 짓은 하지 말라는 것입니다. 성령의 지시하심이 없는 짓은 하지 말라는 것입니다. 귀신이 당신을 사로잡으려고 함정을 판 것입니다. 성령이시라면 말씀으로 우리에게 다가오십니다. 말씀으로 검증되지 않은 일은 하지 말아야 합니다. 그 죄를 어찌 감당할 것입니까? 성경을 왜곡하거나 마음대로 해석하는 이들은 이러한 죄에 쉽게 빠집니다. **"먼저 알 것은 성경의 모든 예언은 사사로이 풀 것이 아니니** (21) 예언은 언제든지 사람의 뜻으로 낸 것이 아니요 오직 성령의 감동하심을 받은 사람들이 하나님께 받아 말한 것임이라."(벧후 1:20-21).

성령의 역사의 기본 원리를 모르기 때문에 실수를 하는 것입니다. 그 기본은 바로 요한복음에서 분명하게 나타납니다. "그러나 진리의 성령이 오시면 그가 너희를 모든 진리 가운데로 인도하시리니 그가 스스로 말하지 않고 오직 들은 것을 말하며 장래 일을 너희에게 알리시리라 (14) 그가 내 영광을 나타내리니 내 것을 가지고 너희에게 알리시겠음이라."(요 16:13-14).

진리 충만과 예수님의 영광을 드러내는 것이 성령의 사역입니다. 우리는 더욱 진리를 성령으로 알아가야 하는 것입니다. 또한 인간 자신이 말씀을 사용하는 것이 아닙니다. 가질 수 없습니다. 이유는 말씀은 성령의 검이므로 성령만이 잘 쓰실 수 있습니다. 성령이 분명히 역사하시는 사람이 말씀의 사역도 분명히 잘하는 것입니다.

참된 분별력, 모든 일에 있어서의 분별력은 오직 성령이 나와 함께 하셔서 말씀을 주실 때에 시작됩니다. 그것이 성령의 역사하심 때문이라는 의미입니다. 성령이 느낌을 주실 수도 있지만, 이것은 나름 성령 안에서 살아간 자, 예수님의 피로 씻은 자에게 해당이 됩니다. 말씀과 피와 성령은 함께 일하십니다. 말씀은 언어로 표현되고 논리적이고 진리입니다.

피는 언어는 아닌데 우리의 존재를 정결하게 하여 더러운 것이 오면 대조적으로 드러납니다. 이것은 필링을 말하는 것은 아닙니다. 성령이 이 말씀과 피의 적용의 주권자이십니다. 성령은 바로 예수님의 영이신데(행16:7) 바로 예수님이 이것을 우리에게 적용하십니다. 그러므로 우리를 다스리십니다. 주인으로 역사하시는 것입니다. 성경은 이렇게 증명하고 있습니다. "이는 물과 피로 임하신 이시니 곧 예수 그리스도시라 물로만 아니요 물과 피로 임하셨고 **증언하는 이는 성령이시니 성령은 진리니라** (7) 증언하는 이가 셋이니 (8) 성령과 물과 피라 또한 이 셋은 합하여 하나이니라."(요일5:6-8).

결론적으로 성령체험이라고 함은 예수를 믿을 때 임재하신 성령님이 믿는 자를 통하여 살아서 역사하시고 있다는 것을 믿게 하기 위하여 체험하게 하시는 역사입니다. 쉽게 설명하면 성령님의 살아계심을 맛보기로 체험하는 것입니다. 그러므로 성령체험으로 만족하지 말고 자신 안에 주인으로 계시는 예수님으로부터 성령의 불세례가 나타나 온몸을 지배당해야 합니다.

충만한 교회에서는 매주 월-화-금-토요일 오전에 1주전 예약하여 집중치유 온몸기도 시간이 있습니다. 성령의 불세례를 받고 싶으나 받지 못하는 분들과 상처나 질병이 깊고 권능이 나타나지 않는 분들이 사모하고 참석하시면 기적적인 영육의 치유와 능력을 받습니다. 반드시 1주전에 전화하시고 예약해야 합니다.

5장 성령의 불을 어디서 어떻게 받아야 할까요

(고전 2:10-13)"오직 하나님이 성령으로 이것을 우리에게 보이셨으니 성령은 모든 것 곧 하나님의 깊은 것까지도 통달하시느니라 (11) 사람의 일을 사람의 속에 있는 영 외에 누가 알리요 이와 같이 하나님의 일도 하나님의 영 외에는 아무도 알지 못하느니라 (12) **우리가 세상의 영을 받지 아니하고 오직 하나님으로부터 온 영을 받았으니 이는 우리로 하여금 하나님께서 우리에게 은혜로 주신 것들을 알게 하려 하심이라** (13) 우리가 이것을 말하거니와 사람의 지혜가 가르친 말로 아니하고 오직 성령께서 가르치신 것으로 하니 영적인 일은 영적인 것으로 분별하느니라."

성령의 불을 받아야 한다. 그곳에 가면 성령의 불을 받는다. 이렇게 성령의 불을 받는다고 표현을 많이 합니다. 성도들이 불을 받는 것으로 알고 있는 경우가 많습니다. 성령의 불을 외부에서 받는 것이 맞을까요? 이는 오해입니다. 예수를 믿고 성령으로 거듭난 성도는 성령의 불을 자신 안에서 받는 것이 맞습니다. 지금 성령은 성도를 성전삼고 주인으로 계시기 때문입니다(고전3:16). 그럼 왜 성령의 불을 받는다고 할까요? 근원은 이것 때문입니다.

하나님의 자녀가 기도할 때 불로 응답을 하신 것을 구약성경 여러 곳에서 볼 수가 있습니다. 아브라함이 기도할 때 응답으로 횃불로 임하셨습니다. "해가 져서 어두울 때에 연기 나는 화로가 보이며 타는 횃불이 쪼갠 고기 사이로 지나더라."(창15:17). 그리고 갈멜산에서 엘리야가 기도할 때 불로 임하셔서 응답을 했습니다. "여호와여 내게 응답하옵소서 내게 응답하옵소서 이 백성에게 주 여호와는 하나님이신 것과 주는 그들의 마음을 되돌이키심을 알게 하옵소서 하매 **이에 여호와의 불이 내려서 번제물과 나무와 돌과 흙을 태우고 또 도랑의 물을 핥은지라.**"(열상18:37-38). 호렙산 떨기나무에서 모세를 부르실 때도 불로 임재 하셨습니다. "여호와의 사자가 떨기나무 가운데로부터 나오는 불꽃 안에서 그에게 나타나시니라 **그가 보니 떨기나무에 불이 붙었으나 그 떨기나무가 사라지지 아니하는지라.** 이에 모세가 이르되 내가 돌이켜 가서 이 큰 광경을 보리라 떨기나무가 어찌하여 타지 아니하는고 하니 그 때에 여호와께서 그가 보려고 돌이켜 오는 것을 보신지라 하나님이 떨기나무 가운데서 그를 불러 이르시되 모세야! 모세야! 하시매 그가 이르되 내가 여기 있나이다. 하나님이 이르시되 이리로 가까이 오지 말라 네가 선 곳은 거룩한 땅이니 네 발에서 신을 벗으라."(출3:2-5). 솔로몬이 성전 건축을 마치고 낙성식에 기도할 때 불로 임하셨습니다. "**솔로몬이 기도를 마치매 불이 하늘에서부터 내려와서 그 번제물과 제물들을 사르고 여호와의 영광이 그 성전에 가득하니.**"(대하7:1).

이스라엘 민족이 애굽에서 나와서 광야를 걸어갈 때 낮에는 구름기둥으로 밤에는 불기둥으로 이스라엘 민족을 인도하셨습니다. "여호와께서 그들 앞에서 가시며 낮에는 구름 기둥으로 그들의 길을 인도하시고 밤에는 **불기둥을 그들에게 비추사** 낮이나 밤이나 진행하게 하시니."(출13:21).

앞에 말씀드린 모두는 구약시대에 일어난 일들입니다. 그리고 오순절 날 열흘 동안 일심으로 인내하며 기도하던 사람들에게 성령이 불의 혀같이 갈라지는 것이 온 사람위에 하나씩 임했다고 했습니다. **"마치 불의 혀처럼 갈라지는 것들이 그들에게 보여 각 사람 위에 하나씩 임하여 있더니."**(행2:3). 이렇게 성경에 기록이 있으니까, 성경을 문자적으로 인간지식으로 해석을 하여 성령의 불이 하늘로부터 임하는 것으로 이해하는 것입니다. 더 잘못된 것은 성령의 불의 역사를 일으키는 목사에게 불을 받으려고 하는 오류를 범하는 것입니다. 분명하게 성령으로 성경을 깨달아야 합니다.

불이 임했다. 불이 태웠다. 이 말씀을 들은 성도들이 확인도 하지 않고 불은 하늘에서 임하는 것이다. 이렇게 믿고, 자아가 되어 지금 성령이 역사하는 교회시대에도 성령의 불이 하늘에서 임하는 것으로 알고 있는 것입니다. 성령이 역사하는 교회 시대의 성령의 불은 각자 성도 안에 있습니다. 성도 안에서 나오는 것입니다. 오순절 마가의 다락방에서 성령이 하늘로부터 임했습니다. 사도행전 2장 1-4절을 보겠습니다. "오순절 날이 이미 이르매 그들이 다같이 한 곳에 모였더니, 홀연히 하늘로부터 급하고 강한 바람 같은 소리가 있어 그들이 앉은 온 집에 가득하며, 마치 불의 혀처럼 갈라지는 것들이 그들에게 보여 각 사람 위에 하나씩 임하여 있더니, 그들이 다 성령의 충만함을 받고 성령이 말하게 하심을 따라 다른 언어들로 말하기를 시작하니라."

이후로는 오순절 날 마가의 다락방에서 성령의 불을 받은 사람들이 기도할 때 역사하셨습니다. 사도행전 4장 28-31절을 보겠습니다. "하나님의 권능과 뜻대로 이루려고 예정하신 그것을 행하려고 이 성에 모였나이다. 주여! 이제도 그들의 위협함을 굽어보시옵고 또 종들로 하여금 담대히 하나님의 말씀을 전하게 하여 주시오며, 손을 내밀어 병을 낫게 하시옵고 표적과 기사가 거룩한 종 예수의 이름으로 이루어지게 하옵소서 하더라. **빌기를 다하매 모인 곳이 진동하더니 무리가 다 성령이 충만하여 담대히 하나님의 말씀을 전하니라**" 오순절 날 성령의 세례를 받은 성도들이 뜨겁게 기도할 때 성도안의 성령의 불로 충만해졌다는 말입니다.

하나님은 이렇게 말씀하십니다. "너희는 너희가 하나님의 성전인 것과 하나님의 성령이 너희 안에 계시는 것을 알지 못하느냐 (17) 누구든지 하나님의 성전을 더럽히면 하나님이 그 사람을 멸하시리라 하나님의 성전은 거룩하니 너희도 그러하니라."(고전 3:16-17). 지금 하나님은 예수를 믿는 성도를 성전삼고 주인으로 계십니다. 이제 성령의 불을 받으려면 하늘에서 받을 수가 없고, 성령의 불의 역사를 일으키는 목사에게도 받을 수가 없고 자신의 주인으로 계시는 성령하나님으로부터 성령의 불을 받아야 합니다. 물론 처음은 성령의 세례가 일어나는 예배당에 가서서 성령이 함께하는 사람에게 안수를 받으면서 전이 받아야 합니다.

첫째, 성령님은 이론이 아니다. 성령님은 영이시지만 초자연적인 살아계신 삼위하나님이십니다. 인간적인(육적인) 눈에 보이지 않지만 믿는 자를 통하여 역사하시는 초자연적인 5차원의 살아계신 하나님이십니다. 성령님을 체험을 해보아야 믿을 수가 있는 것입니다. 그렇기 때문에 성령에 대하여 말씀을 많이 안다고 성령의 불을 받고 성령충만한 것이 아닙니다. 성령님은 실제로 체험해 보아야 설명이 가능하고 이해가 되는 것입니다. 많은 목회자와 성도들이 성령님에 대하여 많이 알면 성령충만한 줄로 잘못알고 있는 경우가 많습니다. 성령님은 영이시라 보이지 않기 때문입니다. 성령님은 분명하게 영이시며 살아계신 분입니다. 영이시며 살아계신다는 것을 믿는 자에게 나타나시는 분입니다. 체험해 보아야 정확하게 알 수가 있다는 것입니다. 기독교는 체험의 종교인 것입니다.

성령님은 어떤 분이실까요. 하나님이십니다. 삼위일체 하나님이십니다. 성령님은 예수님이 승천하신 후에 오셨습니다. 예수님이 이 세상에서 하신 일들을 계속하시는 분이십니다. 성령님은 하나님과 예수님을 알게 하십니다. 성령님은 예수님을 믿도록 마음을 주시고 그 사람에게 구원을 이루어 주십니다. 성령님은 우리 안에 주인으로 계십니다. 우리가 약할 때에 우리에게 강한 힘을 주십니다. 권능을 주셔서 하나님의 살아계심을 증명하십니다. 성령님은 우리 마음에 주인이 되셔서 우리를 천국으로 인도해 주십니다.

둘째, 성령세례를 바르게 알지 못한다. 나는 성령 충만한 교회 다니기 때문에 성령세례를 받았다고 나름대로 생각을 합니다. 성령세례를 체험하지 못하니 말로 성령세례를 받았다고 단정을 합니다. 그래서 실제 살아서 역사하는 성령세례를 체험하려고 생각을 하지 않는 것입니다. 필자는 항상 이렇게 말합니다. 성도들에게 성령으로 세례를 받아야 하나님의 축복을 받을 수가 있다고 알려주면 물불을 가리지 않고 성령의 세례를 받으려고 한다는 것입니다. 그런데 예수님을 믿을 때 성령으로 세례를 받은 것이라고 알려주니까, 성령세례에 대하여 관심을 두지 않고 인간적인 열심으로 믿음생활을 하는 것입니다. 성령은 성령이 충만한 교회에 다니기만 한다고 체험한 것이 아닙니다. 반드시 개인이 성령의 세례를 받아야 합니다. 자신이 체험해야 한다는 것입니다. 사도행전 2장 3절에 보면 이렇게 말씀하고 있습니다. 여기에 보면 "마치 불의 혀처럼 갈라지는 것들이 그들에게 보여 각 사람 위에 하나씩 임하여 있더니" 라고 말씀하고 있습니다. 이는 개인적으로 성령의 세례를 받아야 한다는 것입니다. 개인이 직접 성령의 세례를 받아야만 한다는 것입니다. 그러므로 성령이 충만한 교회에 다닌다고 자동으로 성령의 세례를 받은 것이 아닙니다. 이렇게 대충 믿고 다니던 분들이 마음의 상처나 질병으로 고생하다가 치유를 받으러 우리 교회에 와서 비로소 성령을 체험하는 것을 많이 보게 됩니다. 성령의 세례를 받으면 자신이 체험적으로 알게 됩니다. 체험적으로 알게 되는 성령세례를 체험하시기를 바랍니다. 성령세례를 받고 성령의 불을 자신 안에서 받는 성도가 되시기를 바랍니다.

셋째, 성령의 불을 받는 다는 표현을 바르게 알지 못한다. 많은 목회자와 성도들이 성령의 불을 받는다고, 또는 성령의 불을 받으라고 말합니다. 우리는 성령의 불을 받는 다는 표현을 바르게 해석하고 깨달아야 합니다. 많은 목회자와 성도들이 성령의 불을 받는다는 표현을 인간적으로 해석을 하여 성령의 불은 하늘에서 내려오는 줄로 알고 있는 경우가 많습니다. 또 능력이 있다는 목사에게서 불이 나오는 줄로 알고, 불의 역사를 일으키는 목사에게서 불을 받는 것으로 잘 못 알고 있습니다. 그래서 성령의 불을 받으려고 하늘에 집중하고 손바닥을 펴고 성령의 불을 받으려고 합니다. 밖에다(하늘이나 능력있는 목사)가 관심을 둔 다는 말입니다. 실상은 정반대입니다. 모든 성경은 역설적으로 해석해야 합니다. 모든 성경말씀은 성령으로 해석해야 한다는 것입니다. 보이지 않는 영적인 면을 고려해야 한다는 말입니다. 성경말씀을 삶에 적용하여 체험해야 바르게 해석할 수가 있는 것입니다.

하나님은 고전 3장 16절에서 "너희는 너희가 하나님의 성전인 것과 하나님의 성령이 너희 안에 계시는 것을 알지 못하느냐" 말씀하십니다. 예수님을 주인으로 모신 자신 안에 성령님이 계시고 자신이 성전이라는 것입니다. 이 성령님은 불로 역사하십니다. 그러니까 자신 안에서 성령의 불을 받아야 되는 것입니다. 성령의 불을 밖에서 받는 다는 것은 샤머니즘의 잔재입니다.

지금은 자신 안에 주인으로 계시는 성령님으로부터 성령의 불을 받는 것, 다른 표현으로 자신 안의 성령님으로부터 성령의 불세례가 나타나는 타오르는 나타나는 시대입니다. 성경에는 성령의 나타남이라고 기록되어 있습니다(고전2:4). 그러니까, 성령의 불을 받는 것은 자신 안에 계신 성령님으로부터 불이 나오는 것이라고 해도 무방합니다. 그러니까, 성령의 불을 받는 다는 것은 자신 안에 성령님이 불세례로 나타나는 것이라고 할 수가 있습니다.

성경에 성령의 역사에 대한 명확한 말씀으로 언급된 것이 그리

많지 않습니다. 사도행전에 일부가 언급되고 있습니다. 사도행전 2:1-4절에 보면 이는 최초 성령세례 성령님이 역사하는 것을 표현한 것입니다. 사도행전 4장 28-31절에는 성령의 충만에 대하여 말씀하고 계시는 데, 어떤 상태가 성령으로 충만한 상태인지 세부적 언급이 없습니다. 사도행전 8장 4-8절에는 귀신을 쫓아내고 중풍병자를 고치고 걷지 못하는 사람이 나으니 사마리아에 큰 기쁨이 있었다고 합니다.

사도행전 9장에 보면 눈을 보지 못하는 바울을 아나니아가 안수하여 보게 했다는 말씀이 있고, 베드로가 중풍병에 걸린 애니아를 안수하여 고쳤으며, 죽은 도로가를 살린 말씀을 기록하고 있습니다. 사도행전 10장 44-46절에서는 고넬료 가정의 성령세례를 받는 기사가 기록되어있습니다. 그 외에도 앉은뱅이를 고친 사건과 사도행전 19장 6-7절에 "바울이 그들에게 안수하매 성령이 그들에게 임하시므로 방언도 하고 예언도 하니 (7) 모두 열두 사람쯤 되니라." 모두 찾아서 읽어보아도 성령세례와 성령충만할 때 성도에게 나타나는 어떤 세부적인 현상을 이해하거나 깨달을 수가 없습니다. 성령의 역사에 대하여 정립하는 방법은 본인이 성령세례를 받고 성령충만을 받아 성령의 지배와 인도를 받으면서 성령으로 말씀에 입각하여 정립하는 수밖에 없습니다.

그렇기 때문에 명확하게 정립되지 못하여 목회자마다 성령의 역사에 대해서 제각각적으로 말을 하여 성도들이 혼동하는 경우가 있습니다. 그래서 성도들이 카리스마가 있다는 어떤 목회자의 말만 믿고 신앙생활을 지속하여 바른 성령의 역사가 아닌 다른 영의 역사를 따라가다가 나중에야 밝히 깨닫고 바른 길을 따라가는 성도가 있습니다. 보이는 사람의 미혹을 받고 속은 것입니다.

필자가 지난 20년이 넘는 세월동안 성령사역을 하면서 체험한 바로는 ①최초 성령세례를 받을 때 일어나는 현상과 ②성령의 불세례를 받아 자신 안에서 성령의 불을 받아 성령으로 충만할 때의 자신이 느끼는 체험의 상태가 다르다는 것입니다. 최초 성령세례가 임할 때 보편적으로 성령님이 임재 하여 전인격을 장악하시면 외적인 현상이 현저하게 나타납니다. 성령세례가 임하면 가시적인 현상이 나타날 때가 많습니다. 이는 1장과 13장에서 자세하게 설명이 됩니다. 지면상 생략하겠습니다. 실로 성령의 역사는 다양합니다. 이는 최초 성령세례가 임할 때에 일어나는 외적인 현상들입니다.

이렇게 성령세례를 받고 지속적으로 우리 충만한 교회와 같이 주일날도 성령의 역사가 일어나게 하면서 성령의 인도를 받으면 성령의 불세례가 임합니다. 성령의 불세례는 자신 안에 주인으로 계시는 예수님으로부터 받는 것입니다. 자신 안에서 성령의 불을 받는 다는 것입니다. 성령의 불세례가 자신 안에서 나타나기 시작하고, 자신 안에서 성령의 불이 타 오르기 시작하면 최초 성령세례를 받으면서 일어났던 외적인 현상들은 점점 시들해지다가 나타나지 않습니다. 왜냐하면 성령께서 자신을 장악하셨다는 것을 믿고 받아들여서 지배했기 때문에 하나님의 나라로 하나가 되었기 때문입니다. 전인격 온몸이 성령으로 지배되어 하나님의 나라가 되었기 때문에, 성령님이 자신을 지배했다고 믿어 성령님이 지배했기 때문입니다. 그래서 예수님은 "내게 주신 영광을 내가 그들에게 주었사오니 이는 우리가 하나가 된 것 같이 그들도 하나가 되게 하려 함이니이다.”(요 17:22) 하며 기도하신 것입니다.

성령의 불세례는 곧 성령의 나타남 자신 안에서 성령의 불을 받는 것, 성령의 충만함을 말합니다. 성령의 불세례는 자신 안에 주인으로 계시는 예수님으로부터 성령의 불을 받으면서 계속 성령의 불이 타오르는 것입니다. 성령의 불이 자신 안에서 나타나는 것입니다. 예수님의 5차원의 역사가 자신 안에서 밖으로 나타나는 것입니다. 성경은 이렇게 증명하고 있습니다. “나는 너희로 회개하게 하기 위하여 물로 세례를 베풀거니와 내 뒤에 오시는 이는 나보다 능력이 많으시니 나는 그의 신을 들기도 감당하지 못하겠노라 그는 성령과 불로 너희에게 세례를 베푸실 것이요”(마 3:11).

예수님이 주시는 이 성령과 불의 세례를 의미하는 것은 예수 그리스도의 이름으로 우리의 죄악을 불로 태워서 죄 사함을 받아 하나님의 성전이 되는 불세례를 의미하는 것입니다. 성령의 불세례는 우리 심령 안에 죄악과 악함과 상처와 스트레스들이 다 태워져서 거룩한 하나님의 전이 되어 하나님과 교통할 수 있게 되는 것입니다. 자신 안에서 성령의 불을 받아야 상처가 치유되고 스트레스가 태워지는 것입니다. 그런데 반대로 마귀나 사단의 하수인들이 성령의 불세례를 받으면 그들의 믿지 않는 죄악으로 인하여 불의 심판을 받는 것입니다. 지옥형벌을 면할 수가 없다는 것입니다. 불신자에게 성령의 불세례가 임할 때 자신이 죄인이라고 인정하고 회개하여 예수님을 구주로 영접하기도 하는 것입니다.

그래서 예수님은 누가복음 12장 49절에서 “내가 불을 땅에 던지러 왔노니 이 불이 이미 붙었으면 내가 무엇을 원하리요" 세상에 하나님의 불만 온전하게 붙었으면 다른 것은 바랄게 없다는 말입니다. 예수님이 공생애 삼년 동안 하신 것은 불을 땅(세상)에 던지러 오신 것입니다. 성령의 불의 역사를 일으키며 하늘나라가 되도록 하신 것입니다. 이제 예수님을 주인으로 모시고 성령의 세례를 받고 기도하고 말을 할 때 성령의 불이 타오르는 성전 된 성도들을 통하여 이 땅에 불이 타오르게 하시는 것입니다.

우리가 밝히 체험하여 알아야 할 것은 성령의 불세례 성령의 불이 타오르는 성령 충만이 되면 무슨 현상이 나타나는 것이 아니고 오로지 성령의 불과 평안함이 자신을 사로잡게 됩니다. 성령이 충만해지면 기도할 때 머리에 무엇이 내려앉는 다거나 손이 흔들린다거나 이런 현상을 나타나지 않습니다. 오로지 마음 안에서 평안과 뜨거운 성령의 은혜만 올라오게 됩니다. 입이나 손으로 불이 나오기도 합니다. 성령이 충만할 때 자신의 손을 다른 사람에게 얹으면 상대편이 뜨거운 불의 역사를 체험하기도 합니다. 이렇게 자신의 안에서 성령의 불을 받는 성령의 불세례의 나타남, 은혜가 올라오게 하려면 오로지 자신 안에 계신 예수님을 찾으면서 기도에 집중하고 몰입해야 체험이 가능합니다.

귀신들이 이런 경지에 들어가지 못하게 하기 위하여 여러 가지 방법, 머리에 무엇이 살며시 내리는 현상을 느끼게 한다거나 손을 건든다거나, 어깨를 살며시 누른다거나, 몸이 아프게 한다거나, 손으로 무엇이 들어오는 현상을 느끼게 한다거나 등등 여러 가지 잡념이 생기도록 하여 깊은 경지에 들어가지 못하게 절대적으로 방해하는 것입니다. 그래서 필자가 늘 강조하는 말이 기도할 때 절대로 다른 현상이나 소리나 잡념에 절대로 신경을 쓰지 말고 오로지 자신 안의 예수님을 찾는 일에 집중하라고 하는 것입니다. 자신이 예수님을 찾는 일에 집중하여 성령으로 충만 되어 성령의 지배 속에 들어가면 그런 기도를 방해하는 현상은 떠나가고 마음 안에서 평안과 뜨거운 은혜만 올라오게 됩니다. 이런 기도를 하는 성도가 성령 충만하며 권능 있어 걸어 다니는 살아계신 하나님의 성전으로 살아가면서 하나님을 주인으로 모시고 사는 것입니다.

결론적으로 성령의 역사는 다양하지만 성령세례를 받을 때 나타나는 외적인 현상과 성령의 불세례 성령 충만할 때 나타나는 내적인 평안함과 뜨거운 현상을 구분하여야 합니다. 성령세례를 받을 때 나타났던 외적인 현상에 집중한다면 결코 믿음은 자라지 못하고 앉은뱅이 신앙인이 되는 것입니다. 내적인 현상으로 자신이 성령의 지배 속에 들어가서 걸어 다니는 성전으로 발전하여야 합니다. 이렇게 되려면 기도가 깊어져야 합니다. 기도가 깊어 진다 함은 외적인 현상에 관심을 두지 말고 오로지 자신 안의 주님만 찾아야 성령의 지배 속에 들어갈 수가 있습니다.

이렇게 자신 안에서 성령의 불을 받아야 자신 안에 도사리고 있던 세상 신들이 떠나가고, 상처와 스트레스가 자신 안에서 나오는 성령의 불의 역사로 정화되는 것입니다. 영-혼-육의 문제를 치유 받으려면 자신 안에서 성령의 불을 받는 수준이 되어야 가능한 것입니다. 우리 모두 자신 안에서 성령의 불을 받는 수준이 되어 하나님의 살아계심을 증명하며 살아가시기를 바랍니다.

2부 성령님의 나타남을 정확하게 알라

6장 성령세례 불세례 성령충만이란

(마 3:11) "나는 너희로 회개하게 하기 위하여 물로 세례를 베풀거니와 내 뒤에 오시는 이는 나보다 능력이 많으시니 나는 그의 신을 들기도 감당하지 못하겠노라 그(예수님)는 성령과 불로 너희에게 세례를 베푸실 것이요"

하나님은 성령으로 세례를 받으리라(행1:5). 말씀하십니다. 사도행전 2장 1-4절에 보면 "오순절 날이 이미 이르매 그들이 다 같이 한 곳에 모였더니, 홀연히 하늘로부터 급하고 강한 바람 같은 소리가 있어 그들이 앉은 온 집에 가득하며, 마치 불의 혀처럼 갈라지는 것들이 그들에게 보여 각 사람 위에 하나씩 임하여 있더니, 그들이 다 성령의 충만함을 받고 성령이 말하게 하심을 따라 다른 언어들로 말하기를 시작하니라."했습니다. 성령으로 세례를 받으니 성령의 충만함을 받고 다른 언어(하늘의 언어)로 말을 했습니다. 성령으로 세례를 받으니 하늘의 사람으로 변하여 하늘언어를 했다는 것입니다.

필자는 20년이 넘도록 성령치유 사역을 했습니다. 성령치유 사역을 하다가 보니 성령의 세례를 받으면 그때부터 치유가 이루어지기 시작 했습니다. 저는 성령의 세례를 이렇게 표현하기도 합니다. 성령의 세례는 예수를 영접할 때 내주하신 성령께서 순간 폭발하여 전인격을 사로잡는 것이라고 하기도 합니다. 예수를 믿으면 성령이 내주하십니다. 즉시로 죽었던 영은 살아납니다.

그러나 육체는 성령으로 장악당하지 않은 상태입니다. 육체는 구습을 따르는 옛 사람이 그대로 있다는 말입니다. 그러므로 옛 사람에게 역사하던 세상신이 여전히 주인노릇을 하고 있다는 뜻도 됩니다. 하지만 성령으로 세례를 받으면 성령께서 전인격을 사로잡으므로 옛 사람에게 역사하던 세상신이 떠나가기 시작을 하는 것입니다. 성령의 역사로 옛 사람 아담의 주인 노릇을 하던 세상 신이 떠나가면서 여러가지 이해하지 못하는 영-혼-육에 특이한 현상을 일으킵니다. 이를 이해하지 못하는 분들이 자리를 이탈하기도 합니다. 체험해보지 못하여 이해하지 못하기 때문입니다.

하나님은 성도들이 성령으로 세례를 받아 영적으로 변하기를 소원하십니다. 성령으로 세례를 받아야 전인격이 하나님을 따를 수 있기 때문입니다. 목회자나 성도나 할 것 없이 성령의 불 받기를 사모합니다. 그러나 성령의 세례를 받아야 성령의 불로 세례를 체험할 수가 있습니다. 저의 개인적인 견해로는 성령의 세례가 없이 성령의 불세례를 받을 수가 없습니다. 성령의 불세례를 받으려면 먼저 성령의 세례를 체험해야 합니다. 성령의 세례를 받으려면 세례를 받을 수 있는 영육의 상태가 되어야 합니다.

성령의 세례를 받으려면 먼저 마음을 열어야 합니다. 성령은 사람의 영 안에서 역사하십니다. 영은 사람의 마음 안에 있습니다. 그래서 마음을 열어야 영 안에 계신 성령이 역사하는 것입니다. 성령이 역사해야 사람이 영적인 상태가 되는 것입니다. 영적인 상태가 되어야 하나님과 교통할 수가 있는 것입니다. 그러므로 우리는 회개의 세례인 물세례로 만족하지 않고 다음은 성령의 세례를 받아야 합니다.

많은 목회자와 성도들이 '성령체험과 '성령 세례'와 '성령 충만'을 혼용해서 사용하고 있습니다. 이러한 혼동은 바르지 못한 구원관에서 비롯되었다고 생각합니다. 그러므로 이 장에서 **성령 체험과 성령 세례와 성령의 불세례, 성령 충만**이 무엇인지 분명히 제시하고자 합니다.

첫째, 성령체험이란 무엇인가? 성령체험이란 성령하나님을 맛보기로 체험하는 것을 말합니다. 성령님은 보이지 않지만 살아계신 분이시구나, 성령을 체험하니 몸과 마음에 실제로 느낄 수가 있구나, 하나님은 보이지는 않지만 살아서 역사하는 분이시구나 체험적으로 깨달아 아는 것입니다. 성령체험은 성령님에 대하여 맛만 보는 것입니다. 성령 체험했다고 다되었다고 생각하면 체험적인 신앙생활이 되지 못합니다. 성령체험은 그저 몸으로 성령하나님을 느끼는 정도이기 때문입니다. 그래서 성령체험을 했어도 성령님이 온전하게 영향력을 발휘하지 못하십니다. 성령을 체험했으면 만족하지 말고 성령의 세례와 성령의 불세례, 성령의 충만으로 이어지는 신앙생활이 되어야 성령의 지배를 받는 것입니다. 성령께서 영-혼-육의 질병을 예방하도록 역사하시기 때문입니다.

둘째, '성령 세례'란 무엇인가? 성령세례는 성령의 역사를 몸과 마음으로 느끼고 체험하는 실제적인 역사입니다. 필자는 성령세례는 자신 안에 주인으로 오신 성령께서 폭발하여 자신의 전인격이 장악하시므로 몸과 마음으로 느끼고 눈으로 보며 체험하게 하시는 사건이라는 것입니다. 성령세례의 의미에 대해서는 교단마다 또 교회마다 또 개인에 따라서 달라지기 때문에 이것이 성령세례입니다 하고 말씀드리기는 조금 어려운 단어입니다. 일반적으로 성령세례는 두 가지 의미로 쓰인다고 봅니다.

첫째가 성령의 내주하심입니다. 우리가 예수님을 영접하고 믿게 되면 성령께서 우리 안에 들어오셔서 우리와 함께 동행하시게 되는데 이것을 성령이 내주하심, 성령체험이라고 하기도 합니다. 또한 이것은 성령 세례라고 하기도 합니다. 바로 우리가 예수님을 믿고 하나님의 자녀가 됨으로 말미암아 성령과 연합되는 것입니다. 성령으로 거듭난다는 뜻이 바로 우리가 예수님을 믿음으로 하나님의 자녀가 되는 사건을 의미하는 것입니다. 이런 경우 성령세례란 우리의 일생에 딱 한번 있는 단회적인 사건이 되는 것입니다.

두 번째가 우리가 예수님을 믿고 나서 특별한 경험을 하는 경우입니다. 성령의 특별한 역사로 말미암아 뼛속까지 회개하는 경험도 하게 됩니다. 방언을 받게 되는 경우도 있고 성령과 친밀한 교제를 하게 되는 경우도 있습니다. 하늘의 권능을 받는 것입니다. 권능 있는 삶을 살아가는 계기가 됩니다. 자신은 없어지고 성령님이 주인 된 삶을 살아가게 됩니다. 이런 경험을 성령세례라고 칭하는 경우도 있습니다. 이런 경우 성령세례란 우리의 일생에 한번 체험할 수 있는 사건이 될 수 있습니다. 성령의 세례를 체험하고 나면 성령에 강하게 사로잡힐 때마다 성령의 역사를 체험하게 된다는 뜻입니다.

바울 사도가 한 번은 에베소 교회를 방문했습니다. 교인들에게 바울이 "너희가 믿을 때에 성령을 받았느냐 가로되 아니라 우리는 성령이 있음도 듣지 못하였노라 그러면 너희가 무슨 세례를 받았느냐 대답하되 요한의 세례로라"(행 19:2-3)고 했습니다. 이때에 "바울이 그들을 안수하매 성령이 그들에게 임하시므로 방언하고 예언도 하니 모두 열 두 사람쯤 되니라"(행 19:6)라고 해서 성령세례가 성령세례 받은 사람을 통하여 전이 된다는 사실과 성령 세례의 필요성을 알게 된 것입니다.

하나님은 성령의 세례를 체험하게 하고 단련하여 하나님 마음에 합한 자를 하나님의 일에 사용하십니다. 베드로의 경우를 예로 들어봅니다. 고기를 잡는 어부였던 베드로가 예수님의 부르심으로 그물을 버리고 주님을 따랐습니다. 주님을 따라 다니면서 문둥이를 치유하고, 죽은 자를 살리고, 오병 이어의 기적을 일으키고, 귀신을 쫓아내는 이적과 기적을 보면서 3년 동안 주님을 따랐습니다. 베드로가 이렇게 주님의 능력을 인정하고 주님을 따르면서 3년 동안 훈련을 받았지만 믿었던 주님이 십자가에 돌아가시게 되자 세 번씩이나 주님을 모른다고 부인한 겁쟁이입니다. 왜 그렇습니까? 전인격이 성령으로 세례를 받지 못해서 그런 것 아니겠습니까? 성령의 세례를 체험하지 못하고 인도받지 못하니 아직 육신적인 믿음의 수준을 넘지 못한 증거입니다.

그러던 베드로가 마가의 다락방에서 120 문도와 함께 기도하다가 성령으로 세례를 받고 완전히 사람이 변했습니다. 육신적인 사람이 초자연적인 사람으로 변화되었습니다. 성령이 베드로를 장악한 것입니다. 그러자 성령의 언어를 합니다. 어떻게 변화되었습니까? 초자연적인 성령의 사람이 됩니다. 베드로는 오순절 마가의 다락방에서 완전히 변화되어 성령 충만한 사도로 능력의 삶을 보여 주기 시작하였습니다. 기도하고 명령할 때 귀신이 떠나가고, 병자가 고쳐지고, 죽은자가 살아났습니다. 베드로가 전하는 말씀에 감동 받아 하루에 3천명이 예수님 믿고 구원받는 역사가 나타났던 것입니다. 놀라운 일이 아닐 수 없습니다. 우리도 성령의 세례를 받고 성령의 인도 하에 하나님의 훈련을 순종하므로 받으면 우리에게도 베드로와 같은 역사가 나타날 수 있다고 확신합니다. 성령의 세례를 받으시기를 바랍니다. 그리고 성령의 불세례도 나타내시기를 바랍니다. 먼저 성령의 세례를 받으려면 이렇게 하시기를 바랍니다.

성령으로 세례를 받음은 하나님의 영으로 사로잡히는 것입니다. 성령의 세례는 성도의 마음을 그리스도에 대한 이해와 사랑과 신뢰로 가득 차게 하며, 성령이 삶의 주관자가 되게 하며, 하나님의 자녀로서 하나님의 부름에 적합하도록 능력을 부여합니다. 거듭나는 것과 성령으로 세례 받은 것과는 다른 별개의 사건입니다. "누구든지 그리스도의 영이 없으면 그리스도의 사람이 아니라." (롬 8:9). 성령의 세례를 받음으로 성령의 이끌림을 받게 됩니다.

그리스도인은 성령에 의해 태어난 사람으로 성령은 그 사람 안에서 중생의 사역을 이루십니다. 그리스도인이란 그 안에 성령이 내주 하는 사람을 지칭하며 성령세례 받은 자를 의미하는 것은 아닙니다. 거듭남으로 구원을 받게 됩니다. 즉 성령으로 거듭나서 하나님의 자녀가 되는 것입니다. 그러나 사람이 성령에 의해 거듭났지만, 성령으로 세례 받지 못한 경우도 있습니다. 그러므로 중생과 성령세례는 동의어가 아니라는 뜻입니다.

그러므로 성령으로 세례를 받으시기를 바랍니다. 성령의 세례를 받음으로 비로소 성령의 불 성령의 인도를 받을 수가 있습니다. 그리하여 성령으로 깊은 영의 기도를 할 수 있게 되는 것입니다. 성령으로 깊은 영의기도를 하므로 성령의 불이 임하고, 심령에서 성령의 불이 올라오는 영의 기도를 할 수 있는 것입니다. 성령의 세례는 순간 성령의 불로 사로잡히는 것이기 때문입니다.

셋째, 성령의 불세례. 성령의 불세례란 자신의 마음 안 지성소에 주인으로 계시는 예수님으로부터 성령의 불이 끊임없이 타오르는 것을 말합니다. 예수님을 믿는 사람이라면 누구나 한번쯤은 '성령의 불'에 대한 관심을 가져 봤을 것입니다. '성령의 불'에 대해서 한 번도 들은 적도 없고 관심도 갖지 않은 분이라면 이 책에 관심도 없으실 것입니다. 하나님을 믿는 사람들에게 있어서 성령의 불을 받는다는 것은 신비적인 체험과도 같습니다. 성령의 불세례를 받는다는 것을 다른 말로 표현하면 '성령충만'입니다. 그것은 또한 '성령의 기름부으심'으로 표현되기도 합니다.

요즘에 성령충만이란 말이 하도 많이 남용되어서 "성령충만 합시다"라고 말하면 그저 성령과 더불어 살아가는 정도로 생각합니다. 하지만 성령을 충만이 받게 되면 성령님이 자신의 주인이 되시며 성령님께서 소유하고 있는 권능을 사용할 수 있게 됩니다. 이것은 사도행전 1장 8절의 말씀이기도 합니다. "오직 성령이 너희에게 임하시면 너희가 권능을 받고 예루살렘과 온 유대와 사마리아와 땅끝까지 이르러 내 증인이 되리라 하시니라"(행 1:8)

한 가지 짚고 넘어가야 할 것은, 윗 구절에서 언급된 성령은 성령세례가 아니라 성령의 기름부으심을 말합니다. 그것은 곧 불세례를 말합니다. 자신 안에 주인이신 예수님으로부터 성령의 불세례, 성령의 기름부으심을 받을 때 하늘의 권능을 받게 됩니다.

물론 성령세례를 받을 때에도 역사가 일어납니다. 하지만 성령의 불세례에 성령의 기름부으심에는 더 큰 권능이 있습니다. 예수님께서 제자들에게 이 구절을 말씀하셨을 대는 단순한 성령세례가 아니라 성령 충만(성령의 불세례)이었음을 알아야 합니다. 세례요한은 우리로 하여금 성령세례와 성령의 불세례에 대한 보다 명확한 이해를 돕기 위해 다음과 같은 말을 남겼습니다. "나는 너희로 회개케 하기 위하여 물로 세례를 주거니와 내 뒤에 오시는 이는 나보다 능력이 많으시니 나는 그의 신을 들기도 감당치 못하겠노라 그는 성령과 불로 너희에게 세례를 주실 것이요"(마 3:11)

이 구절에 대해서 성경학자들마다 다른 의견을 가지고 있습니다. 하지만 저는 이 구절의 의미를 확실하게 알고 있습니다. 세례요한은 물세례를 베풀었습니다. 고로 물세례는 위임된 사람이 베푸는 것입니다. 하지만 영이신 예수님께서는 성령과 불로 세례를 주십니다. 이미 우리는 성령세례가 무엇인지 알고 있습니다. 이제

남은 것은 성령의 불세례입니다. 이것은 성령의 기름부으심을 말하며 또한 성령의 불세례를 가리키는 것이기도 합니다.

세례요한은 성령과 불에 대한 충분한 이해가 있었던 사람이었습니다. 그는 예수님께서 우리를 성령과 불로 세례를 줄 것임을 알았습니다. 성령세례가 물세례보다 더 중요하듯이 불세례는 성령세례보다 더 중요합니다. 성령세례와 불세례는 많은 차이가 있습니다. 물세례와 성령세례가 다르듯이 성령세례와 성령의 불세례는 다른 것입니다. 같은 것이 아니라는 말씀입니다. 성령세례도 중요하지만 성령의 불세례는 더 중요한 것입니다. 성령세례만으로도 하나님의 은혜가 있고 삶의 변화가 있고 영적 능력이 있는 것은 사실입니다. 하지만 성령의 불세례에는 더 큰 은혜와 영광과 능력이 있습니다. 상처 치유를 받으려면 성령의 불세례를 받아야 합니다.

이러한 성령의 불세례는 성령의 불로 표현할 수 있습니다. 성령의 불세례는 성령세례와는 다른 것입니다. 물세례를 이해한다면 성령세례 또한 이해할 것입니다. 물세례는 사람에게 물로 받는 세례이고 성령세례는 예수님으로부터 성령으로 받는 세례입니다. 물세례가 육체적인 것이라면 성령세례는 영적인 것입니다. 하지만 성령의 불세례는 물세례도 아니고 성령세례도 아닙니다. 오히려 그 이상의 것입니다. 성령의 불세례를 받아야 합니다.

성막의 구조상으로 볼 때 번제단은 성막의 뜰에 놓여져 있습니다. 성막의 뜰은 예배를 준비하는 곳이지 예배를 드리는 곳이 아닙니다. 성막의 뜰은 참경배자가 되기 위한 준비 장소이기 때문입니다. 성령세례는 성막의 뜰을 지나 성소에서 행해지는 것입니다.

그러나 성령의 불세례는 성령님의 인도로 성소를 지나 지성소에 계시는 예수님으로부터 행해지는 것입니다. 지성소에서 끊임없이 흘러나오는 것입니다. 온전하게 성령님의 지배 속에 들어갑니다.

물세례와 성령세례 없이 갑자기 성령의 불세례를 받을 수는 없습니다. 장성한 자가 되기 위해선 반드시 어린아이의 시절을 거쳐야 하듯이 성령의 불세례를 받기 위해선 물세례와 성령세례가 먼저 행해져야 합니다. 성령세례를 받은 후에 지속적으로 예배드리고 기도할 때 성령의 불세례가 지성소에서 나오는 것입니다.

성령세례가 성소에서 얻어지는 것이라면 성령의 불세례는 마음 안 지성소에서 얻어지는 것입니다. 자신의 마음 안 지성소에 주인으로 계시는 예수님이 주시는 것입니다. 물세례가 물로 행해지는 것이고 성령세례가 성령으로 행해지는 것이라면 성령의 불세례는 성령의 기름부음으로 행해집니다. 예수님은 "내가 불을 땅에 던지러 왔노니 이 불이 이미 붙었으면 내가 무엇을 원하리요"(눅 12:49). 불이란 악인(사단, 마귀)을 심판하거나 우리의 죄와 악을 소멸시켜줍니다. 고로 지성소의 예수님으로부터 성령의 불세례를 받으면 온전하게 하나님의 성전이 되는 것입니다.

성령세례에도 강력한 능력이 나타납니다. 성령세례를 통해 어떤 이는 방언을 하며 또 어떤 이는 예언도 합니다. 하지만 성령의 불세례를 받은 사람에겐 그 이상의 신령하고 초자연적인 역사가 일어납니다. 어떤 사람은 병을 치유하는 능력을 드러냅니다. 또 다른 사람은 하나님의 음성을 직접 듣기도 합니다. 신유의 은사에도 여러 가지입니다. 어떤 사람은 다리의 길이가 다른 것을 똑 같은 길이로 길어지게 하는 치유만을 가지고 있는가 하면 또 다른 사람은 소경의 눈을 뜨게 해 주는 치유역사를 가지고 있습니다.

성령의 불세례에는 초자연적인 5차원의 큰 능력이 있습니다. 그래서 사도 바울은 자신의 복음 전함의 근원이 능력과 성령과 큰 확신으로 되었다고 고백을 했던 것입니다. "이는 우리 복음이 말로만 너희에게 이른 것이 아니라 오직 능력과 성령과 큰 확신으로 된 것이니 우리가 너희 가운데서 너희를 위하여 어떠한 사람이 된 것은 너희 아는 바와 같으니라"(살전 1:5). 믿으십시오. 성령의 불세례에는 엄청난 권능과 능력이 있습니다. 그리고 그 성령은 성령세례와 함께 성령의 불세례 성령 충만 함이 있음도 믿으시기 바랍니다.

넷째, 성령 충만이란? '성령 세례'는 택한자가 거듭날 때 최초로 한 번 받는 것입니다. 그러나 '성령 충만'은 성령의 세례를 이미 받은 성도가 그의 남은 일생동안 계속적으로 사모하면서 받아야 할 은혜입니다. 성령충만은 성령의 불세례와 같은 것입니다. 자신 안에 주인이신 예수님으로부터 끊임없이 불을 받으며 불이 나타나는 것입니다. 사도행전 2장을 보면 예수님 부활 후 첫 오순절에 제자들이 최초로 성령의 세례를 받는 장면이 나옵니다.

그리고 그 이후에 수많은 반대와 핍박에도 불구하고 담대히 복음을 전하고 기도하다가 성령의 충만을 받는 장면을 발견할 수 있습니다(행 4:23~31). 사도행전을 보면 제자들이 주로 기도와 찬송 중에 성령의 충만을 받는 모습을 발견할 수 있습니다(행

4:23~31). 찬송과 성령으로 기도할 때 성령충만하게 됩니다.

성령세례를 받는 일이 없었는데도 불구하고 감히 성령 충만하다고 관념적으로 말하는 사람들을 (타 교회에서) 종종 볼 수 있었습니다. 이것보고 관념적인 신앙생활을 하는 것이라고 할 수가 있습니다. 알기만 하는데 실제 체험이 없다는 것입니다. 단순히 기분이 좋다는 표현을 성령 충만하다는 식으로 농담으로 표현하는 사람도 있었습니다. 성령님은 삼위일체의 제3위가 되시는 하나님이십니다. 하나님의 거룩하신 이름이 들어가는 단어를 진지하고 신중하게 사용해야 합니다.

성령 충만하다는 것은 '그리스도의 영으로 충만해진 상태'를 말하는 것입니다. 그리스도의 거룩하심과 뜨거운 사랑으로 충만해지는 것입니다. 주님의 거룩하신 성품과 사랑과 말씀과 지혜와 능력으로 충만해지는 것을 말합니다. 성령 충만한 사람은 이기적 욕심이 완전히 죽고 성령님께서 인도하시는 이타적 삶으로 인도함을 받게 되어있습니다. 세상이 줄 수도 없고 알 수도 없는 평안과 기쁨이 충만합니다. 세상의 염려와 걱정을 하나님께 내어 맡기고 담대히 자신이 짊어져야 할 '십자가의 사명 (하나님께서 주신 이타적 사명)'을 지고 즐거이 주님을 따르는 삶을 살게 됩니다. 성도라고 한다면 예수님으로부터 성령의 불세례를 받아 성령이 차고 넘치는 충만함으로 성령의 기름부으심으로 살아야 합니다.

결론입니다. 저는 성도라면 모두가 예수를 영접하고 성령으로 세례를 받아야 한다고 강조합니다. 제가 말하는 성령의 세례는 성령의 내주하심이 아니라, 성령이 전인격을 장악하는 성령 폭발을 말하는 것입니다. 내주하신 성령이 폭발하여 성도의 전인격을 장악해야 육이 치유되어 영의 지배를 받는 영의 사람으로 변하는 것입니다. 성령이 전인격을 장악해야 비로소 육체에 역사하던 세상신이 떠나가기 시작하기 때문입니다. 성령은 초자연적인 권능이 있으시고, 세상신은 권위 면에서 한 단계 하위인 초인적인 존재들이기 때문입니다.

이는 성도에 따라 성령께서 장악하는데 시간이 다르게 걸립니다. 그래서 하나님은 "항상 기뻐하라! 쉬지 말고 기도하라! 범사에 감사하라! 이것이 그리스도 예수 안에서 너희를 향하신 하나님의 뜻이니라"(살전5:16-18). 하시는 것입니다. 전폭적으로 성령의 인도를 받으며 맡기는 성도는 빨리 변화가 되고, 그렇지 못한 성도는 변화되는데 시간이 더 걸릴 것입니다.

성도가 성령으로 빨리 장악이 되면 그 만큼 연단의 기간도 짧아지는 것입니다. 하나님은 성도가 성령으로 전인격이 장악 되어 하나님이 원하시는 수준이 되어야 성도에게 배당된 하나님의 복을 풀어주시는 것입니다. 그러므로 성도는 부단하게 성령으로 세례를 받고 전인격이 성령의 지배를 받으려고 의지적인 노력을 해야 합니다. 자신의 생각이나 의지를 내려놓고 전폭적으로 성령의 인도하심을 따르면 좀 더 빨리 하나님이 원하시는 영적인 수준에 도달할 수가 있는 것입니다.

성령의 세례는 성도에게 와 있는 영육간의 문제를 치유하는데도 지대한 영향을 미치게 됩니다. 성령으로 세례를 받지 않으면 치유가 되지 않습니다. 육체에 역사하는 세상신의 힘이 강하기 때문에 좀처럼 치유가 되지 않습니다. 그러다가 성령으로 세례를 받고 뜨겁게 기도하기 시작을 하면 육체가 성령의 지배를 받게 됨으로 치유가 되기 시작 하는 것입니다.

그러므로 성도가 당하는 영육의 문제를 치유 받으려면 최우선으로 체험해야하는 것이 성령의 세례입니다. 성령의 세례가 없이는 아무리 능력이 강한 사역자라도 치유할 수가 없습니다. 치유는 성령께서 하시기 때문입니다. 하나님은 영이십니다. 영육의 문제는 영이신 하나님이 치유하시는 것입니다. 하나님이 치유하시게 하려면 영적인 상태가 되어야 하는 것입니다. 영적인 상태가 되려니 성령으로 세례를 받고 성령의 깊은 임재에 들어가야 합니다. 그러면 하나님의 치유의 손길이 역사하기 시작을 합니다.

하나님의 음성을 들으려고 해도 성령으로 세례를 받아야 합니다. 상처를 치유 받으려고 해도 성령으로 세례를 받아야 합니다. 귀신을 쫓아내려고 해도 성령으로 세례를 받아야 합니다. 질병을 치유 받으려고 해도 성령으로 세례를 받아야 합니다. 혈통에 흐르는 영-혼-육의 문제를 치유 받으려고 해도 성령으로 세례를 받아야 합니다. 재정의 문제를 해결하려고 해도 성령으로 세례를 받아야 합니다. 성령의 세례가 없이는 아무것도 이루어지지 않습니다. 그러므로 성령의 세례는 모든 성도가 꼭 받아야 합니다.

성령의 세례로 만족하시지 말고 성령의 불세례를 받으시기를 바랍니다. 그래야 초자연적이고 권능 있는 성도가 되는 것입니다. 성령의 불세례=성령충만=성령의 기름부음은 같은 것입니다.

7장 성령의 임재 성령의 나타남이란

(고전2:3-5)"내가 너희 가운데 거할 때에 약하고 두려워하고 심히 떨었노라 (4) 내 말과 내 전도함이 설득력 있는 지혜의 말로 하지 아니하고 다만 **성령의 나타나심과 능력으로** 하여 (5) 너희 믿음이 사람의 지혜에 있지 아니하고 다만 하나님의 능력에 있게 하려 하였노라."

성령의 임재란 이렇게 설명할 수가 있습니다. 누구나 예수님을 주인으로 영접하고 믿기만 하면 기본적으로 성령은 내 안에 들어와 있습니다. 성경에 내가 네 안에 네가 내 안에 거한다는 것이 그런 뜻입니다. 하나님이신 성령께서는 이미 내 안에 있고 내가 그 성령의 빛을 나타내는 가 내지 않는가의 차이가 있을 뿐입니다.

그러면 성령의 임재를 어떻게 느끼느냐? 그것은 나에게 구원의 확신이 있고 예배 드리기를 즐겨하며 하나님을 사랑함이 마치 여자 청년이 남자친구를 사랑할 때 같은 설렘이 있다면 성령의 임재가 확실하다고 볼 수 있습니다.

하지만 그런 설렘이 늘 지속될 순 없습니다. 그럴 때도 성령님은 우리 안에서 쉬고 계십니다. 우리가 부모님을 사랑하지만 그 사랑을 평소엔 느끼지 않다고 어떤 사건이나 사실을 통해 갑자기 부모님의 사랑이 느껴지는 것과 마찬가지입니다.

성령의 강력한 성령체험(몸의 떨림이나 진동이나 내적치유나 병고침 등)을 통해 느낄 수도 있습니다. 하지만 성령은 차갑거나

서늘할 수도 있고, 불처럼 뜨거울 수도 있으며, 아무런 느낌이 없을 수도 있습니다. 다만 내가 하나님 안에 거하고 있다는 확신이 서는 그 순간이 성령의 임재를 느끼는 순간입니다. 왜냐하면 하나님이 나를 선택하지 않고 내 안에 거하지 않으면 우리는 그와 같은 확신과 감동을 느낄 수 없기 때문입니다.

성경을 묵상하다가 찬양하다가 기도하다가 가슴에 뭉클한 것이 있을 때, 눈시울이 뜨거워질 때, 감사가 넘칠 때 누군가를 위해 깊이 기도할 때, 그 모든 때에 성령의 임재가 있는 것입니다. 그게 성령의 임재인지 아닌지 어떻게 구분하느냐? 그건 구분할 필요가 없습니다. 앞에서도 말했듯이 성령님이 주지 않은 영적 감동은 없기 때문입니다.

성령의 임재를 놓치지 않기 위해서 여러 가지 노력이 필요합니다. 우선 찬양과 기도와 말씀묵상을 지속해야 합니다. 모든 것이 능력이 있지만 그 중에서도 특히 말씀 묵상을 지속하는 것이 가장 파워풀합니다. 기도와 찬양은 정말 좋지만 그 근본은 말씀이기 때문입니다.

더 나아가 성령체험, 즉 성령 불세례를 받는 것입니다. 성령 세례를 받아 성령님이 흘러나오는 분의 안수기도를 받는 것입니다. 목사님이라고 해서 다 성령세례를 받지는 않았습니다. 내가 아는 목사님들 중 거의 절반이 성령 세례를 받지 못했다고 할 만큼 성령 세례 받은 분은 적습니다. 성령세례를 받으면 사도행전의 사도들과 같은 능력이 나타나기 시작합니다. 특히 하나님의 사랑이 내 안에 충만하게 됩니다.

감사와 감격이 넘치고 세상이 아름다워 보이고 하나님이 모든 것을 할 수 있다는 확신이 생기면 성령이 확실히 자신 안에 활동하고 계신 겁니다. 그런 것이 없다면 성령의 임재가 없느냐? 그렇지 않습니다. 성령님의 때로 평화로운 마음으로 오기도 하십니다. 어찌 되었건 성령의 임재는 자신의 마음에 하나님이 나와 함께 계신다는 마음이 생기면 곧 함께 하시는 겁니다. 그런데 성령의 임재하심에 머물러서는 신앙이 장성한 분량으로 자라지를 못합니다. 이제 성령의 세례를 받고 성령의 불세례를 받으며 성령충만으로 성령의 나타남으로 발전해야 합니다.

성령의 나타남에 대하여 설명을 하겠습니다. 우리가 성령의 나타남에 대한 관심을 갖게 되면 우선은 눈에 보이고 오감을 통해 느껴지는 감각적인 현상에 의존하게 됩니다. 우리가 잘 알듯이 성령을 주제로 하는 집회에 참석해 보면 쓰러짐이나 방언, 진동, 춤, 더 나아가서 치유와 축귀, 예언 등의 다양한 은사들이 나타나는 것을 볼 수 있습니다

성경에서도 성령의 은사들과 사도들의 전도여행과 사역가운데 나타난 많은 기적들이 기록 되어 있으므로 저 자신도 성령의 나타남에 대하여 전혀 거부감이 없습니다. 깊은 기도생활과 성령이 충만한 삶을 살면 누구든지 사람의 경험과 지식을 뛰어넘는 영의 영역이 존재한다는 것을 알 수 있으며, 또한 하나님은 성령을 통하여 그러한 것들을 경험케 하십니다.

지금 필자는 그러한 것들에 대하여 좀 더 깊은 차원으로 들어가야만 한다는 것을 말하고자 합니다. 좀 길지 모르지만 다음의 본

문을 유념하여 읽기를 원합니다. 성령의 지배가운데 천천히 묵상하여 보시기를 바랍니다.

"형제들아 내가 너희에게 나아가 하나님의 증거를 전할 때에 말과 지혜의 아름다운 것으로 아니하였나니 (2) 내가 너희 중에서 예수 그리스도와 그가 십자가에 못 박히신 것 외에는 아무 것도 알지 아니하기로 작정하였음이라 (3) 내가 너희 가운데 거할 때에 약하고 두려워하고 심히 떨었노라 (4) **내 말과 내 전도함이 설득력 있는 지혜의 말로 하지 아니하고 다만 성령의 나타나심과 능력으로 하여 (5) 너희 믿음이 사람의 지혜에 있지 아니하고 다만 하나님의 능력에 있게 하려 하였노라** (6) 그러나 우리가 온전한 자들 중에서는 지혜를 말하노니 이는 이 세상의 지혜가 아니요, 또 이 세상에서 없어질 통치자들의 지혜도 아니요 (7) 오직 은밀한 가운데 있는 하나님의 지혜를 말하는 것으로서 곧 감추어졌던 것인데 하나님이 우리의 영광을 위하여 만세 전에 미리 정하신 것이라 (8) 이 지혜는 이 세대의 통치자들이 한 사람도 알지 못하였나니 만일 알았더라면 영광의 주를 십자가에 못 박지 아니하였으리라 (9) 기록된바 하나님이 자기를 사랑하는 자들을 위하여 예비하신 모든 것은 눈으로 보지 못하고 귀로 듣지 못하고 사람의 마음으로 생각하지도 못하였다 함과 같으니라. (10) **오직 하나님이 성령으로 이것을 우리에게 보이셨으니 성령은 모든 것 곧 하나님의 깊은 것까지도 통달하시느니라.** (11) 사람의 일을 사람의 속에 있는 영 외에 누가 알리요 이와 같이 하나님의 일도 하나님의 영 외에는 아무도 알지 못하느니라. (12) 우리가 세상의 영을 받지 아니하고 오직 하나님으로부터 온 영을 받았으니 이는 우리로 하여금 하나님께서 우리에게 은혜로 주신 것들을 알게 하려 하심이라 (13) **우리가 이것을 말하거니와 사람의 지혜가 가르친 말로 아니하고 오직 성령께서 가르치신 것으로 하니 영적인 일은 영적인 것으로 분별하느니라.** (14) 육에 속한 사람은 하나님의 성령의 일들을 받지 아니하나니 이는 그것들이 그에게는 어리석게 보임이요, 또 그는 그것들을 알 수도 없나니 그러한 일은 영적으로 분별되기 때문이라"(고전 2:1-14).

우선 앞부분 1절부터 5절 안의 내용은 성령의 나타남과 능력으로서 무엇을 증거 하였는가가 중심 내용입니다. 바울은 그 증거의 내용이 예수 그리스도와 그가 십자가에 못 박히심이라고 말하고 있으며, 또한 믿음의 출발이 사람의 지혜가 아닌 하나님의 능력 즉 성령이 되어야 한다는 것을 말하고 있습니다.

6절부터 14절 안의 내용은 은밀하게 감추어진 하나님의 지혜에 대하여 육적인 사람은 알 수 없으나 성령을 통하여 우리의 영이 알 수 있게 보이셨다는 것을 말하고 있으며, 그 하나님의 지혜는 바로 예수 그리스도의 십자가 사건이며 구원의 계획을 말하는 것입니다.

날이 흐리고 구름이 많고 비가 오는 날 우리는 종종 벼락과 번개 천둥이 치는 것을 볼 수 있습니다. 이러한 것들은 소리와 빛으로서 우리의 가시권 안에 들어오고, 그들의 요란한 소리와 빛에 대한 우리의 반응은 그것들이 사라지면서 동시에 사라지고 맙니다. 다시 말하면 벼락, 번개, 천둥이 치면 그것을 볼 때만 반응을 할 뿐 왜 그것들이 존재하며 그것들이 세상에서 어떤 역할을 하고 있는 지는 별 관심이 없다는 얘기입니다.

그런데 과학적으로 그들의 작용을 알아보면 번개로 인하여 대기 중에 상당양의 오존이 생성된다는 것입니다. 오존층은 햇빛가운데 유해한 빛을 차단해 주는 역할을 하기 때문에 오존층 파괴가 인류에게는 매우 두려운 일이며, 각 나라마다 오존층 파괴를 막으려는 노력이 활발하게 이루어지고 있는 현실입니다. 번개가 칠 때마다 많은 양의 오존이 생겨서 오존층을 생성하고 있다하니 실로 놀라운 하나님의 작품이 아닐 수 없습니다.

필자는 번개를 통하여 성령의 나타남을 조명하고 싶습니다. 성령의 나타남은 번개처럼 우리에게는 매우 가시적인 것들만 강조되어 온 것이 현실입니다. 그러나 하나님이 왜 성령을 우리에게 보내셨는지 우리는 그것을 좀 더 진지하게 생각해 보아야 합니다.

성령은 단지 은사와 능력으로서 신앙인들의 신앙생활을 유익하게 하려 우리에게 오셨는가? 성령의 은사를 받은 사역자들의 사역을 원활하게 하기 위하여 오셨는가? 하나님의 능력과 파워를 드러내려고 오셨는가? 절대로 그렇지 않습니다. 위의 본문에서 살펴보았듯이 성령은 그 나타남에 목적이 있는 것이 아닙니다. **예수님을 주인으로 모시고 예수님의 인격으로 변화되어, 예수그리스도와 십자가 사건과 그로인한 구원의 역사를 증명하도록 하기 위하여 하나님께서 우리에게 성령을 보내신 이유입니다.**

그러므로 우리는 성령을 체험하고 성령으로 세례를 받고 성령의 불세례를 받으려는 목적을 수정하는 작업이 시작 되어야 한다는 것입니다. 은사를 받으려고 능력을 받으려고 성령을 받는 것이 아니라, 예수그리스도를 닮고 정확하게 알고 믿기 위하여 성령의 지배를 받아야 하며, 구원의 비밀을 깨닫고 구원에 합당한 성도로 서의 삶을 위하여 성령의 나타남을 받아야 하는 것입니다.

또한 성령 사역을 감당하고 있는 사역자들의 사역의 방향을 수정하는 작업이 시작 되어야 한다고 생각합니다. 성령의 나타남에 중점을 두던 그리고 성령의 나타남을 활용하던 사역에서 그리스도가 증거 되고 십자가와 그리스도의 피가 증거 되어 구원의 길로 인도되어지는 사역으로 전환되어야 합니다.

하나님의 가장 깊은 것을 통달하시는 성령이 우리에게 무엇을 가장 가르치고 싶으실까요? 그것은 한 영혼도 잃어버리지 않으시기를 소원하시는 하나님의 마음이 아닐까요? 그런 의미에서 성령의 나타남을 사모하고 나타내야 한다고 생각합니다. 그럼 성령께서 어떻게 나타나실까요?

첫째, 깨달음을 통한 성령의 나타남. 깨달음을 통한 성령의 나타남이란 우리 마음의 기능들, 예를 들면 직감, 양심, 지각, 감정, 또는 의지 등의 기능을 통해 성령의 나타남으로 하나님의 은밀한 비밀들을 알게 되는 것을 말합니다. 성경을 읽다가 성령의 나타남으로 말씀 속에 비밀을 깨닫게 되는 것을 말합니다. 영-혼-육의 문제로 고통을 당하는 성도와 대화할 때 순간 성도의 고통의 원인을 성령께서 알게 하시는 것입니다. 필자는 성령의 나타남으로 성령치유 사역을 20년이 넘도록 하면서 영-혼-육으로 고통을 당하는 성도들을 치유하여 자유하게 하고 있습니다. 추가한다면 A라는 성도가 가정의 문제가 있어서 하나님께 기도하니 문제를 해결할 수 있는 지혜의 말씀과 지식의 말씀으로 나타나 문제를 해결하게 하시기도 합니다. 지혜의 말씀이란 문제를 해결할 수 있는 지혜를 말하는 것이고, 지식의 말씀이란 하나님만이 알고 계시는 문제나 문제의 원인을 알게 하는 것을 말합니다.

그리스도인의 영혼이 온전히 그리스도께 헌신하여 중단 없는 성령의 임재 의식 속에서 살아갈 때, 고린도전서 12장에 열거된 은사 중에서 지혜의 말씀, 지식의 말씀, 그리고 영들 분별함이 깨달음을 통한 성령의 나타남으로 주어질 수 있습니다.

지혜의 말씀이란 하늘에 속한 지혜로서 경건과 삶에 있어서의 진리가 깨달아지는 것을 의미 하기도 합니다. 성경 연구나 묵상 중에 또는 말씀을 전할 때 또는 성도들에게 권면할 때 성령께서 주시는 지혜의 말씀이 잘 나타납니다. 사도행전 2장에 나타나는 베드로의 설교는 성령께서 주시는 초이성적인 지혜의 말씀으로서, 이 일로 인하여 예루살렘에 큰 회개의 역사가 일어나고 수많은 사람들이 주님께로 돌아오는 결실이 나타났습니다. "스데반이 지혜와 성령으로 말함"(행 6:10)으로 핍박하는 자들이 능히 대답할 말이 없었으며, 이어지는 사도행전 7장의 스데반의 설교 또한 성령께서 주시는 지혜의 말씀이었습니다. 그런가 하면 크리스천들을 핍박하던 사울이 다메섹 도상에서 큰 빛을 받고 쓰러졌을 때 예수께서는 그에게 나타나 다음과 같은 지혜의 말씀을 나타내셨습니다. "일어나 너의 발로 서라 내가 네게 나타난 것은 곧 네가 나를 본 일과 장차 내가 네게 나타날 일에 너로 종과 증인을 삼으려 함이니 이스라엘과 이방인들에게서 내가 너를 구원하여 그들에게 보내어 그 눈을 뜨게 하여 어둠에서 빛으로, 사탄의 권세에서 하나님께로 돌아오게 하고 죄 사함과 나를 믿어 거룩하게 된 무리 가운데서 기업을 얻게 하리라 하더이다."(행 26:16-18)

하나님의 말씀을 전하는 이들에게는 성령께서 주시는 지혜의 말씀이 필수적이라고 봅니다. 아무리 머리를 짜내고 미사여구를 동원하여 설교 원고를 만들었다 할지라도, 그 설교에 성령께서 주시는 지혜의 말씀이 없으면 그 설교는 죽은 설교라고 할 수 있습니다. 교회에서 상담과 치유 양육을 하는 이들에게도 성령의 인도하심 속에서 지혜의 말씀을 통해 영적인 열매를 거두어야 할 필요가 있습니다.

그리고 지식의 말씀이란 성령의 감동가운데 초이성적으로 어떤 사물이나 환경 또는 사건의 가려진 내막이 깨달아질 때를 말합니다. 이런 경우에 우리는 이성과 상식과 경험을 통하여 설명할 수는 없으나 초월적인 성령의 나타남을 통해 비밀을 분명히 알게 됩니다. 사도행전에 나타난 아나니아와 삽비라 사건이 이에 해당합니다(행 5:1-11).

사도 베드로에게 지식의 말씀이 주어졌을 때 그는 아나니아와 삽비라가 성령을 속이고 교회 앞에 드릴 돈의 일부를 가로챈 일을 명백히 알 수 있었습니다. 이런 지식의 말씀이 주어질 때는 종종 환상이나 직감적인 영상 또는 지울 수 없는 확신이 동반되곤 합니다. 물론 이런 일은 논리적이거나 계산적으로 유추할 수 있는 일이 아니라 초이성적으로 주어지는 성령의 나타남입니다.

둘째, 발성을 통한 성령의 나타남. 발성을 통한 성령의 나타남은 각종 방언 말함과 방언들 통역함과 예언함 등입니다. 공통적인 것은 이들 모두가 영혼 내부에서 일어난 성령의 감동이 우리의 발성 기관을 통해 표현된다는 점입니다. 다시 바꾸어서 말하면, 발성 기관을 통해 드러나지 않으면 아무리 내면에 성령의 감동이 있다 할지라도 방언, 방언 통역 그리고 예언은 나타나지 않는다는 말입니다. 입을 결코 열지 않는 한 어느 누구도 방언과 방언 통역 그리고 예언을 말할 수 있는 사람은 없습니다. 그러므로 중요한 것은 성령의 감동이 있을 때 우리는 우리의 발성 기관을 통해 이런 감동을 나타낼 준비를 해야 한다는 것입니다.

먼저, 방언에 대해서 살펴보겠습니다. 필자는 방언주의자 또는 방언 옹호론자는 아니라고 생각합니다. 나의 영혼 속에서 방언을 하고 싶은 감동이 일어날 때만 합니다. 그럴 때 방언을 하게 되면 내 마음에 지혜를 얻고 또 힘을 얻는 확실한 유익을 얻게 됩니다. 실제로 성경은 방언이 방언 말하는 자의 속사람에 큰 힘을 준다고 말합니다. 여기서 자기의 덕을 세운다는 말은 자기의 영혼을 강화시킨다는 의미로 해석할 수 있습니다. "방언을 말하는 자는 자기의 덕을 세우고 예언하는 자는 교회의 덕을 세우나니"(고전 14:4)

성경 고린도전서 14장 전체를 자세히 살펴보면 방언에 대해 충분한 설명이 드러나 있는 것을 볼 수 있습니다. 성경은 방언이 성령의 감동으로 인간의 영이 하나님께 기도하는 것이라고 진술

합니다. "방언을 말하는 자는 사람에게 하지 아니하고 하나님께 하나니 이는 알아듣는 자가 없고 영으로 비밀을 말함이라"(고전 14:2). 즉, 인간의 영이 성령의 감동을 따라 기도하게 되는데, 그럴 때 이해할 수 없는 음절이나 반복되는 단어들이 우리의 구강구조를 통해 소리로 발성됩니다. 그러므로 방언은 근본적으로 인간이 알아들을 수 있는 일상생활 속에 사용하는 언어가 아니라는 것입니다. 그 대신 그것은 우리 내면속의 은밀한 영적 비밀을 하나님께 말하는 것이고, 그러니 인간이 이해할 수 없는 것은 오히려 당연한 것입니다.

그러면 누가 방언을 할 수 있을까요? 성경의 사건들을 살펴보면 방언을 하게 되는 것은 성령의 충만 체험이나 성령의 감동과 관계있는 것을 볼 수 있습니다. 성령을 충만히 받을 때 그 벅찬 감동 속에서 입으로 방언이 터져 나오게 되는 것입니다.

그리고 단지 일시적인 사건으로만 끝나는 것이 아니고, 한번 방언을 경험하게 되면 그 후에도 성령의 감동이 있을 때마다 방언을 할 수 있게 됩니다. 거듭난 그리스도인들은 성령을 받은 사람들이기에 성령께서 그들에게 방언의 감동을 주실 때는 당연히 방언을 할 수 있게 되는 것입니다.

필자는 성령세례 받으면 방언 말해야 한다는 주장은 하지 않지만, 방언 말하기를 사모하는 이들을 위해서는 방언을 말할 수 있도록 도와야 한다는 입장은 분명합니다. 왜냐하면 방언은 성령의 역사를 믿지 않는 자들에게 유익이 많기 때문입니다. 더군다나 사도 바울은 "내가 너희 모든 사람보다 방언을 더 말하므로 하나님께 감사하노라"(고전 14:18)고 하였으며, 더 나아가서는 방언 말하기를 금하지 말라고까지 했기 때문입니다. "그런즉 내 형제들아 예언하기를 사모하며 방언 말하기를 금하지 말라"(고전 14:39)

방언기도는 인위적이거나 억지로 따라 하는 식으로 방언 말하기를 유도하는 일은 아무 유익이 없습니다. 입으로 방언 비슷한 소리를 낸다고 해서 다 방언은 아니기 때문입니다. 방언기도에 대하여 좀 더 세부적으로 알고 싶은 분은 **"방언기도에 숨은 권능"**을 읽어보시기를 바랍니다. 참 방언은 성령의 감동을 통해서 나오는 것이고, 또 그런 감동 속에서 말할 때 영혼에 유익이 있는 것입니다.

셋째, 믿음의 행위를 통한 성령의 나타남. 믿음의 행위를 통한 성령의 나타남이란 성령의 내면적인 감동이 일어날 때 이에 대한 믿음을 행동으로 옮길 때 성령의 능력이 나타나는 경우를 말합니다. 마치 아무리 내면적 감동이 있어도 발성으로 옮기지 않으면 성령께서 주시는 발성의 나타남이 표현되지 않듯이, 믿음의 행위를 통해서만 성령의 나타남이 확인되는 차원이 있는 것입니다. 하나님은 찾아야 나타나시고 역사하시고 도와주십니다. 하나님을 찾는 것입니다. 고린도전서 12장에서 이러한 예로 믿음, 병 고치는 은사 그리고 능력 행함을 들고 있습니다.

첫째로 여기서 말하는 믿음이란 일반적인 믿음을 말하는 것이 아니라, 특별히 하나님 나라의 확장과 교회의 유익을 위해 성령의 은사를 나타내시려 성령께서 주시는 초이성적 또는 초자연적인 믿음을 말합니다. 사도행전 3장에 보면 베드로와 요한이 나면서부터 걷지 못하던 이를 걷게 한 기적이 있습니다. 날마다 사도들이 성전에 기도하러 올라가곤 했으며, 그때마다 걷지 못하는 그 사람이 구걸을 하며 앉아있는 것을 보았습니다. 그런데 어느 날 갑자기 성령께서 베드로와 요한에게 이 믿음의 은사를 주셨던 것이고, 그들은 성령의 감동을 따라 믿음으로 행동에 옮겼습니다. 단호하게 그를 잡아 일으키면서 주 예수 그리스도의 이름으로 걸을 것을 명령했습니다. 그 사람은 발과 발목에 곧 힘을 얻고 걷기고 뛰기도 하면서 하나님을 찬송하게 되었습니다. 이 기적으로 인해 이 사실을 안 모든 백성들이 놀라며 하나님께 영광을 돌렸습니다(행 3:6-10). 바울이 루스드라에서 걷지 못 하던 사람을 걷게 한 것도 역시 믿음의 은사였습니다. "큰 소리로 이르되 네 발로 바로 일어서라 하니 그 사람이 일어나 걷는지라"(행 14:10).

둘째로 병 고치는 은사입니다. 병 고치는 은사는 믿음의 은사 그리고 능력 행함의 은사와 유사하지만 특히 질병을 치유하는 일에 국한됩니다. 예를 들어 죽은 자를 살리는 일이나 자연계에 나타나는 표적은 능력 행함에 관계되며, 나면서부터 걷지 못하던 자를 일으키는 경우는 믿음에 관계 됩니다. 사도 베드로가 중풍병으로 8년 동안이나 누워있던 애니아를 낫게 한 경우(행 9:33-35)라든가, 바울이 멜리데 섬에서 열병과 이질에 걸린 보블리오의 부친을 기도하여 낫게 한 경우(행 28:8-9) 등은 모두 병 고치는 은사에 해당합니다.

셋째로 능력 행함입니다. 능력 행함은 복음을 전하는 자가 믿음의 행위를 통해 성령의 능력으로 일반적인 자연의 질서를 초월하는 기적을 나타내는 것을 말합니다. 예루살렘 교회에는 사도들로 인해 기사와 표적이 많이 나타났습니다(행 2:43; 행 5:12). 사도들과 성도들은 복음이 힘 있게 전파되도록 기사와 표적인 나타나게 해달라고 하나님께 간구했습니다(행 4:30). 스데반이 큰 기사와 표적을 행했으며(행 6:8), 사마리아 성에서 빌립 집사도 큰 능력을 나타냈습니다(행 8:12-13). 베드로가 죽은 다비다를 살렸으며(행 9:36-40), 바울과 바나바는 이고니온에서 큰 표적과 기사를 행함으로 전도하였습니다(행 14:3). 바울이 능력으로 점하는 귀신을 쫓아내었고(행 16:18), 하나님께서 바울의 손으로 희한한 능력을 행하게 하셨습니다(행 19:11-12). 바울은 말씀 듣다 떨어져 죽은 유드고를 살렸으며(행 20:10), 멜리데 섬에서 바울은 독사에게 물렸어도 해를 받지 않았습니다(행 28:3-6).

사도 바울은 "내 말과 내 전도함이 설득력 있는 지혜의 말로 하지 아니하고 다만 성령의 나타나심과 능력으로 하여 너희 믿음이 사람의 지혜에 있지 아니하고 다만 하나님의 능력에 있게 하려 하였노라"(고전 2:4-5)고 하였습니다. 다시 말해서, 믿음의 행위를 통한 성령의 나타남인 믿음, 병 고치는 은사 그리고 능력 행함은 특별히 복음을 전파하는 곳에서 불신 영혼들의 세계 앞에 하나님의 살아 계심을 증거 하기 위한 목적으로 성령께서 나타내시는 것입니다. 바로 이 점이 성경에 나타난 모든 성령의 나타남에 의한 기적 사건들이 공통적으로 목표하고 있는 핵심입니다.

8장 성령의 인치심이란 무엇일까?

(엡 4:30-32)**"하나님의 성령을 근심하게 하지 말라 그 안에서 너희가 구원의 날까지 인치심을 받았느니라 (31) 너희는 모든 악독과 노함과 분냄과 떠드는 것과 비방하는 것을 모든 악의와 함께 버리고 (32) 서로 친절하게 하며 불쌍히 여기며 서로 용서하기를 하나님이 그리스도 안에서 너희를 용서하심과 같이 하라."**

땅이나 집을 사고 팔 때 사람들은 문서에 인감도장을 찍습니다. 중요한 약조를 맺거나 계약을 할 때 인감도장을 찍습니다. 인감도장을 찍음으로 소유권이 이전되는 것입니다. 남녀가 결혼하면 혼인신고를 합니다. 그때 서로 도장을 찍음으로 둘이 부부가 되었다는 혼인신고가 이뤄집니다. 도장을 찍음으로 서로 결혼해 부부가 되었음을 법적으로 표시하게 됩니다. 그것은 부부가 되었음을 보증하는 것입니다. 성경은 도장 찍는 것을 인을 친다고 합니다.

우리가 믿는 하나님은 인을 치시는 하나님이십니다. 도장을 찍으시는 분이십니다. 하나님은 자기 자신의 '소유'에 대해서 인치십니다. 값주고 사신 소유에 대해서 도장을 찍으십니다. 하나님께서 나를 그의 소유로 인치심으로 말미암아 나는 마귀에게서 하나님께로, 죄에서 의로, 흑암에서 영광으로, 이 세상에서 하나님의 나라로 옮겨졌습니다.

"너희는 값으로 사신 것이니"(고전 7: 23).

"그들에게 이르시되 땅의 풀이나 푸른 것이나 각종 수목은 해하지 말고 오직 이마에 **하나님의 인침을 받지 아니한** 사람들만 해하라 하시더라."(계 9:4).

"……일찍이 죽임을 당하사 각 족속과 방언과 백성과 나라 가운데에서 사람들을 피로 사서 하나님께 드리시고 (10) 그들로 우리 하나님 앞에서 나라와 제사장들을 삼으셨으니 그들이 땅에서 왕 노릇 하리로다 하더라."(계 5:9-10)

"값주고 산 하나님의 소유"를 "속량함을 받은 사람"이라고 합니다. 그럼 '속량'이란 무엇일까요? 역사적으로 그리스 로마시대에는 몸값을 받고 노예를 풀어주어 해방시켜 주었습니다. 어떤 사람이 노예가 속해있는 주인에게 몸값을 지불하고 그를 사서 노예나 종의 신분에서 해방시켜 주면 그는 그 순간부터 '자유인'이 되었습니다. 조선 후기 몸값을 받고 노비를 풀어주어 '양인(良人)'이 되게 하던 일이 있었습니다. 여기서 몸값을 지불하고 노비를 사서 종이나 노비의 신분에서 '양인'이 되게 하고 '자유인'이 되게 하는 것을 '속량(贖良)'이라고 합니다. 속량은 속죄할 속(贖)자와 어질 량(良)자로 이뤄져 있습니다. 좀 더 쉬운 말로 '속죄'와 동의어로 쓰입니다. "그가 우리를 흑암의 권세에서 건져내사 그의 사랑의 아들의 나라로 옮기셨으니 (14) 그 아들 안에서 우리가 속량 곧 죄 사함을 얻었도다."(골 1:13-14)

"우리는 그리스도 안에서 그의 은혜의 풍성함을 따라 그의 피

로 말미암아 속량 곧 죄 사함을 받았느니라."(엡 1:7)

"그들에게 이르시되 땅의 풀이나 푸른 것이나 각종 수목은 해하지 말고 오직 이마에 하나님의 인침을 받지 아니한 사람들만 해하라 하시더라."(계 9:4).

우리 인간은 본래 죄인입니다. 죄인으로서 죄에 매여 있고 죄의 종, 마귀의 종으로 지냈습니다. 인간 스스로 죄에서, 마귀에게서, 흑암의 권세에서 벗어날 수 없는 것입니다. 예수님은 죄의 빚으로 허덕이는 사람들을 찾아오셨습니다. 구세주이신 예수께서 말입니다. 예수께서는 십자가에서 피흘려 우리 죄의 빚을 갚아 주셨습니다. 즉 속죄하셨습니다.

하나님은 갈 2:20에서 "내가 그리스도와 함께 십자가에 못 박혔나니 그런즉 이제는 내가 사는 것이 아니요. 오직 내 안에 그리스도께서 사시는 것이라 이제 내가 육체 가운데 사는 것은 나를 사랑하사 나를 위하여 자기 자신을 버리신 하나님의 아들을 믿는 믿음 안에서 사는 것이라." 믿음 안에서 하나님의 영광을 위하여 살아야 합니다. "예수께서 우리를 위하여 죽으사 우리로 하여금 깨어 있든지 자든지 자기와 함께 살게 하려 하셨느니라."(살전 5:10). 예수님을 주인으로 모시고 예수와 함께 영원하게 살아야 합니다.

우리는 예수의 보혈로 속량함을 받았습니다. 하나님은 우리가 예수의 보혈로 속량 곧 죄 사함을 받았다는 사실을 표시하고, 보증하기 위해서 성령을 보내주셨습니다. 그리고 약속의 성령으로 인을 치셨습니다.

"그 안에서 너희도 진리의 말씀 곧 너희의 구원의 복음을 듣고 그 안에서 또한 믿어 약속의 성령으로 인치심을 받았으니 (14) 이는 우리 기업의 보증이 되사 그 얻으신 것을 속량하시고 그의 영광을 찬송하게 하려 하심이라."(엡 1:13-14). 이제 우리는 예수의 보혈로 말미암아 속량을 받아 죄사함 받고 하나님의 소유가 되었습니다. 그럼 약속의 성령으로 인치심을 받아 하나님의 소유가 된 우리는 이 세상에서 어떻게 살아야 할까요?

"그러나 백성 가운데 또한 거짓 선지자들이 일어났었나니 이와 같이 너희 중에도 거짓 선생들이 있으리라 그들은 멸망하게 할 이단을 가만히 끌어들여 자기들을 사신 주를 부인하고 임박한 멸망을 스스로 취하는 자들이라 (2) 여럿이 그들의 호색하는 것을 따르리니 이로 말미암아 진리의 도가 비방을 받을 것이요 (3) 그들이 탐심으로써 지어낸 말을 가지고 너희로 이득을 삼으니 그들의 심판은 옛적부터 지체하지 아니하며 그들의 멸망은 잠들지 아니하느니라."(벧후 2:1-3)

성경의 말씀대로 오늘날 교회 안에 거짓 선생들과 거짓 교인들이 있다는 것입니다. 그들은 예수께서 피로 값주고 사신 사실을 부인하고 스스로 멸망을 자초합니다. 겉으로 믿는 척 하면서 속으로는 자신들의 탐심으로 이득을 일삼습니다. 그리고 여러 사람들이 그들의 잘못된 행실을 본받게 됩니다. 그들은 사람들을 파멸의 길로 이끕니다. 결국엔 그들의 이중성과 잘못된 언어 행실로 진리의 도가 비방을 받게 됩니다.

"음행을 피하라 사람이 범하는 죄마다 몸 밖에 있거니와 음행하는 자는 자기 몸에 죄를 범하느니라 (19) 너희 몸은 너희가 하나님께로부터 받은바 너희 가운데 계신 성령의 전인 줄을 알지 못하느냐 너희는 너희 자신의 것이 아니라 (20) 값으로 산 것이 되었으니 그런즉 너희 몸으로 하나님께 영광을 돌리라."(고전 6:18-20).

성경은 우리가 하나님의 성령이 거하시는 '성령의 전'이라고 합니다. "너희는 너희가 하나님의 성전인 것과 하나님의 성령이 너희 안에 계시는 것을 알지 못하느냐"(고전 3:16). 그리고 우리는 '값으로 산 것' 즉 속량 받았다고 합니다. 우리는 예수의 피로 값주고 산 즉 속량 받은 하나님의 소유가 되었습니다. "값으로 산 것이 되었으니 그런즉 너희 몸으로 하나님께 영광을 돌리라"(고전 6:20). 따라서 하나님의 소유가 된 우리는 우리 몸과 영으로 하나님께 영광을 돌리며 살아가야 할 것입니다.

"하나님의 성령을 근심하게 하지 말라. 그 안에서 너희가 구원의 날까지 인치심을 받았느니라"(엡 4: 30). 우리는 예수 안에서 마지막 날, 구원의 날, 예수께서 재림하시고 우리가 부활하여 온전히 구원받는 그 날까지 성령으로 인치심을 받았습니다. 그러므로 우리는 성령을 근심시키거나 슬프게 하지 말아야 합니다. 이제 우리는 하나님의 소유가 된 하나님의 자녀요 제사장들로서 하나님을 사랑하고 그분께 순종하여 그를 기쁘시게 하십시다.

요컨대 하나님은 우리를 구원하시고 우리가 하나님의 자녀, 하나님의 거룩한 제사장이 된 것을 보증하기 위해 믿는자들에게 성령을 보내주셨습니다. 그리고 그의 거룩한 성령으로 인치셨습니다. 이제 예수를 믿는 우리들은 약속의 성령으로 구원의 날까지 인치심을 받아 하나님의 소유가 되었으니 하나님의 것인 우리 몸과 영으로 하나님께 영광을 돌리며 살아가야 할 것입니다.

성령으로 인침 받은 우리가 얼마나 귀한 존재가 되었는지 아셨을 것입니다. "그 안에서 너희도 진리의 말씀 곧 너희의 구원의 복음을 듣고 그 안에서 또한 믿어 약속의 성령으로 인치심을 받았으니."(엡1:13).

바울은 우리를 가리켜서 "성령으로 인 치심을 받은 자"라고 했습니다. 그러니까 우리에게는 하나님의 사인이 들어있습니다. 그렇습니다. 우리는 성령으로 인 치심을 받은 자들입니다. 값으로 환산할 수 없을 만큼 엄청나게 소중하고 귀중한 존재들입니다.

마치 중요한 계약서에 인감도장을 찍은 것과 같습니다. 등기를 마친 것과 같습니다. 바울은 인치심을 받은 결과에 대해 이렇게 설명합니다. "이는 우리 기업의 보증이 되사 그 얻으신 것을 속량하시고 그의 영광을 찬송하게 하려 하심이라."(엡 1:14). 기업은 '하나님의 자녀'로서 받아 누리게 될 '하나님 나라의 유산'을 뜻합니다. 곧 구원의 보증이 되어 주신다는 말씀입니다.

첫째, 성령의 세례를 받으라. 그러면 누가 성령의 인치심을 받는 것입니까? 당연히 예수 그리스도를 구주로 영접하고, 성령의 세례를 받은 자들이 받는 것입니다. 성령세례는 앞 6장에서 설명했습니다. 성령이 없으면 그리스도의 사람이 아닙니다.

바울은 롬8:9에서 "만일 너희 속에 하나님의 영이 거하시면 너희가 육신에 있지 아니하고 영에 있나니 누구든지 **그리스도의 영이 없으면 그리스도의 사람이 아니라**"고 말씀하셨습니다.

"그리스도의 영"은 성령을 의미합니다. 성경에 나타난 성령의 명칭을 살펴보면 (1)거룩한 영 (2)하나님의 영 (3)진리의 영 (4)그리스도의 영 (5)중재자, 위로자, 약속의 영이라고 말하고 있습니다.

어떤 사람이 거리에서 호두과자를 사서 먹었는데, 그 호두과자 속에 호도가 하나도 없었습니다. 그래서 장사꾼에게 따졌더니 그 장사꾼이 하는 말이 걸작입니다. "여보시오! 붕어빵 속에 붕어 들어 있는 것 봤소?" 그래서 아무 말도 못했답니다. 그렇습니다. 붕어빵 속에 붕어가 없어도 붕어빵이라고 부르고, 호두과자 속에 호도 없어도 호두과자라고 부를 수 있습니다.

그러나 그리스도인 안에 성령이 없으면 그건 절대로 그리스도인이라고 부를 수가 없습니다. 롬8:9절에 "누구든지 그리스도의 영이 없는 사람은 그리스도의 사람이 아니니라"고 했습니다. 누가 그리스도의 사람입니까? 그리스도의 영이 있는 자가 그리스도의 사람입니다. 성령의 인도를 받는 사람이 성도입니다. "무릇 하나님의 영으로 인도함을 받는 사람은 곧 하나님의 아들이라"(롬 8:14).

아무리 윤리적으로 완벽하게 살고 도덕적으로 착하게 산다 할지라도 그 속에 그리스도의 영이 없으면 그는 그리스도의 사람이 아닙니다. 비록 부족하고 연약할지라도 성령께서 우리 마음속에 거하시기 때문에 우리가 바로 그리스도의 사람이라는 것입니다.

사도행전에 보면 예수께서 감람산에서 승천하시기 전에 제자들에게 마지막 유언을 하셨는데, 행1:4,8절 "너희는 예루살렘을 떠나지 말고 내게 들은 바 아버지의 약속하신 것을 기다리라 너희는 몇 날이 못되어 성령으로 세례를 받으리라" 또 "오직 성령이 너희에게 임하시면 너희가 권능을 받고 예루살렘과 온 유대와 사마리아와 땅 끝까지 이르러 내 증인이 되리라"고 유언을 남기셨습니다. 유언은 중요합니다.

행1:14절에 보면 그 유언대로 예수님의 제자들인 120문도가 예루살렘을 떠나지 않고 마가의 다락방에 모여서 마음을 같이하여 기도에 힘썼습니다.

그러자 오순절 날이 이르매 마가의 다락방에서 기도하던 120명의 제자들에게 성령이 임했습니다. 그들은 성령의 충만함을 받고 방언으로 기도하고, 나가서 주의 복음을 전파하기 시작했습니다.

"오순절 날이 이미 이르매 그들이 다 같이 한 곳에 모였더니 (2) 홀연히 하늘로부터 급하고 강한 바람 같은 소리가 있어 그들이 앉은 온 집에 가득하며 (3) 마치 불의 혀처럼 갈라지는 것들이 그들에게 보여 각 사람 위에 하나씩 임하여 있더니 (4) 그들이 다 성령의 충만함을 받고 성령이 말하게 하심을 따라 다른 언어들로

말하기를 시작하니라."(행 2:1-4)

그때에 베드로가 능력 있는 설교를 하니 하루에 삼천 명 오천 명씩 회개하고 주께로 돌아오는 놀라운 일이 있어났습니다. "또 여러 말로 확증하며 권하여 이르되 너희가 이 패역한 세대에서 구원을 받으라 하니 (41) 그 말을 받은 사람들은 세례를 받으매 이 날에 신도의 수가 삼천이나 더하더라."(행 2:40-41)

그때부터 곳곳에 교회가 세워지고, 앉은뱅이가 일어나고, 병든 자가 고침 받고, 죽은 자가 살아나는 기적적인 성령의 역사가 일어났습니다. 이렇게 해서 주의 복음은 유대인뿐만 아니라 이방인들에게까지 전파되었고, 그 당시의 로마제국에도 복음이 전파되고, 유럽과 미국과 우리나라에까지 주의 복음이 전파되었습니다. 이 모든 것이 하나님의 성령의 역사입니다. 이것이 바로 성령의 인치심의 증거입니다.

둘째, 성령의 충만함을 받으라. 그러나 성령의 세례를 받는 것으로 만족하여서는 안 됩니다. 중요한 것은 계속해서 성령의 인도를 받아야 한다는 것입니다. 그래서 필요한 것이 '성령의 충만'입니다. 성령의 충만은 성령의 불세례를 말하는 것입니다. 자신 안에 주인으로 계시는 예수님께서 성령의 불로 역사하시는 것을 성령의 충만이요, 성령의 불세례라고 합니다. 성령으로 충만하다고 하는 의미는 성령에 사로잡히고, 스며들고, 지배를 받는 것을 의미합니다. 물에 흠뻑 젖은 수건처럼 수건을 짜면 물이 흐르듯이 성령 충만은 성령으로 사로잡히고 스며들고 지배를 받는 것을 의미합니다. 이는 앞 6장에서 자세하게 설명했습니다.

"술 취하지 말라 이는 방탕한 것이니 오직 성령의 충만을 받으라."(엡5:18). 술과 성령은 비슷한 특징이 있습니다. 둘 다 사람을 지배한다는 것입니다. 술이 얼마나 무서운지 모릅니다. 처음에는 사람이 술을 마십니다. 그러나 한 잔 두 잔 마시다보면 자기도 모르게 술이 술을 마시고, 마지막에는 술이 사람을 마시게 됩니다. 사람이 술에 취해서 술의 지배를 받게 됩니다. 이런 상황을 '술 충만, 술에 취했다'고 합니다.

어떤 사람이 간밤에 3차까지 술을 마셨습니다. 먼저 포장마차에서 소주를 마셨습니다. 그러다가 배가 고파서 중국집으로 가서 짬뽕 한 그릇에 고량주를 또 마셨습니다. 집에 가는 길에 또 단란주점에 들러서 맥주를 마셨습니다. 소주는 25도, 고량주는 45도, 맥주는 7도입니다. 그러면 그가 마신 것이 도합 몇 도가 됩니까?

복잡하게 계산하실 필요가 없습니다. 정답은 '졸도'입니다. 독한 술을 그렇듯 짬뽕 했으니까 몸이 견뎌낼 수가 없습니다. 이성을 잃어버리고 정신을 잃어버리고 개처럼 되는 것입니다.

그렇습니다. 술에 취하면 사람이 달라집니다. 담대함을 얻습니다. 평상시 조용하던 사람도 시끄러워지고, 평상시 소심하던 사람이 할 말 안 할 말을 가리지 않고 막 퍼붓습니다. 그래서 사랑을 고백할 때나, 섭섭한 말을 할 때 술을 이용하는 사람들이 많습니다. 온전한 정신이 아닙니다. 말을 횡설수설합니다. 이 말 했다,

저 말 했다. 한 이야기 또 하고 또 합니다. 행동도 정상이 아닙니다. 부끄러움을 모르고 점잖게 옷 입은 사람이 인도 옆 전봇대에 소변을 보기도 합니다.

의인 노아도 술을 먹고 실수를 했습니다. 자식들 앞에서 부끄러운 줄을 모르고 덥다고 옷을 훌렁 다 벗어버리고 드러누워 잠을 잤습니다. 이 사건으로 인해 노아는 자기 아들 함을 저주하는 일이 버려졌습니다.

성령의 충만함도 반대로 사람을 지배합니다. 깨어있게 합니다. 정신 차리게 합니다. 근신하게 합니다. 죄를 무서워하게 합니다. 양심을 일깨워줍니다. 그리고 세상의 불의 앞에 담대함을 얻습니다. 사단의 무리들을 두려워하지 않습니다. 그럼으로 성령의 인치심을 받은 사람은 날마다 "성령의 충만함을 받아야"합니다.

셋째, 성령을 근심시키지 말라. 오늘 우리는 모두 성령의 인치심을 받은 사람들입니다. 그렇기 때문에 더욱 조심해야 합니다. "…답다."는 말이 있습니다. 굉장히 부담되는 말입니다. '선생님답다.', '형답다.', '목사답다.', '그리스도인답다.' 그러나 이 말을 들을 수 있어야 합니다.

바울은 고전3:16절에서 "너희가 하나님의 성전인 것과 하나님의 성령이 너희 안에 거하시는 것을 알지 못하느뇨?"라고 말씀하셨습니다.

우리 안에 성령님이 거하시기 때문에 우리의 몸이 바로 성전이 되는 것입니다. 그럼으로 우리 성도들은 하나님의 성전다운 삶을 살아야 하는 것입니다.

우리가 성전답지 못한 삶을 살 때 어떤 일이 벌어집니까? "하나님의 성령을 근심하게 하지 말라 그 안에서 너희가 구원의 날까지 인치심을 받았느니라."(엡4:30). 성령을 근심시키는 결과를 초래하는 것입니다.

①죄의 상태로 돌아가는 일이 성령님을 근심하게 만드는 일입니다.

②경건생활의 게으름으로 인하여서 성령님은 근심하십니다.

③마음의 상처와 스트레스에 눌려서 살아갈 때 성령님은 근심하십니다.

④우리의 마음이 세속화가 될 때에 성령님은 근심하시게 됩니다.

⑤돈(물질)을 우상시 할 때, 세속적이고 말초신경적인 오락에 빠지고, 타락한 삶을 살 때에 성령님은 근심하시게 됩니다.

결론적으로 성령으로 세례받은 우리 모두는 다 '성령으로 인치심'을 받은 자들입니다. 사도행전에서 사도 바울의 고린도교회와 에베소 교회 사역의 평가는 한마디로 성령의 인침입니다. 불신 세상에서 복음의 말씀을 통해 그리스도께로 회심한 자들에게 성령의 인침이 있었던 것입니다. 성령의 인침은 그들은 하나님의 소유물로 확정하는 역사였습니다. 이제 그 인침 받은 자의 삶에 대해 기록되어 있는 부분이 사도행전18:1-11절입니다. 그 주인공은 아굴라와 브리스길라 부부입니다. 그들에 대해서 로마서16:3-5 절에 또한 기록되어 있습니다. 그 말씀 안에서 성령의 인침 받은 삶이 무엇인지 알 수 있습니다.

성령의 인침 받은 자의 삶은 영생 생명의 삶을 사는 것입니다. 그 생명의 삶을 사는 영역이 영적인 인침에만 국한된 것이 아니라, 그것이 삶으로 나타내되 직장생활과 가정으로까지 나타나는 것입니다. 순간을 살지만 영원을 살며 불멸에 이르는 삶을 사는 자들입니다. 그들의 삶을 한마디로 보여주는 게 목숨을 내놓았다는 말씀과 그들의 집에 있는 교회입니다. 지극히 자신의 목숨을 아까워하고 문화에 중독된 시대에 가정을 오픈하고 친교의 장소, 기도의 장소 곧 교회의 역할을 한다는 것은 성령의 인침 받은 자의 삶입니다. 사도 바울과 같은 직업을 가지고 사역을 하는 사람들입니다.

19세기의 미국 전역을 흥분시킨 가구는 퀘이커 교도들의 흔들 의자였습니다. 곧 성령의 인침 받은 자들의 삶이 노동의 삶으로 나타나고 그들이 만드는 일이 하나님께서 원하는 삶을 살아내는 것이었습니다. 이것은 성령으로 그 안에서 주시는 마음과 선하심을 통해 주어진 삶 가운데 하나님의 생명으로 살며 표현하는 것입니다. 그것이 그들의 직장에서 나타나고 그들의 가정에서 나타날 때, 직정을 통해 돈을 하늘에 옮기고 가정에 하나님이 주신 행복과 자유와 기쁨을 누릴 수 있는 것입니다. 이것이 성령으로 인침 받은 자들의 삶의 모습입니다.

9장 성령의 지배란 어떤 상태일까?

(롬 8:14)"무릇 하나님의 영으로 인도함을 받는 사람은
곧 하나님의 아들이라."

왜 예수를 믿으면서 여전하게 불안하고 두렵고 불통의 세월을
사는가? 자신의 전인격이 성령의 지배와 장악에 되지 못하기 때문
입니다. 한마디로 세상 것이 섞여있기 때문입니다. 세상 것이 섞여
서 방해함으로 하늘나라 천국의 평안을 이끌어내지 못하는 것입니
다. 이것은 아주 심각하게 받아드려야 합니다. 그래야 성령의 역사
에 관심을 가져서 성령의 지배를 받는 성도가 될 수 있기 때문입니
다. 전인격이 성령의 지배를 받지 않고는 살아있을 때 하나님의 나
라(천국)의 평안을 만끽하고 누리면서 살수가 없기 때문입니다.

우리 예수 믿는 사람들의, 삶의 특징이 있다면, 그것이 무엇이
라고 생각하십니까? 입으로만 예수를 믿는다고 시인하는 그런
보통의 신앙의 삶이 아니라, 예수를 믿고 난 다음에 변화되어 천
국을 누리면서 살아가는 성도들의 특징을 말하는 것입니다. 이러
한 성도들의 삶의 특징이 무엇이겠습니까? 그것은, "영-혼-육 전
인격이 성령의 지배와 장악을 받는 삶"이라, 그렇게 말 할 수 있
습니다.

그러면, 성령의 지배를 받는 삶이란, 또 무엇을 말하는 것입니
까? 전인격이 성령께 사로잡혀 사는 것을 말하는 것입니다. 성령
을 주인으로 모시고 세상을 살아가는 것입니다. 매사를 성령님과

의논하고 성령의 뜻을 따라 사는 것을 성령의 지배를 받는 삶이라고 말할 수 있습니다. 성령의 인도함을 받아, 성령의 능력에 의해서 살아가는 삶을 말하는 것인 줄로 믿습니다. 성령님이 나를 지배하고 다스리는 삶, 이전에 우리의 삶이, 육체의 본능이 지배하는 삶이었고, 죄가 지배하는 삶이었다면, 이제 예수를 믿고, 변화를 받고 난 다음에 나타나는 삶은, 성령에 의해서 지배와 장악된 삶이 되어야 합니다.

지금 우리의 신분은 어떤 신분입니까? 이제 예수 안에서, 새로운 생명을 소유하고 태어난, 하나님의 자녀들입니다. 그러므로 이제는, 과거의 세상 적이고, 육신적인 삶의 방식은 벗어버리고, 하나님의 나라 자녀로 살아가야 하는 삶의 방식을 따라야 한다는 것입니다. 그 하나님의 방식을 따르는 삶, 이것이 바로 성령의 지배와 장악을 받는 삶이라는 것입니다.

그러나 오늘 우리 성도들의 삶은 어떻습니까? 아직도 우리는 많은 부분이 주님의 방식을 따르지를 못하고 있습니다. 아직도 내 자아가, 내 속에 살아 쉼 쉬고 있고, 아직도 내 뜻이 내 인생의 대부분을 결정하고 있습니다. 어둠의 권세에 속해 있는 죽음의 자리에서 이제는 벗어나, 나의 삶을 주장하시고, 온전히 이끌어 주시기를 원하시는, 빛 되신 예수 그리스도를 향해, 걸어가야 하는데도 불구하고, 우리는 여전히 그 빛을 외면하고, 고개를 어둠의 세상을 향해, 돌리고 있다는 것입니다. 빨리 알아차리고 성령의 지배와 인도를 받아 빛의 영역으로 돌려야 합니다. 그래야 전인적인 건강을 누릴 수가 있습니다. 우리의 삶에 빛이 크게 비춰면, 어두움은 작아지게 되고, 결국에는 그 어둠이 흔적 없이 물러가게 됩니다. 그러나 반대로, 우리의 삶에 어두움이 크면 어떻습니까? 빛이 작게 느껴지게 됩니다. 그리고 이 상태로 계속 있게 되면, 나중에는 그 어두움이, 빛을 완전히 삼켜 버리게 된다는 것입니다.

그래서 예수를 믿어도, 예전과 비교해 별로 변화된 것이 없는 여전히 세상 흑암 속에서 헤매며, 오히려 더 무능력한 가운데, 오히려 더 고통스런 가운데, 삶을 살아가게 된다는 것입니다. 왜냐하면 성령의 역사가 일어나지 않으니 마귀와 귀신들이 자꾸 장악하기 때문입니다. 그래서 오만가지 문제가 발생하는 것입니다. 빨리 알아차리고 성령의 지배를 받아야 합니다.

가슴에 손을 얹고 생각해 보세요. 주님이 우리에게 요구하시는 삶의 모습이, 과연 이러한 것이겠습니까? 주님이 우리에게 요구하시는 삶은, 결코 이러한 모습의 삶은 아닐 것입니다. 주님은 우리에게, 변화된 삶을 요구하십니다. 그것도 어정쩡한 변화가 아니라, 확실히 변화된 삶을 요구하십니다. "아니 저 사람 예수 믿고 나더니, 완전히 달라졌네!" "천국을 누리며 사는 것이 얼굴에 나타나네!" 이런 평가와 칭찬을 듣는 그러한 삶을 원하신다는 것입니다. 분명하게 하나님의 나라(천국)가 되면 얼굴이 변하고 말소리가 바뀌는 것입니다. 그런데 이렇게 변화되기 위해서는 반드시 성령의 역사가 있어야 가능한 것입니다. 성령의 지배를 받아야 변화되는 것입니다. 예수를 믿으면서도 변화되지 않는 것은 성령의 역사 없이 이론으로 지식으로 전통으로 믿음 생활을 하기 때문입니다. 성령으로 어두운 영역을 밝은 빛의 영역으로 바꾸지 못하기

때문입니다. 반드시 성령으로 세례를 받고 성령의 인도를 받아 어
두움을 빛의 영역으로 바꾸려고 관심과 의지를 발휘해야 합니다.
그래서 이런 찬송이 있지요? "내 죄 사함 받고서 예수를 안 뒤, 나
의 모든 것 다 변했네. 지금 나의 가는 길 천국 길이요, 주의 피로
내 죄 씻었네." 할렐루야! 예수를 믿고 나서, 자신의 모든 것이 변
화되어 지는 것, 바로 이러한 놀라운 삶의 변화의 역사를, 하나님
은 우리 모두에게 기대하고 계신다는 것입니다.

우리의 신앙의 출발은, 예수님의 권능을 믿는 믿음에서 출발하
는 것입니다. "하나님은 나의 모든 것을 아시는 가운데, 나의 모
든 것을 주의 권능으로 채워주시며, 온전케 하시는 하나님이시
다." 이것은 모두 성령으로 되는 것입니다. 우리가 이것을 믿어
야, 하나님을 평생에 주인으로 모시며 따를 수 있는 것입니다. "내
가 사망의 음침한 골짜기로 다닐지라도 해를 두려워하지 않을 것
은, 주께서 나와 함께 하심이라." 다윗은 담대하게 신앙의 고백
을 했습니다. 그리고는 선언하지요. "나의 평생에 선하심과 인자
하심이 정녕 나를 따르리니 내가 여호와의 집에 영원히 거하리로
다." 세상 사람들이 우리를 향해, 너는 못한다고 말할지라도, 우리
예수 믿는 성도들은 예수 안에서 할 수 있다고, 얼마든지 가능하
다고 말하며, 믿음으로 밀고 나가 행해야 기적을 체험하는 것입니
다. 삶에 자신감과 담대함이 있어야 한다는 것입니다. 왜입니까?
하나님의 권능이 오늘도 나와 함께 하시기 때문에…. 성령의 역사
가 오늘도 나의 삶에 나타나기 때문에…. "너 가는 길을 누가 비
웃거든, 확실한 증거를 보여 주어라. 성령이 친히 감화하여 주사,

저들도 참 길을 얻으리…" 지금 우리 모두가, 성령의 다스림 속에서, 성령의 인도함 속에서, 이런 확실히 변화되어 천국을 만끽하며 인생을 살아갈 수 있기를, 주님의 이름으로 축원합니다.

그러면, 오늘 우리가 어떻게 하면 이런 성령의 지배함을 받는 능력 있는 삶을 살아갈 수 있겠는가? 여기에 대한 고민이 있어야 진정한 성도일 것입니다. 그래야 바른 길을 찾아서 성령의 인도를 받으며 성령의 지배를 받는 성도가 될 수 있기 때문입니다. 그런데 이에 대한 해답이 바로 에베소서 5장 18절에 나타나 있다는 것입니다. "술 취하지 말라. 이는 방탕한 것이니, 오직 성령의 충만을 받으라." 했습니다. 우리가 성령의 지배와 장악을 받는 삶을 살아가는 방법, 뭐 다른 게 있겠습니까? 내 속에 성령의 크기를, 내 자아보다 더 크게 만들면 되는 것입니다. 성령님을 주인으로 모시어 성령이 자신을 지배하고 장악이 되도록 마음을 열면 됩니다. 성령님을 주인으로 모시고 살면 되는 것입니다. 성령이 내 속에 끊임없이 임하게 만들어서, 그 성령이 나의 삶을 온전히 주장할 수 있도록, 자신의 신앙을 가꾸어 나가면 되는 것입니다. 그렇잖아요? 그 외에 무슨 방법이 있겠습니까? 성령의 지배와 장악된 삶을 살아가는 것 알고 보면 너무나 쉽습니다. 습관이 되지 않기 때문에 어려운 것입니다.

언제 우리에게 성령이 임하게 되어 집니까? 교회의 예배당에서, 성령이 역사하는 교회에서 우리가 말씀 듣고, 기도하고, 찬송할 때, 성령이 임하고 장악이 되는 것입니다. 그래서 성도들에게 유형교회는 아주 중요합니다. 성령은 반드시 성령의 역사가 일어나는 장소에서 체험할 수가 있기 때문입니다. 성령의 역사가 강하게 일어나는 교회에서 성령으로 장악이 되어 삶의 현장에서 기도할 때 성령의 지배를 받을 수 있습니다. 성령의 역사가 아니고는 각자에게 웅크리고 있는 어두움의 영역을 밝은 빛의 영역으로 바꿀 수가 없습니다. 그러면 자연스럽게 환경에 여러 가지 문제가 발생하는 것입니다.

성경을 성령의 임재가운데 보세요. 초대 교회의 성도들이 언제 성령을 체험하고 받았습니까? 각 가정마다 모여 예배하고 말씀 들을 때, 또 마가의 다락방 같은 곳에 모여, 그들이 기도하고, 찬송할 때, 하늘로부터 급하고 강한 바람 같은 성령이, 홀연히 그들 가운데 임하게 되어졌다는 것입니다.

그렇다고 가정에서만 성경보고, 기도하라는 얘기는 아닙니다. 그때는 그 가정이 곧 교회였습니다. 초대 교회는 곧 가정 교회였습니다. 하나님은 언제나 성도들(성전) 가운데, 좌정하여 계시는 줄 믿습니다. 성전은 교회예배당에서 성도들이 예배드릴 때와 하나님의 성전 된 성도들을 모두 망라하는 것입니다. 그래서 지금도, 언제나 성령의 역사가 일어나는 교회에 모여 성경보고, 말씀 듣고, 기도하고, 찬양할 때, 성령이 임하게 된다는 것입니다. 그런데 홀연히 라는 말이 무슨 말입니까? 갑자기라는 말이지요. 오로지 하나님만을 생각하며 몰입 집중하여 기도할 때 홀연히 성령이 장악하시는 것입니다.

성령이 임하시는 것은 전적으로 성령님의 뜻이지만 분명한 것은 적당히 말씀보고, 적당히 기도하고, 적당히 찬송할 때 임하는 것이 아니라, 마음 중심으로 예배하고, 말씀을 깊이 묵상하고, 전심으로 기도하고, 뜨겁게 찬송할 때, 성령은 우리 가운데 분명 임하게 된다는 사실입니다. 그러므로 내 삶 속에 말씀 보는 시간을 늘리고, 기도하는 시간을 늘리고, 찬송하는 시간을 늘리면, 그 때에 우리도 성령이 충만하게 될 가능성이 더 많아진다는 것입니다.

에베소서 5장 15절-16절 말씀에, "그런즉 너희가 어떻게 행할 것을 자세히 주의하여 지혜 없는 자같이 말고, 오직 지혜 있는 자같이 하여 세월을 아끼라. 때가 악하니라."했습니다. 무슨 뜻입니까? 세상에 취하여, 하나님의 주신 시간들을 자기 임의로 사용하여, 허송세월을 보내지 말고, 우리의 시간들을 영적인 부분들에 할애해서, 말씀과 기도와 찬양의 시간들을 통하여, 하나님의 뜻을 온전히 분변한 가운데, 그 뜻대로 살아가는 신앙의 모습이, 필요하다는 것입니다. 항상 하나님을 생각하고 집중하는 자세가 중요합니다. 그래서 결과적으로 우리의 삶이, 성령이 원하시는 대로, 성령이 이끄시는 대로, 성령의 지배함을 받아, 살아가게 된다는 것입니다.

우리가 이렇게 성령의 지배를 받게 되면, 우리의 삶에 어떤 역사가 나타나겠습니까? 먼저 우리는 하늘의 신령한 지혜와 강력한 능력을 이끌어낼 수가 있습니다. 마음의 상처와 스트레스와 영-혼-육의 질병을 치유받게 됩니다. 그리고 세상에 능력을 행사하게 됩니다. 그래서 세상을 살아가도 힘 있게, 당당하게 살아가게 된다는 것입니다. 사단의 권세가 지배하는 이 세상에서, 사단의 올무에 걸려 허우적거리는 인생을 살아가는 것이 아니라, 하나님의 자녀답게 하나님의 권능을 힘입어, 사단의 권세를 깨뜨리며, 주의 이름으로 날마다 승리하며 살아가는 삶, 이런 역사들이 우리의 삶에 나타나게 된다는 것입니다.

더 나아가 지금 천국을 만끽하며 항상 하나님과 교통하면서 살아갈 수가 있는 것입니다. 성도는 무엇보다도 하나님과 관계를 열어 친밀하게 지내야 합니다. 천국을 누리면서 하나님과 친밀하게 지내려고 성령의 지배를 받는 것입니다. 하나님의 성전이 되기 위하여 성령의 지배를 받아야 합니다. 성령의 지배와 장악을 받게 되니 마귀와 귀신이 감히 넘보지 못하는 성도가 되는 것입니다. 그래서 무시로 하나님을 찾는 것입니다. 항상 성령으로 충만하여 성령의 지배와 장악을 받는 삶을 살기위해서 하나님을 찾는 것입니다. 많은 성도들이 성령이 충만 하면은 교회에 나가서 기도할 때 손을 흔들고 벌벌 떨면서 기도하면 성령으로 충만한 줄로 착각합니다.

그러나 성령으로 충만하다는 것은 항상 하나님을 생각하면서 하나님을 찾는 상태가 성령으로 충만한 상태인 것입니다. 평안한 상태가 성령으로 충만한 상태입니다. 이렇게 될 때 전인격이 성령의 지배와 장악을 받게 되는 것입니다. 성도들은 성령의 권능으로 살아가야 합니다. 성도들에게서 성령의 능력이 빠진 인간의 힘이나, 경험으로는 하나님을 기쁘시게 하지 못합니다. 성령의 도우심이 빠진 인간의 재주나 재능으로 세상을 이길 수가 없습니다. 성령의 지배를 받지 않는 성도는 잎만 무성한 무화과나무로 자라게 만들 뿐이라는 겁니다. 열매가 없이 잎만 무성한 무화과나무, 그

나무는 인간의 눈으로 볼 때는 멋있게 자란 나무이고, 가지도 무성하고, 잎도 너무나도 푸른 나무이지만, 결국 어떻게 되었습니까? 주님의 저주로 인해 말라 죽고 말았다는 것입니다. 이러한 사실을 우리는 유념해야 할 줄로 압니다. 전인격이 성령의 지배와 장악을 받아야 합니다. 성령의 지배와 장악이 되면 이러한 유익함이 있습니다.

첫째, 내면세계가 정리되어 안정된다. 내면세계에 대한 필자의 견해는 혈통으로 흐르는 영적, 정신적, 감정적, 심리적, 육체적인 숨어있는 자신 안에 보이지 않는 요소를 포합해서 내면세계라고 합니다. 그렇기 때문에 내면세계를 안정시키려면 성령의 역사가 일어나야 가능합니다. 성령의 역사 없이 세상방법으로는 내면세계를 안정시키지를 못합니다. 내면세계가 안정되지 못하면 하나님의 나라(천국)를 만끽하지 못합니다. 무엇보다도 내면세계가 안정이 되어야 하나님의 나라(천국)를 누릴 수가 있습니다. 하나님은 "너희는 너희가 하나님의 성전인 것과 하나님의 성령이 너희 안에 계시는 것을 알지 못하느냐"(고전 3:16) 말씀하셨습니다. 자신이 살아계신 하나님의 성전입니다. 몸과 마음이 성전이 되어야 한다는 말씀입니다.

하나님은 우리 안에 임재 하여 계십니다. 자신의 주인이 자신 안에 계신 것입니다. 그래서 사람은 내면세계가 건강해야 합니다. 성령의 지배와 장악이 되어야 내면세계뿐만 아니라, 몸과 마음이 하나님의 통치가 이루어지는 것입니다. 우리는 실체보다는 상징을 더 숭배하는 사회에 살고 있습니다. 많은 사람들이 내적인 것보다는 외적인 것에 더 이끌립니다. 크리스천들도 내적인 것보다 보이는 외적인 것을 더 추구하는 실정입니다. 그러나 우리는 외적인 것을 너무 좋아하면 안 됩니다. 그러면 뿌리 깊은 나무가 될 수 없습니다. 외적인 것은 재미를 주지만 내적인 것은 깊이를 줍니다.

외적인 화려함이나 인기에 이끌려 발 빠른 존재가 되기보다는 내면을 잘 가꾸고, 내면을 잘 살펴서 어떤 바람에도 흔들리지 않는 뿌리 깊은 나무가 되기를 힘써야 합니다. 그러기 위해서 성령의 지배와 장악이 되어야 합니다. 우리가 "성도답게 산다."는 것은 "하나님께서 주인 된 삶을 중시하면서 산다."는 것입니다. 사실 우리의 외적인 삶을 준비하는 것은 내적인 삶입니다. 그러므로 내면세계가 성령의 지배와 장악으로 건강해야 합니다. 마찬가지로 몸도 성령의 지배와 장악이 되어야 합니다. 삶에서 중요한 것은 "우리에게 어떤 일이 일어나고 있는가?"하는 것이 아니라. "우리 안에 어떤 일이 일어나고 있는가?"하는 것입니다. 그것이 바로 우리들에게 자신의 주인이신 하나님과 홀로 있는 고독과 침묵의 시간이 필요한 이유입니다. 자신 안의 하나님과 홀로 있는 고독과 침묵의 시간은 우리의 내면세계를 건강하게 만듭니다. 덩달아서 몸도 마음도 성령의 지배와 장악이 됩니다.

사람들이 자신의 주인이신 하나님과 홀로 있는 고독과 침묵의 유익을 너무 모르고 있고, 그것들을 싫어합니다. 침묵이 들려주는 소리는 듣기 싫어하고 시끌벅적한 곳에 가야 만족감을 느끼는 분들이 많습니다. 그러나 우리가 보다 깊은 삶을 살려면 자신의 주인이신 하나님과 홀로 있는 고독과 침묵의 세계로 들어갈 수 있어야 합니다. 왜 우리에게 자신의 주인이신 하나님과 홀로 있는 고독과 침묵이 필요합니까? 지금 세상은 우리의 영혼에 도움이 되지 않는 여러 자극적이고 감성적인 소리로 우리를 유혹해서 혼란하게 만들기 때문입니다. 잘못하면 이성적으로 발전하여 하나님 관계가 없는 성도가 될 수 있습니다.

둘째, 하나님과 관계가 열린다. 지금 하나님의 나라 천국을 누리려면 자신 안에 주인으로 계시는 하나님과 관계가 무엇보다도 중요합니다. 하나님과 관계가 열린다고 함은 하나님의 자녀가 되는 것입니다. 하나님과 교통하는 것입니다. 기도를 통하여 하나님과 교통하고 하나님께서 내안에 내가 하나님 안에 있어 하나가 되는 것입니다. 자신을 통하여 하나님께서 나타나시는 것입니다. 하나님께서 자신을 통하여 살아계심을 증명하시는 것입니다. 우리는 무엇보다도 하나님과 관계가 친밀하고 열려야 합니다. 그러기 위하여 성령의 지배와 장악이 되어야 합니다.

하나님과 관계를 친밀하게 하는데 관심을 집중해야 합니다. 하나님께서는 하나님과 관계를 여시기 위하여 예수님을 보내주셨습니다. 그리고 믿는 자들에게 성령이 마음 안에 임재 하도록 하셨습니다. 성령을 통하여 하나님과 관계를 열기 위해서 하나님의 깊은 배려입니다. 그만큼 하나님은 자녀들과의 관계를 중요하게 생각을 하십니다. 하나님과 관계가 열려야 축복 속에서 소명을 감당할 수 있을 것입니다. 그런데 안타까운 것은 일부 영적지도자라고 자처하시는 분들이 하나님과 관계를 열려고 하지 않고 무조건 자신의 지혜와 힘으로 열심히 하려고 합니다. 하나님은 육체를 가지고 열심히 하는 것을 달갑게 여기지 않으십니다. 하나님과 관계가 열려서 성령으로 하나님의 뜻을 알고 순종하기를 원하시는 것입니다. 하나님은 영이시기 때문입니다. 영이신 하나님과 말씀과 성령으로 관계가 열리면 모든 것은 하나님이 하십니다. 이것을 깨달으려니 성령의 지배와 장악이 되어야 가능합니다. 이제 성령의 이끌림을 받아야 합니다.

크리스천들이나 영적인 지도자나 할 것 없이 예수를 믿는 순간 죽었습니다. 그리고 다시 예수로 태어났습니다. 예수를 믿고 성령으로 거듭난 성도가 인생을 살아가면서 일어나는 모든 일은 자신의 일이 아닙니다. 죽은 자는 일을 할 수가 없는 것입니다. 다시 사신 예수님의 일입니다. 예수를 믿을 때, 자신은 죽고, 예수로 다시 태어났기 때문입니다. 이제 자기가 세상을 사는 것은 자신의 주인으로 임재하신 예수님이 사시는 것입니다. 성도는 자신 앞에 있는 문제를 자신의 능력이나 힘으로 하지 말아야 합니다. 예수님의 일이므로 예수님께 문의하여 예수님께서 하라는 대로 순종하면 믿음을 보시고 예수님이 하십니다.

하나님과 밀접해있고, 친밀하고, 하나님께 우선순위를 두고 있는 사람이라면 어떤 진로에의 문제나 선택의 문제에 있어서 하나님께서 반드시 개입하시고 인도하신다고 믿습니다. 주변에 있는 분들을 보아도 어떤 길을 선택했다가도 바로 코앞에서 하나님께서 유턴(U)시키시는 것을 보게 됩니다. 그러므로 진로에의 문제나 어떤 선택에의 기로에 놓였을 때 걱정하고, 고민하고, 생각하기보다 기도 가운데에만 있다면 현재의 하고 있는 일을 열심히 해나갈 때 하나님께서 하나님의 예비하신 길로, 기뻐하실 길로 어떤 방법으로든지 인도하실 줄 믿습니다.

일부 크리스천들이나 목회자들이 자신 앞에 일어나는 일을 자신의 힘으로 하려고 합니다. 하나님의 일을 인간인 자신의 힘으로 하려고 하니 얼마나 힘이 들겠습니까? 자신의 힘으로 인생을 살아가려니 힘이 들고 버거워서 탈진이 찾아오기도 합니다. 목회자들도 마찬가지입니다. 목회는 예수님의 일인데 자신의 힘으로 하려고 합니다. 그러다가 힘들어서 목회를 포기하기도 합니다. 예수님을 믿고 성령으로 거듭난 크리스천이나 영적지도자나 할 것 없이 하나님과 관계를 열어, 성령의 인도를 받으면서 문제를 해결하는 것입니다. 성령님께 질문하여 지혜를 받아 해결하는 것입니다.

셋째, 하나님의 나라가 된다. 성령의 지배와 장악이 되어 성령의 이끌림을 받는 성도가 되어야 합니다. 성령으로 세례를 받고 성령의 지배와 장악이 되어 몸과 마음이 하나님께서 원하시는 상태가 되면 하나님의 나라(천국)이 됩니다. 하나님께서 원하시는 몸과 마음의 상태를 만들기 위하여 성령의 지배와 장악과 이끌림을 받아야 합니다. 성령의 지배와 장악이 되어 세상 신이 물러가야 하나님의 나라가 되기 때문입니다.

누가복음 11장 20절을 보겠습니다. "그러나 내가 만일 하나님의 손을 힘입어 귀신을 쫓아낸다면 하나님의 나라가 이미 너희에게 임하였느니라." 예수께서 귀신을 쫓아내신 것은 하나님의 손을 힘 입은 것이라는 것입니다. 누가는 '하나님의 손'을 힘입어 귀신을 쫓아내었다고 말하지만 마가(3장)와 마태(12장)는 '성령'으로 기록하고 있습니다. 즉 예수께서 성령으로 귀신을 쫓아내신 것은 곧 이미 하나님의 나라가 임한 징표라는 것입니다.

우리는 예수께서 축사사역을 전혀 새로운 측면으로 말씀하신 것에 주목해야 합니다. 지금까지 우리는 예수께서 귀신을 쫓아내신 것을 보면서 주로 어떤 생각을 합니까? 예수님의 능력에 놀랍다는 반응을 보이고 자신도 그렇게 했으면 좋겠다는 생각을 합니다. 그런데 예수께서는 축사사역에 대해 어떻게 말씀하셨습니까? 예수께서 귀신을 쫓아내신 것은 하나님의 나라가 임한 증표라고 말씀하셨습니다. 당시 바리새인은 이 말씀이 무슨 말인지 몰랐을 것입니다. 왜냐하면 처음으로 듣던 말이기 때문입니다. 그러면 예수께서 귀신을 쫓아내신 것이 하나님의 나라가 임한 것이라는 증표라는 것이 무슨 의미입니까? 귀신이 쫓겨난 곳에 하나님의 통치가 시작된다는 것입니다. 그렇습니다. 우리는 축사사역에 대한 이해를 새롭게 해야 합니다. 그것은 일종의 능력 행함이 아니라, 하나님의 통치가 이뤄지게 하는 것이라는 것입니다. 그렇습니다. 귀신을 쫓아내는 것은 단지 물리적으로 귀신의 세력을 추방하는 것이 아니라 하나님의 통치가 이뤄지게 하는 수단입니다. 성령의 지배와 장악이 되면 귀신이 물러가 하나님의 나라가 이루어진다는 말씀입니다.

10장 성령의 인도함이란 무엇일까?

(행 11:1-15)"(11) 마침 세 사람이 내가 유숙한 집 앞에 서 있으니 가이사랴에서 내게로 보낸 사람이라 (12) 성령이 내게 명하사 아무 의심 말고 함께 가라 하시매 이 여섯 형제도 나와 함께 가서 그 사람의 집에 들어가니 (13) 그가 우리에게 말하기를 천사가 내 집에 서서 말하되 네가 사람을 욥바에 보내어 베드로라 하는 시몬을 청하라 (14) 그가 너와 네 온 집이 구원 받을 말씀을 네게 이르리라 함을 보았다 하거늘 (15) 내가 말을 시작할 때에 성령이 그들에게 임하시기를 처음 우리에게 하신 것과 같이 하는지라."

하나님은 우리에게 성령의 인도를 받으라고 명령하십니다. 성령의 인도를 받는 성도들이 되시기를 바랍니다. 성령의 인도함이란 자신의 생각이나 다른 사람의 말에 움직이는 것이 아니고, 순수하게 성령으로 충만한 가운데 성령의 지배와 장악된 가운데 성령의 감동이나 성령의 음성이나 성령의 이끌림에 순종하는 것을 말합니다. 순종이 제사보다 낫다. 순종은 하나님의 뜻에 순종하는 것입니다. 하나님은 순종하는 사람을 통하여 일하십니다. 성령의 인도함을 받기 위해서는 성령 안에서 기도하고 성령 안에서 찬송하며 성령 안에서 봉사하고 성령 안에서 사는 법을 배워야 합니다.

성령의 인도를 받아야 합니다. 성령님의 인도하심은 한두 가지 결정적인 방법으로 하시는 것이 아니기 때문에 쉽게 이 방법으로 하라 저 방법으로 하라고 말할 수 없기 때문인 것입니다. 여러 가지 방법으로 주님 뜻대로 인도하시는데 그 여러 가지 방법을 한번 알아보고자 하는 것입니다.

사도행전 10장-11장까지 기록된 성령의 인도와 역사입니다. 고넬료는 이탈리아 사람이었습니다. 이탈리아의 육군대위였었습니다. 그는 유대인이 아니었습니다. 그럼에도 불구하고 그는 구제를 많이 하고 하나님께 기도를 많이 했는데 오후 3시에 간절히 기도하니까 갑자기 천사가 그 앞에 나타났었습니다. '고넬료야, 고넬료야' 하매 깜짝 놀라서 소스라쳐 쳐다보니까 '네 구제와 기도가 하늘에 상달되었다. 욥바에 사람을 보내서 베드로라는 사람을 청하라. 그가 구원에 대한 말을 해줄 것이다.' 원래 고넬료는 그 식구들과 함께 기도를 많이 했었습니다.

사도행전 11장 말씀을 보면 베드로가 기도하는 시간이었습니다. 비몽사몽간에 하늘에서 보자기 같은 그릇이 네 귀를 매고 내려오는 것이었습니다. 그리고 가만히 보니까 그 속에는 땅에 네 발 가진 것과 들짐승, 그리고 기는 것과 공중에 나는 새를 보게 되었습니다. 그러나 뜻을 알 수 없었던 베드로는 그것이 무엇인지 궁금하여 기도하고 있는 중이었습니다. 그때 가이사랴에서 로마군의 백부장 고넬료가 보낸 사람들이 욥바에 온 것입니다.

백부장 고넬료가 기도하고 있었습니다. 빛난 옷을 입은 사람이 제 구시 기도시간에 나타나서 말하기를 하나님이 네 기도를 들으시고 네 구제를 기억하셨으니 사람을 보내어 욥바에 있는 베드로를 청하라~! 라고 말씀하신 것입니다. 고넬료는 하나님께서 보낸 천사의 말을 듣고 욥바에 있는 베드로에게 사람을 보냈던 것입니다.

베드로 역시 이 사람들을 만나는 순간 즉시로 성령의 음성을 들었습니다. 사도행전 11장 11-12절의 말씀을 보면 "마침 세 사람이 내가 유숙한 집 앞에 서 있으니 가이사랴에서 내게로 보낸 사람이라 (12) 성령이 내게 명하사 아무 의심 말고 함께 가라 하시매 이 여섯 형제도 나와 함께 가서 그 사람의 집에 들어가니"라고 말씀하시고 있습니다. 여기에서 우리는 베드로가 왜 위대한 일을 할 수 있었는지를 발견할 수 있습니다. 그것은 바로 성령의 음성을 들을 수 있는 마음의 귀가 열려있었다는 것입니다. 그리고 성령의 감동과 말씀을 따라서 순종하는 사람이었던 것입니다.

또한 고넬료 역시 하나님의 말씀에 순종하는 사람이라는 사실도 틀림없었습니다. 하나님은 말씀을 순종한 사람들을 통해서 위대한 역사가 시작되게 하신 것입니다. 복음 전파의 새로운 장이 가이사랴의 백부장 고넬료의 집에서 열리게 되었던 것입니다.

그래서 베드로가 오기 전까지 온 친지들을 모아 놓고 간절히 기도하고 있는데 베드로가 와서 하나님의 말씀을 증거 합니다. 모세의 율법으로도 의롭다 함을 받지 못한 사람이 예수를 믿으면 그 피로 말미암아 죄 사함을 받고 의롭게 된다는 설교를 하자 그것을 믿고 그것을 믿자 말자, 베드로에게 역사하시는 성령이 임하신 것입니다. 그래서 고넬료와 그 가족들이 다 성령의 충만함을 받고 하나님을 높이며 방언을 말하고 역사가 일어났었습니다.

　그 결과 고넬료 같은 이탈리아 사람이 군대 복무를 마치고 로마로 돌아가서 얼마나 열심히 전도했던지 주후 300년 만에 로마가 거꾸러져 예수를 믿고 그 당시 온 구라파가 주 예수께로 돌아오게 된 것입니다. 고넬료와 같은 이러한 군인이 정말 성령의 충만함을 받고 하나님의 능력으로 로마의 고향 땅에 돌아가서 열심히 하나님의 능력을 전도했기 때문에 로마가 온통 예수를 믿고 나온 역사가 일어날 수 있었던 것입니다.

　이러므로 아무리 열심을 다해 믿음생활 해도 성령의 능력을 받지 아니하면 그런 열심은 아무런 힘도 없습니다. 의식적인 형식적인 신앙을 아무리 가졌다고 해도 그것이 자신과 다른 사람을 구원할 능력도 없는 것입니다. 이러므로 주께서는 예루살렘을 떠나지 말고 아버지의 약속하신 것을 기다리라. 요한은 물로 세례를 베풀었거니와 너희는 몇 날이 못 되어 성령으로 세례를 받으리라고 말씀하신 것입니다. 그러므로 성령세례 받지 아니한 사람은 성령 받기를 간절히 사모해야 될 것입니다.

　사도행전 16장 6-10절에 나오는 바울이 성령의 인도를 받는 실상입니다. "성령이 아시아에서 말씀을 전하지 못하게 하시거늘…" 이 말씀은 바울은 아시아에서 말씀을 전하고 싶어 했는데 성령께서 막으셨다는 말씀입니다. 행 16: 6절에 나오는 부루기아와 갈라디아 땅은, 루스드라에서 소아시아 반도 서북쪽 끝에 있는 무시아에 이르는 도중에 있는 지역입니다. 무시아에 가기전에, 소아시아

반도 북쪽에 동서로 길게 뻗은 지역인 비두니아로 가려했지만, 예수의 영이 역시 허락하지 않으셨습니다.

그래서 무시아를 지나 드로아로 갔습니다. 드로아에서 밤을 지내는 중 바울에게 환상이 나타났는데, 마게도냐 사람이 바울 앞에 서서 간청하는 환상이었습니다. "마게도냐로 건너와서 우리를 도와주십시오" 바울은 그 환상을 본 후에 곧 마게도냐로 건너가려고 했습니다. 왜냐하면 환상의 의미가 마게도냐 사람에게 복음을 전하게 하시려고 하나님께서 부르신 것이라고 확신했기 때문입니다. 여기서 몇 가지 짚고 넘어가야 할 것이 있습니다. 바울은 아시아에서 말씀을 전하려고 했지만 성령께서 막으셨습니다.

사도행전 16장 7절에 보면 "비두니아로 가고자 애쓰되" 예수의 영이 허락하지 않으셨습니다. 바울은 애썼지만 성령께서 허락치를 않으셨습니다. 무슨 말씀입니까? 말씀은 바울이 전하지만, 예수의 복음을 전하는 것은 바울일지라도 그 주체는, 전도의 주체는 바울이 아니라 성령이시라는 말씀입니다. 위대하다고하는 바울도 하나님께서 쓰시는 도구일 뿐 역사하시는 분은 하나님이심을 아셔야 합니다. 거듭 말씀드립니다만 바울은 아시아에서 복음을 전하려 했습니다.

그러나 하나님께서 막으셨습니다. 바울의 생각과 하나님의 생각이 달랐습니다. 사람이 보기에 좋은 것과 하나님이 보기에 좋은 것이 다릅니다. "이는 하늘이 땅보다 높음 같이 내 길은 너희의 길보다 높으며 내 생각은 너희의 생각보다 높음이니라"(이사야55:9).

바울 일행은 부루기아와 갈라디아 땅을 지나 무시아 앞에 이르렀습니다. 그들은 비두니아 쪽으로 가려고 애썼습니다. 그런데 성령께서 그 길을 막으셨습니다. 그러므로 신앙생활하면서 하나님의 뜻과 마귀의 역사와 자신의 생각을 분별해 내는 지혜야 말로 매우 중요한 일입니다. 이 셋을 신중하게 잘 분별해야 합니다. 바울과 같이 성령의 인도를 받으시기를 바랍니다. 하나님은 지금도 성령으로 인도하시면서 말씀(레마)를 주십니다.

귀신만 쫓아내려고 방황하다가 성령님의 인도로 필자를 만나 속전속결로 축사하고 영육의 고통을 치유한 사례입니다. A라는 목사님이 목회하시다가 과로하여 영적이고, 정신적이고, 육체적인 질병이 발생하여 2년여 동안 이곳저곳을 헤매며 치유를 받으려고 했습니다. 심지어 차를 타고 가다가 발작하여 병원에 입원하기도 했다는 것입니다. 공황장애의 증상입니다. 한국에 능력이 있다는 유명한 목사님에게 안수를 받기를 수도 없이 했다는 것입니다. 이 목사님! 저 목사님! 을 통하여 귀신을 축사하고 치유 받겠다고 돌아다닌 세월이 2년이 되었다는 것입니다. 병원에 가서 처방을 받아 약을 먹어도 소용이 없었습니다. 한의원에 가서 침을 맞고 한약을 먹어도 소용이 없었습니다. 결국 치유를 받지 못했습니다.

그러다가 새벽에 기도하는데 성령께서 기독서점에 가서 책을 사서 보라는 감동이 오더랍니다. 시간이 되어 책을 사려고 기독서점에 갔습니다. 신간 책장에 보니까, "대적기도로 문제 해결하는 비밀"이라는 제목의 책이 눈에 들어오더라는 것입니다. 그래서 사서 읽다가 문득 이곳에 가면 자신의 문제를 해결 받을 수 있다는 강한 감동이 오더랍니다. 그래서 프로그램을 확인하니 토요일 날 개별 집중치유가 있어서 예약하고 오셔서 필자하고 상담하고 치유를 받기 시작했습니다.

처음 필자가 목사님을 보니 상처와 스트레스로 인하여 완전하게 귀신에게 눌려있었습니다. 첫날 치유를 받고 나니 정신이 돌아오고 마음이 가볍고 몸이 홀가분해지더랍니다. 자신의 문제를 완전하게 해결 받을 수 있다는 믿음이 생기더라는 것입니다. 그래서 몇 주 더 다니면서 완전하게 치유 받고 영과 육이 정상적이 되었다는 것입니다. 교회도 전과 같이 회복이 되었다는 것입니다. 2년 동안 치유 받지 못하던 영육의 문제가 3개월 만에 완치가 된 것입니다.

한마디로 속전속결로 영육의 문제가 치유된 것입니다. 이것이 성령의 인도입니다. 속전속결 치유사역 축사사역의 진수입니다. 이렇게 기도하여 성령의 감동에 순종하면 하나님께서 사람이나 장소나 책이나 약이나 무엇을 통하시든지 하나님의 방법으로 속전속결로 해결하도록 인도하여 주시는 것입니다. 인도하시는 대로 순종하면 속전속결로 해결이 되는 것입니다. 반드시 바른 성령의 역사가 귀신도 축사하고 상처도 치유하시는 것입니다. 성령님의 인도로 바른 전문적인 사역자를 만나야 합니다.

필자가 성령의 인도를 받아 서울로 이전한 이야기입니다. 2003년 7월경으로 생각됩니다. 기도하는데 성령의 감동이 왔습니다. 서울로 교회를 옮겨야 한다는 감동이었습니다. "하나님! 어느 동네입니까?" 하나님은 사당역 부근이라는 감동을 주셨습니다. 그때 당시에는 물질적으로 어려운 시절이라 제 힘으로 아무런 대책도 없는 상황이라 무작정 기도만 할 뿐이었습니다.

2003년, 성령 내적 치유 사역이 활성화되어 서울에서 많은 분들이 다녀갔습니다. 그러면서 교회를 정하지 못한 성도(방황하는 성도)들 대다수가 등록은 하지 않은 채 시화에 위치한 우리 교회에 와서 주일 예배를 드렸습니다. 그들은 물질적인 능력도 있는 사람들로, 지금 생각하면 하나님이 서울로 이전하게 하시려고 보내 주신 것 같습니다. 결국 그 성도들의 도움으로 서울로 이전하게 되었습니다. 하나님의 역사는 아무도 모르는 것입니다.

2003년 11월경, 기도를 하는데 성령께서 서울에 가서 현장을 답하라고 감동하시는 것입니다. 첫날은 거부하였습니다. 그날이 금요일이었는데, 다음 날 더 강한 감동이 왔습니다. 그래서 토요일 날 전철을 타고 사당동에 와서 이곳저곳을 돌아다니면서 알아보았습니다. 걸어 다니는데 가슴이 답답했습니다. 더군다나 교회로 사용할 거라며 건물을 얻어 달라고 하니 부동산 사람들이 머리를 절레절레 흔드는 것입니다. 그래서 남현동으로 갔습니다. 그러나 남현동도 사당동과 마찬가지였습니다.

사당역 10번 출구를 통해 11번 출구로 건너왔습니다. 가슴이 뻥 뚫리고 시원한 느낌이었습니다. 부동산에 가서 건물을 물어봤더니 상당히 호의적이었습니다. 그래서 내년 3월이나 4월에 이전을 할 것이니 잊지 말고 알아봐 달라고 했습니다. 그런 후 1월 말경 다시 방배동으로 가 보라는 감동이 주어졌습니다. 다시 방배동에 와서 건물을 보러 다니는데 건물이 없었습니다. 어떤 곳은 전에 목욕탕을 운영하던 곳으로 200평 정도가 되었지만 가 봤더니 영 신통치가 않았습니다. 그러자 부동산 주인은 조그마한 장소가 하나 나왔는데 한번 보겠냐고 해서 이수초등학교 앞에 있는 건물에 들어가 보니, 실 평수는 40평정도 되어 보이고, 교회로도 줄 수 있다는 것이었습니다.

서울에서 예배드리러 오는 성도들에게 이야기했더니 자신들이 알아보겠다고 했습니다. 토요일 날 함께 방배동과 서초동 일대를 다 돌아다녀도 차라리 비워 두었으면 두었지, 교회로는 안 준다며 모두들 거절하는 것입니다. 정말 교회에 대한 인식이 잘못되어 장소를 임대할 수가 없었습니다. 필자는 할 수 없이 우선은 이수초등학교 앞으로 이사하여 1년 정도 지내다가 옮기기로 작정하고 기도하기 시작했습니다.

그러던 중 주일마다 우리 교회에 다니면서 은혜를 받던 성도가 자기가 아는 어떤 사람이 교회 이전을 위해 1억 원을 헌금하겠다고 한다며 말하는 것입니다. 그 이야기를 들은 후 저는 기도하기 시작했습니다. "하나님! 정말 주시는 것입니까?" 한참을 기도하는데 "걱정하지 마라! 내가 그 사람에게 돈을 받아서 장소를 얻는다는 사람을 통하여 일을 추진하리라" 하는 주님의 음성이 들려왔습니다. 그래서 "아멘!" 하고 외친 후 입을 굳게 다물고 우리 사모에게도 말하지 않은 채 기다렸습니다.

우여곡절 끝에 3월 31일 날짜로 계약했습니다. 임대료는 앞에 말한 성도가 전적으로 책임을 지겠다고 했습니다. 교회 바닥과 벽, 그리고 여러 가지 필요한 것들은 은혜를 받으러 오시던 분들이 헌금을 했습니다. 내부 인테리어 작업은 어느 목사님 동생이 선교 차원으로 무료로 해 주셨습니다. 공사가 진행되는 동안 나는 계속해서 시화에서 집회를 인도했습니다. 하나님은 임대한 교회 내부 작업까지 일사천리로 진행해 주셨습니다. 교회를 이전하는 데 있어 나의 재정은 단돈 10원도 들어가지 않았습니다. 하나님이 은혜 받은 사람들의 마음을 감동하게 하시어 그들을 통해 채워 주셨습니다. 하나님이 이전하게 하신 것입니다.

그런데 시화에 있는 교회가 나가기를 기도하는데 하나님이 자꾸 빨리 가라는 감동을 주시는 것입니다. 우리는 2004년 3월 31일에 이사를 계획하고 준비하고 있었습니다. 그런데 기도할 때마다 "빨리 가라, 빨리 가라" 하는 감동을 주셨습니다. 시화에 있는 교회가 나가기를 기다리며 머뭇거리자 이제는 주일날 성도들도 줄어들고 사람들도 집회에 오지를 않았습니다. 그래서 교회가 나가지 않더라도 빨리 이사를 해야겠기에 3월 18일에 서울 교회로 이전을 했습니다.

지금 현재 교회로 이전한 것도 성령님께서 예비하시고 인도하신 것입니다. 전에 있던 교회가 임대기간이 끝났습니다. 그래서 임대를 연장해서 계속 사용하느냐 아니면 다른 장소로 이전해야 하는가를 가지고 2달 이상을 기도했습니다. 2019년 2월 초였습니다.

성령님께서 저에게 "다른 곳을 알아보아라." 하시는 것입니다. 그 음성을 들으니 마음이 기뻐서 아멘 하고 받아들였습니다.

바로 인접부동산에 가서 장소를 알아봤습니다. 마침 지금 이 교회 장소가 비어있었습니다. 들어와 보니까, 엉망이었습니다. 그러나 기도하면 할수록 내부 인테리어를 잘하면 우리 성도들이 예배를 드리기에 문제가 없다는 감동을 하시는 것입니다. 더군다나 매월 들어가는 비용이 전 교회의 50%밖에 되지 않았습니다. 그래서 계약을 하고 내부 작업을 하여 이전한 것입니다. 여기로 이전하자 우리 성도들이 너무나 좋아하는 것입니다. 지난 장소보다 모든 것이 좋았기 때문입니다. 역시 성령하나님께서 예비한 장소로 이전하니 모든 성도들이 좋아하고 편안해 합니다. 역시 목회는 성령하나님께서 주인으로 역사하시면서 하시는 것입니다.

하나님은 나를 한 걸음 한 걸음 인도하시며 하나님의 사람으로 만들어 가셨습니다. 하나님은 성령의 감동과 꿈, 그리고 보증의 역사(환경으로 나타나는 역사)를 통하여 목회를 하는 데 있어 문제가 생기지 않도록 인도하고 계십니다. 목회는 하나님의 일입니다. 하나님이 주인이십니다. 그분의 음성을 듣고 교통하며 따라가기만 하면 하나님이 하십니다. 성도도 하나님의 자녀입니다. 하나님의 뜻을 알고 하나님이 안내하는 길을 따라가다 보면 인생은 성공합니다. 그러나 마귀는 우리가 가는 길에 어떻게 해서든지 해방을 놓습니다. 그래서 우리는 성령의 충만함으로 기도해야 합니다. 성령으로 충만하면 마귀가 방해할 수가 없기 때문입니다.

서울로 이전한 지 17년이 지났습니다. 지금은 교회가 자리를 잡아 가고 있습니다. 재정적으로나 환경적으로 부족함이 없는 교회가 되어 가고 있습니다. 필자는 숫자 계념에 관심을 두지 않고 목회를 합니다. 하나님께서 보내주시는 대로 최선을 다하여 영적으로 바꾸는 사역을 합니다. 교회가 자립하는 것은 전적인 성령의 인도하심 가운데 성령의 인도를 받아 능력 전도를 한 결과입니다. 이것은 필자의 능력이 아닌 하나님의 능력입니다. 이러한 결과만 보더라도 전도가 아무리 어려워도 성령의 인도를 받으면서 능력으로 전도하면 교회는 성장하게 되는 것입니다. 성령이 역사하는 교회는 성장하게 되어 있습니다. 성령의 인도를 받기 위하여 기도해야 합니다. 기도하지 않으면 하나님의 뜻을 알 수가 없습니다. 왜냐하면 하나님은 영이시기 때문입니다.

머리를 굴린다고 되는 것이 아닙니다. 영이신 하나님과 교통해야 되는 것입니다. 우리는 먼저 성령으로 충만한 상태가 되어야 하나님과 교통할 수 있습니다. 우리는 성령으로 인도받기 위해 성령으로 기도해야 합니다. 필자는 교회를 성장시켜 보려고 별 방법을 다 사용해 보았습니다. 그러한 방법들로 되지 않던 것이 성령이 역사하는 능력 전도와 성령으로 능력 사역을 하니 교회의 재정이 풀리고 교회가 성장하기 시작했습니다. 일반적으로 하나님의 뜻을 분별하는 몇 가지의 방법이 있습니다.

첫째, 하나님께서는 성경말씀을 통해 우리에게 말씀하십니다.

우리가 세상을 어떻게 살아야 하는지, 어떻게 사는 것이 하나님께서 기뻐하시는 것인지는 이미 성경을 통해 우리에게 말씀하셨습니다. "주의 말씀은 내 발의 등이요 내 길에 빛이나이다."(시편 119:105). 하나님의 말씀은 어두운 밤길을 밝혀 주는 횃불이나 등불 같다는 말씀입니다. 횃불이나 등불은 장애물에 걸려 넘어지거나 구르는 것을 막아 줄 뿐만 아니라, 위험한 길로 가지 않도록 보호해 준다는 말씀입니다. 말씀이 내게 지시하는 대로 가기만 하면 그 길이 곧 하나님께서 인도하시는 길이라는 말씀입니다. 중요한 것은 말씀을 볼 수 있는 눈과 들을 수 있는 귀가 있어야 합니다.

성경을 읽다가 때로는 설교를 듣다가 "아, 이 길이 하나님께서 기뻐하시는 길이구나" 깨닫고 인도받는 경우가 많습니다. 때로 어떤 문제로 고민하면서 말씀 듣다가 "아 이것이구나!" 깨닫는 경우가 있지 않습니까? 설교는 일주일에 한번, 두 번 혹은 세 번 듣는다해도 말씀은 매일 읽으며 묵상하셔야 합니다. 오늘도 말씀으로 나를 인도하시는 하나님의 음성을 들을 수 있으시기 바랍니다.

둘째, 기도하는 중에 하나님의 뜻을 깨닫게 되기도 합니다. 많은 경우 성령 충만함은 기도와도 관련이 있습니다. 오순절 마가의 다락방에 임하신 성령은 120문도가 뜨겁게 기도할 때 임하셨습니다. 기도 중에 "성령 충만"함을 입은 사람은 하나님의 인도하심을 받게 됩니다. 요한복음 14장 26절입니다. "보혜사 곧 아버지께서 내 이름으로 보내실 성령 그가 너희에게 모든 것을 가르치시고 내가 너희에게 말한 모든 것을 생각나게 하리라" 문제 앞에서 하나님께 고요한 중에 깊이 기도하며 교제할 때 우리가 행할 것, 우리가 나아가야 할 길은 가르쳐 주신다는 말씀입니다. 어떤 중요한 결정을 내릴 때 어떻게 하십니까? 당황하거나 방황하지 말고 먼저 하나님께 집중을 하고, 마음을 비우고 하나님의 음성을 기다리십시오. 중요한 것은 성령으로 마음을 비우는 것입니다. 상식 이하의 자기 확신에서 벗어나야 합니다. 인간적인 방법을 추구하지 말아야 합니다. "하나님 어떻게 하는 것이 하나님께서 원하시는 것입니까?" 제 경우는 기도하면서 "마음에 평안", "확신", "번개같이 떠오르는 생각"이 오는 것을 경험하는데 그럴 때 "아! 이것이구나!"하고 결정합니다. 그러면 대개 후회하지 않습니다. 마음 비우고 하나님의 뜻을 기다리는 깊은 기도가 있어야 합니다.

셋째, 때로는 하나님의 뜻은 다른 사람들의 믿음의 충고로 나타나기도 합니다. 성령님의 인도로 좋은 믿음가진 이웃, 성숙한 믿음을 가진 선배를 만나는 일은 중요합니다. 좋은 충고가 바른 결정을 내리게 합니다. 잠언 23:19 말씀입니다. "내 아들아 너는 듣고 지혜를 얻어 네 마음을 바른 길로 인도할지니라" 어떤 결정은 내리기가 내게 힘들 경우가 있습니다. 어느 쪽도 확실치가 않습니다. 그럴 때는 성령께서 지시하시는 신실한 믿음의 선배나 목회자를 만나십시오. 성령께서 지시하시는 믿음의 사람입니다. 그러나 자기 생각가지고 신령한 사람 만나서 조언을 들으려다 문제가 커질 경우 있습니다. 사람을 의지하면 성령의 역사가 일어나지 않습니다. 성령의 인도를 받으시기 바랍니다. 기도하다가 보면 성령께서 감동을 주십니다. 감동하신대로 순종하고 기다리면 길이 열립니다. 아무 사람의 충고라고 다 받아들이지 마시라는 얘기입니다.

넷째, 하나님의 뜻을 분별하기 위해서는 환경의 변화에도 민감해야 합니다. 환경에 나타나는 증표를 무시하지 말라는 것입니다. 환경이 막을 때, 장애가 생겼든지, 병이 났던지, 억지로 믿고 나가는 것이 항상 바람직한 것은 아닙니다. 어떤 사업을 하려 한다거나, 어느 직장에 취직을 하려고 하는데 계속해서 일이 틀려지고 할 때는 물러서는 것도 방법입니다. 하나님 일이라면 길도 놓고 담도 넘어야 하겠지만, 그렇지 않을 경우라면 기다리는 것도 한 방법이고 돌아가는 것도 한 방법입니다. 일이 뜻대로 되지 않는다고 속상해 하거나 주저 않지 마십시오. "하나님을 사랑하는 자 곧 그의 뜻대로 부르심을 입은 자들에게는 모든 것이 합력하여 선을 이루느니라"(롬 8:28)

걷지 않고 뛸 수 있습니까? 한 번도 넘어지지 않고 잘 것을 수 없지 않습니까? 말씀을 보고 듣는 중에, 성령의 역사하심 속에 기도하면서, 때로 좋은 신앙 선배의 믿음의 조언을 통해, 환경 변화에 민감해짐으로 하나님의 뜻을 확실히 분별하여 성령님의 인도하심에 거스르지 않고 아름답게 순종하며 하나님의 도구로 사시는 우리가 되시기를 소원합니다.

3부 성령세례 받을 때 몸에 느끼는 지각현상

11장 실제 나타나는 성령의 체험적인 느낌

(요3:8)"바람이 임의로 불매 네가 그 소리는 들어도 어디서 와서 어디로 가는지 알지 못하나니 성령으로 난 사람도 다 그러하니라."

성령의 역사는 영적인 생활의 보조적인 역할이 아니라 중심적인 역할입니다. 이 성령의 역사는 교회 안에서만이 아니라 교회 밖에서도 동일하게 이루어지는 우주의 운행 원리이기도 합니다. 오늘날도 성령의 역사는 정치 경제 사회 문화의 모든 분야에서 일하심으로 세상을 평화로 인도합니다. 프린스턴 신학교 교수였던 제임스 로더(James Loder)는 이 과정을 갈등, 기다림의 시간, 상상력의 도약, 그리고 해석으로 설명합니다. ①갈등의 기간은 나와 성경이 부딪히는 과정이며, ②기다림의 기간은 나의 주도권을 포기하고 성령에게 주도권을 내어주는 과정입니다. ③때가 준비되면 상상력의 도약이 영감으로 다가오며 마침내 갈등이 해결됩니다. ④마지막 해석을 통해서 우리는 하나님의 뜻을 깨달으며 새로운 눈을 가지게 된다는 뜻입니다. 이 과정에서 핵심은 성령의 역사를 따르면서 말씀에 대한 묵상입니다. 성령의 지배가운데 오직 말씀만을 대하며 성령의 음성을 듣는 인내함을 요구하는 묵상이 없이는 성령의 논리도 그저 하나의 이론에 불과할 뿐입니다.

성령의 역사를 대개 7가지로 나눌 수가 있습니다. 불같은 성령의 역사, 물(생수) 같은 성령의 역사, 바람 같은 성령의 역사, 비둘기 같은 성령의 역사, 기름 같은 성령의 역사, 인(도장) 같은 성령의 역사, 기(氣)운 같은 성령의 역사로 성령을 상징하고 있습니다.

첫째, 불같은 성령의 역사입니다. 성경은 성령을 불로 상징하고 있습니다. 모든 불은 물체를 태웁니다. 성령의 불을 받은 자는 불로써 깨끗함을 받고 모든 잡균을 태워 죽여 버립니다. 마귀 권세도 성령의 물 앞에서는 모두 소멸됩니다. 성령의 불이 임하면 능력을 받고 이 능력은 복음 전도에 사용되는 것입니다. 우리는 이러한 성령의 불을 받아 불과 같이 역사 하는 성령의 힘을 얻고 나타내야 합니다. 성령의 불은 뜨겁게 열기를 내어 역사 합니다. 하나님을 사랑하고 교회를 섬기는 일에 성령의 불을 받을 때에 뜨겁게 이루어집니다.

성령의 불을 받으면 성도의 빛이 어두움을 더욱 넓고 환하게 밝히게 됩니다. 성령의 불을 받으면 땅의 것을 생각지 않고 위엣 것을 생각하고 모든 일이 하나님을 향하여, 천국에 보물을 쌓고 상급을 쌓는 일로 가득하게 됩니다. 성령의 불을 받으면 힘 있게 움직이고 빨리 움직이는 능력을 얻습니다. 성령의 불을 받으면 복음 전도자가 됩니다. 온 세상 끝까지 복음을 전하는 불을 번지는 자가 됩니다. 성령의 불을 받으면 녹아지고 변화하는 사람이 됩니다. 부딪치면 소리만 나던 자가 소리 없이 새로운 피조물로 변화가 됩니다.

마귀 권세를 이기는 능력자가 성령의 불을 받을 때에 되어 집니다. 이러한 불같은 성령의 능력을 받고 우리는 땅 끝까지 힘 있게, 능력 있게 복음을 전하는 복음의 불씨, 성령의 불을 온 세계에 전하는 우리가 되어야 할 것입니다.

첫째로 불은 열기가 있고 뜨거운 것입니다. 성령의 불도 역시 뜨겁고 열기가 있습니다. 성령을 받으면 신앙이 뜨거워지고 하나님을 향한 열심히 뜨거워집니다.

둘째로 불은 빛이 있습니다. 불은 어두움을 몰아내고 세상을 밝게 밝히고 있습니다. 성령의 불이 활활 타오르는 자는 온 사방의 어두움을 몰아내는 세상의 빛 된 삶을 삽니다. 성령을 받은 사람은 말과 행동이 밝아지고 정직하게 정정당당하게 말과 행동이 일치하며 대의명분이 뚜렷하며 의롭다 함을 받으면서 살아갑니다.

데살로니가 전서 5장 5절 "너희는 다 빛의 아들이요 낮의 아들이라 우리가 밤이나 어두움에 속하지 아니하나니 그러므로 우리는 다른 이들과 같이 자지 말고 오직 깨어 근신할지라." 어두움의 세계는 불의의 세계요 죄악의 세계요 악마의 세계입니다.

요한 1서 1장 5절 "우리가 저에게서 듣고 너희에게 전하는 소식이 이것이니 곧 하나님은 빛이시라 그에게는 어두움이 조금도 없으시니라" 하나님은 빛이시기 때문에 어두움이 하나도 없으십니다. 그럼으로 빛의 자녀 된 우리도 역시 어두움을 물리치면서 사는 빛의 아들입니다. 우리가 하나님의 아들이라 하면서 어두움의 일을 하면 마귀의 자녀이고 거짓말을 하는 사람입니다.

요한1서 1장 6-10절 "만일 우리가 하나님과 사귐이 있다 하고 어두운 가운데 행하면 거짓말을 하고 진리를 행치 아니함이거니와 저가 빛 가운데 계신 것같이 우리도 빛 가운데 행하면 우리가 서로 사귐이 있고 그 아들 예수의 피가 우리를 모든 죄에서 깨끗하게 하실 것이요 만일 우리가 죄 없다 하면 스스로 속이고 또 진리가 우리 속에 있지 아니할 것이요 만일 우리가 우리 죄를 자백하면 저는 미쁘시고 의로우사 우리 죄를 사하시며 모든 불의에서 우리를 깨끗케 하실 것이요 만일 우리가 범죄 하지 아니하였다 하면 하나님을 거짓말하는 자로 만드는 것이니 또한 그의 말씀이 우리 속에 있지 아니하니라" 우리가 성령을 받는 것은 빛을 받은 것이나 다름이 없는 것입니다. 세상의 빛으로 어두움을 물리치면서 악에 동참하지 않으면서 살아가는 우리가 되어야 할 것입니다. 마귀의 자녀인가 빛의 자녀인가는 어두움에 거하는가 빛 가운데 거하는 가로 쉽게 구별이 됩니다.

셋째로 불은 항상 위로 올라갑니다. 불꽃이 항상 위로 올라가듯이 성령의 불은 받은 자는 하나님을 향하여 모든 것을 위에다가 소망을 두고 살아갑니다. 골로새서 3장 1-2절 "그러므로 너희가 그리스도와 함께 다시 살리심을 받았으면 위엣 것을 찾으라 거기는 그리스도께서 하나님 우편에 앉아 계시느니라 위엣 것을 생각하고 땅엣 것을 생각지 말라"

식물은 머리를 땅에다 박고 있어야 살 수 있고 동물은 전진 하여야만 살 수 있고 사람은 위를 바라보아야만이 살 수 있습니다. 그리하여 머리를 항상 하나님을 향하여 두고 소망 가운데서 살아가야 합니다. 성령을 받은 사람은 항상 마음과 생각이 하나님을 향하여 하나님께 영광을 돌리면서 살아가는 것입니다. 위엣 것을 생각하고 땅에 것을 생각지 않고 살아가는 사람이 성령 받은 자의 모범입니다.

넷째로 불은 번지고 또 힘을 냅니다. 작은 불꽃 하나가 온 산을 태우는 산불로 번지듯 예루살렘에서 시작된 성령의 불길이 온 세계에 번지고 있습니다. 이 성령의 불을 받은 사람들이 선교사로, 복음 전도자로 온 세상을 향하여 사역을 하고 있습니다. 불은 또 힘을 냅니다. 자동차도 기차도 군함이나 상선도 비행기도 모두 불을 이용하여 힘을 얻어 날고, 다니고 있습니다. 불은 전진력이 있듯이 성령의 불은 추진력과 힘이 무한하게 나타납니다. 기독교는 2,000년의 모진 박해와 방해와 말살 정책이 있었지만 성령의 힘으로 오대양 육대주에 더욱 크게 번져 가고 있습니다.

다섯째로 불은 변화하게 합니다. 굳은쌀이 불로 인하여 맛있는 쌀밥으로 변화되고 질기고 맛없는 고기가 불로 인하여 맛좋은 고기로 변화가 됩니다. 이 성령의 불로 인하여 악하고 추한 사람이 선하고 아름다운 사람으로 변화가 되고 죄인이 의인으로 변화되고 마귀의 자녀가 하나님의 자녀로 성령으로 인하여 변화가 됩니다. 사울은 교회를 박해하고 성도를 잡아 괴롭히던 사람이 성령을 받은 후에 변화되어 교회를 위하고 성도를 위하여 목숨을 바치는 바울로 변화하였습니다.

여섯째로 불은 녹아지게 합니다. 쇠와 쇠는 단단하여 부딪치면 소리가 나고 서로 흠집을 내는 화합이 안 되는 사이 이지만 이 쇠가 뜨거운 용광로 불에 들어가면 녹아져서 서로 융화되어 소리도 안 나고 화합되어 새로운 피조물로 태어나는 것입니다. 에베소서 2장 18절 "이는 저로 말미암아 우리 둘이 한 성령 안에서 아버지께 나아감을 얻게 하려 하심이라 그러므로 이제부터 너희가 외인도 아니요 손도 아니요 오직 성도들과 동일한 시민이요 하나님의 권속이라" 각종 고물이 뜨거운 열에 의하여 용광로 속에서 한 덩어리가 되어 뭉쳐지고 녹아지고 융화되어 새로운 지음을 받는 것과 같이 우리도 성령 안에서 녹아질 때에 새로운 사람이 됩니다.

둘째, 생수 같은 성령의 역사입니다. 성경은 성령을 생수로 표현하기도 합니다. (요 7:37-39)"명절 끝날 곧 큰 날에 예수께서 서서 외쳐 이르시되 누구든지 목마르거든 내게로 와서 마시라 (38) 나를 믿는 자는 성경에 이름과 같이 그 배에서 생수의 강이 흘러나오리라 하시니 (39) 이는 그를 믿는 자들이 받을 성령을 가리켜 말씀하신 것이라 (예수께서 아직 영광을 받지 않으셨으므로 성령이 아직 그들에게 계시지 아니하시더라)."

초막절 명절에 예수님께서는 예루살렘 성전에서 목마른 자들에게 말씀하십니다. 예수님께로 나아오라는 것입니다. 그 배에서 생수의 강이 흘러나오리라고 하십니다. 여기에서 배라는 것은 심령 깊은 곳을 말합니다. 심령 깊은 곳에서 콸콸 솟는 생명수를 말합니다. 생명수는 살리는 물입니다. 믿는 자들이 받을 성령을 가리켜 말씀한 것입니다.

목마른 사람에게 생수가 필요합니다.

인생의 큰 문제가 목마름입니다.

우리의 인생에 목마름이 있을 때 생수의 은혜를 사모합니다. 의욕을 잃어버리고 용기를 잃어버리고 자신감을 잃어버리며 시들어가는 인생을 사는 사람에게 생수가 필요합니다. 또한 모든 죽어가는 것들을 소생시키는 것이 또한 생수의 강물입니다.

에스겔의 강물과 요한 계시록의 강물이 흐르는 모든 곳에서 죽어가는 것들이 살아나는 역사가 일어나고 과일이 풍성하게 맺혀지는 역사가 일어납니다. 우리도 그렇게 살아나 푸른빛을 발하고 열매를 많이 맺는 멋진 생애가 되기를 기도합니다. 성령의 세례를 받아 에덴의 강물, 물댄 동산, 물가에 심은 나무 같은 축복, 생수의 성령이 늘 넘치는 역사가 일어나시기를 바랍니다.

셋째, 바람 같은 성령의 역사입니다. 성경은 성령을 바람으로 표현하기도 합니다. (행2:2)"홀연히 하늘로부터 급하고 강한 바람 같은 소리가 있어 그들이 앉은 온 집에 가득하며" (요3:8)"바람이 임의로 불매 네가 그 소리는 들어도 어디서 와서 어디로 가는지 알지 못하나니 성령으로 난 사람도 다 그러하니라."

세상에서 부는 바람은 모든 유독가스를 제거해줍니다. 내 폐 속에 유독가스가 가득하면 죽습니다. 산소 같은 신선한 공기가 필요합니다. 바다에서 부는 바람은 태풍이기도 합니다. 모든 더러운 것들을 정화시키는 힘이 되기도 합니다.

오순절에 임하는 급하고 강한 바람이전에 우리는 산들바람 같지만 성령의 바람이 있음을 알 수 있습니다. 그 바람은 바리새인 중에 니고데모라는 사람을 예수님 앞으로 밤에 이끌었습니다. 니고데모는 유대인의 지도자로서 다른 사람의 이목을 피해 밤에 몰래 예수님 앞에 왔습니다. 예수님이 요단강에서 세례를 받고 난 뒤에 이스라엘에 성령의 바람이 불기 시작했습니다. 예수님의 말씀을 들으려고 사람들이 몰려들었습니다.

그런데 그분이 하나님의 아들이라고 하는 것에 대한 반반의 의견이 있었습니다. 그 바람은 바리새인이며 지도자인 니고데모의 발걸음도 예수님 앞으로 인도하였습니다. 어쩌면 산들바람이 니고데모의 마음을 움직이고 그의 발걸음을 예수님께로 이끌었습니다.

이스라엘 땅에 성령의 바람을 일으키신 그분은 예수 그리스도이십니다. 거룩한 성령의 바람은 내 마음을 파도치게 하는 바람 그 바람을 불게 하는 분, 나의 주 예수 그리스도이십니다. 내 안에 헛된 바람을 몰아내고 주를 향한 사랑과 믿음 회복시키시는 분이십니다. 니고데모도 예수님 앞에 섰을 때, 그가 살던 삶의 수준이 드러났습니다. 그는 육에 속한 자로 살아가는 것이었습니다. 하늘나라를 볼 수 없는 자였습니다. 다시 나야 한다는 예수님의 말씀을 전혀 깨닫지 못했습니다. 니고데모는 율법에 의해 자랐고, 자신의 학문과 수양을 통해 지도자가 된 사람 이였습니다. 그에게는 하나님의 나라의 사람으로 새롭게 태어나게 하는 성령의 역사에 대해서는 어두웠던 것입니다.

이것은 마치 우리의 신앙생활의 것과 똑 같습니다. 성령의 세계가 있음에도 불구하고 산들바람이 불고 있었는데 바람이 없는 것으로 생각하는 것과 같습니다. 살아 계신 하나님은 성령의 바람으로 우리의 인생가운데 역사하는 분이십니다. 엡4:14절에 교리의 풍조에 요동하지 않게 하려 함이라고 하였습니다. 이 정도는 그래도 바람을 어느 정도 따르려고 하는 사람입니다.

그러나 우리에게 역사하는 성령의 바람을 교리의 풍조의 바람이 아닙니다. 죄와 허물로 죽었던 영이 성령에 의해 새롭게 나는 것입니다. 성령께서 우리의 마음을 만질 때 내가 이제까지 느끼지 못하고 믿지 못하고 하나님에 대하여 감각이 없는 존재로 살았던 자를 그리스도와 함께 살리심으로 하나님 아버지를 감각하는 자로 새롭게 나게 하십니다. 그때는 바로 우리 마음에 바람을 불고 있는 그분이 보이지 않으나 역사하고 계심을 알게 되는 것입니다.

성령에 의해 새롭게 태어나는 것은 디도서3:5절에 "우리의 의로운 행위로 말미암지 않고 오직 그의 긍휼하심을 따라 중생의 씻음과 성령의 새롭게 하심으로 하셨다"고 말하고 있습니다. 내 인생의 헛된 바람으로 산 것에 대한 회개가 일어나게 하는 것입니다. 하나님을 인식하지 못하고 살았던 삶이 무엇인가를 붙잡으려 했으나 잡지 못한 것입니다. 결국 우리의 발걸음을 예수님 앞으로 인도하시는 하나님의 산들바람에 이끌려 니고데모처럼 주님 앞으로 인도되게 합니다. 그 주님 발 앞에 엎드려 나의 죄악을 고백하고 주의 긍휼로 씻음을 받고 새롭게 나게 됩니다.

바람은 산들바람도 있지만 급하고 강한 바람이 있습니다(행2:2). 태풍입니다. 그 급하고 강한바람은 10일 동안 필사적으로 간구한 예수님의 제자들과 여인들의 예수님의 동생들에게 임하였습니다. 개별적으로 부는 바람이 아니라, 무리에게 부는 바람이었습니다. 그 바람의 출처는 하늘입니다. 그 바람을 불게 하는 분은 우리 주 예수님이십니다. 약속의 성령을 따라 기도하게 하는 이유가 바로 여기에 있습니다. 오순절에 마가의 다락방에 임한 바람 같은 성령의 역사가 제자들의 마음에 두려움과 의심을 모두 몰아내었습니다. 예수님의 승천이후에 그들 앞에 놓인 상황을 돌파한 능력이 성령으로 임하였습니다. 제자들의 기도는 성령의 바람이 이 땅에 불어 닥치게 하는 것입니다.

이제 성령으로 난 사람들은 육의 감각과 풍조에 의해 사는 사람이 아닙니다. 성령에 거룩한 감동과 감화를 따라 사는 자입니다. 성령의 이끌려 사는 사람입니다. 성령의 거룩한 바람이 불어서 우리의 얼어붙은 마음을 녹이는 일을 하기 시작합니다. 딱딱한 마음을 부드러운 마음이 되게 합니다. 꽃이 피기까지 적정한 온도가 있어야 합니다. 다시 말해 교회 안에 꽃이 피기 까지 적당한 온도가 필요합니다. 목욕물로 샤워를 할 정도가 되려면 물을 끓여야 하지 않습니까? 예전에는 가마솥에 물을 끓이고 그것을 큰 목욕통에 물을 부어서 목욕을 했습니다. 교회 안에 영혼들의 뜨거운 샤워가 일어나기까지는 성령에 의해 난 사람들이 성령의 뜨거운 바람을 위해 기도하는 기도의 역사를 주님이 먼저 수행하십니다. 우리의 죄악 된 삶을 돌아보아 회개하게 하십니다. 우리의 불순종을 보게 하십니다. 얼마나 세상의 물든 것이 있는지 회개하게 하십니다. 세상의 풍조에 이끌린 것을 돌이키게 합니다. 이럴 때 우리의 마음이 하나님 아버지에게로 향하고 하나님 나라의 역사의 세계를 보기 시작하는 것입니다.

넷째, 비둘기 같은 성령의 역사입니다. 성경은 성령을 비둘기로 표현하기도 합니다. (마3:16)"예수께서 세례를 받으시고 곧 물에서 올라오실새 하늘이 열리고 하나님의 성령이 비둘기 같이 내려 자기 위에 임하심을 보시더니 (17) 하늘로부터 소리가 있어 말씀하시되 이는 내 사랑하는 아들이요 내 기뻐하는 자라 하시니라"

(요1:32)"요한이 또 증언하여 이르되 내가 보매 성령이 비둘기 같이 하늘부터 내려와서 그의 위에 머물렀더라."

(마12:18)"보라 나의 택한 종 곧 내 마음에 기뻐하는바 나의 사랑하는 자로다 내가 내 성령을 줄 터이니 그가 심판을 이방에 알게 하리라 (19) 그가 다투지도 아니하며 들레지도 아니하리니 아무도 길에서 그 소리를 듣지 못하리라."

여기에서 '들레다'란 야단스럽게 떠들다를 뜻합니다. 예수님께서 세례 받으실 때 임재 한 성령은 그 모습이 비둘기와 같았습니다. 마태복음 12장은 예수님께 대해서 성령을 받으셨으며 다투지도 아니하고 들레지도 아니할 것을 말씀하십니다. 온유함은 성령의 열매입니다. 비둘기 같은 성령을 사모합니다.

비둘기는 정결한 새이며 온유한 새이며 평화를 상징하는 새입니다. 순종과 평화와 길들여짐의 상징이 있습니다. 우리가 성령 받으면 그 성격이 점점 변화되어 온유해집니다. 성령의 열매 중의 하나가 온유함입니다.

아가서를 보면 비둘기는 사랑을 상징합니다. 어여쁘고 어여쁘다라고 말하며 그 눈이 비둘기처럼 아름답다고 말합니다. 순결한 눈을 지닌 비둘기는 그래서 아가서에서 사랑의 상징으로 나타납니다. 하나님의 사랑을 받고 하나님을 사랑하는 비둘기와 같은 성령이 우리에게 있기를 원합니다.

비둘기는 본향으로 돌아오는 성격이 강합니다. 장거리를 날았고 특히 비둘기 우편(Pigeon post)에 사용된 충성된 새입니다. 또한 영적으로 비유하자면 예수님께서는 하나님의 메시지를 이 땅에 전해주시기 위하여 충성되게 육신의 몸으로 오신 메신저, 비둘기의 역할을 하셨던 것입니다. 우리도 본향을 향하여 날아가고 있는 것과 같습니다. 장거리 여행의 날개짓에서 힘과 능력이 넘치기를 원합니다.

비둘기는 공동체로 무리를 지어 삽니다. 교회에 모인 우리를 연상케 합니다. 그리고 비둘기는 생육하고 번성하는 새입니다. 우리도 비둘기와 같은 영적 번성을 누리기를 원합니다.

비둘기는 구약성경에서 조류 중 유일하게 제물로 사용되었습니다. 자기 몸을 깨어 인간을 구원하신 예수님의 그 사랑을 그 섬김을 우리도 본받기 원합니다. 비둘기 같이 고요한 은혜의 성령 오셔서 거친 맘 어루만지사 위로와 평화 주시옵소서.

다섯째, 기름 같은 성령의 역사입니다. 성경은 성령을 기름으로 많이 표현하고 있습니다. (행10:38)"하나님이 나사렛 예수에게 성령과 능력을 기름 붓듯 하셨으매 그가 두루 다니시며 선한 일을 행하시고 마귀에 눌린 모든 사람을 고치셨으니 이는 하나님이 함께 하셨음이라"

(고후1:21-22)"우리를 너희와 함께 그리스도 안에서 굳건하

게 하시고 우리에게 기름을 부으신 이는 하나님이시니 (22) 그가 또한 우리에게 인치시고 보증으로 우리 마음에 성령을 주셨느니라.”

(요일2:27)“너희는 주께 받은바 기름 부음이 너희 안에 거하나니 아무도 너희를 가르칠 필요가 없고 오직 그의 기름 부음이 모든 것을 너희에게 가르치며 또 참되고 거짓이 없으니 너희를 가르치신 그대로 주 안에 거하라.”

(사61:1)“주 여호와의 영이 내게 내리셨으니 이는 여호와께서 내게 기름을 부으사 가난한 자에게 아름다운 소식을 전하게 하려 하심이라 나를 보내사 마음이 상한 자를 고치며 포로된 자에게 자유를, 갇힌 자에게 놓임을 선포하며”

기름 같은 성령의 역사가 있습니다. 기름은 치유하는데 사용되었습니다. 우리도 치유해주는 사역을 감당하기 원합니다. 기름은 빛을 밝히는데 사용되었습니다. 세상의 빛이 되기를 원합니다. 기름 중에서 향기를 내는 기름을 향유라고 불렀습니다. 우리도 그리스도의 향기가 되기를 원합니다. 기름은 사명을 받을 때 사용되었습니다. 주어진 사명을 잘 감당하기를 원합니다. 하나님께 드리는 거룩한 제물에도 기름을 사용했습니다. 기름은 유화작용[乳化作用]을 하여 부딪침이 없게 합니다. 서로사랑하게 합니다.

그래서 기름 같은 성령으로 충만해야 합니다. 성령의 기름 부음은 거룩하게 성별합니다. 직분에 헌신하게 하며 영력을 얻게 합니다. 영감을 받게 하며 견고하게 한다는 의미가 있습니다. 상처로 얼룩지고 흑암의 권세에 눌려있는 우리 의 삶에 기름 같은 성령이 역사하기를 원합니다.

여섯째, 인(印)같은 성령의 역사입니다. 성경은 성령으로 인을 쳤다고 말씀하고 있습니다. (엡1:13)"그 안에서 너희도 진리의 말씀 곧 너희의 구원의 복음을 듣고 그 안에서 또한 믿어 약속의 성령으로 인치심을 받았으니 (14) 이는 우리의 기업의 보증이 되사 그 얻으신 것을 속량하시고 그의 영광을 찬송하게 하려 하심이라"

(엡4:30)"하나님의 성령을 근심하게 하지 말라 그 안에서 너희가 구원의 날까지 인치심을 받았느니라."

(고후1:22)"그가 또한 우리에게 인치시고 보증으로 우리 마음에 성령을 주셨느니라."

(요일3:24)"그의 계명을 지키는 자는 주 안에 거하고 주는 그의 안에 거하시나니 우리에게 주신 성령으로 말미암아 그가 우리 안에 거하시는 줄을 우리가 아느니라."

인과 같은 성령은 확신하게 하는 성령의 은혜입니다. 구원의 확신을 주십니다. 너는 내 것이라고 말씀하시는 그 은혜가 인 같은 성령의 인치심입니다. 이 인 같은 성령을 받은 자는 확신에 가득차서 그 어떤 어려움도 이길 수 있음을 선언합니다. 보증해주시는 성령의 은혜입니다. 이 성령의 은혜를 받을 때 우리는 확신을 가지고 나아갈 수 있습니다. 흔들리지 않습니다. 영원을 바라볼 수 있습니다. 이 귀한 성령의 은혜가 충만하시기를 바랍니다. 성령께서 오늘, 나를 인도하고 계십니다.

일곱째, 기(氣)운 같은 성령의 역사입니다. 성령은 호흡입니다. 기운입니다. 성령은 호흡으로 보이지 않지만 살아계시며 믿는 자를 통하여 초자연적으로 역사하십니다. 숨 쉴 때 나오는 바람을 기(氣)라고 말합니다. 기(氣)라는 말은 기운이라는 뜻입니다. 기가 빠졌다고도 하고 기운이 없다고도 합니다. 성령은 그래서 거룩한 기운입니다. 바람입니다. 에너지입니다. 그 코에 불어넣어주셨던 생기, 그 거룩한 바람의 에너지가 넘치기를 원합니다.

예수님께서 십자가에 못 박히고 부활하신 신령한 몸으로 승천하기 전까지 40일 동안 제자들에게 보이실 때에, "예수님을 '주'(主)라."고 입으로 시인한 제자들에게 "성령을 받으라."고 말씀하였습니다. "예수께서 또 이르시되 너희에게 평강이 있을지어다 아버지께서 나를 보내신 것 같이 나도 너희를 보내노라 (22) 이 말씀을 하시고 그들을 향하사 숨을 내쉬며 이르시되 성령을 받으라."(요 20:21-22)

십자가에 못 박히시고 부활하신 후에 신령한 몸으로 나타나서, 예수님을 '주'(主)라고 시인한 제자들에게 하신 말씀입니다. 예수님께서 이 말씀을 하시고 '저희를'(제자들을) 향하사 '숨을 내쉬며' 말씀하시기를 "성령을 받으라."고 하였습니다.

예수님의 제자들이 예수님을 아무리 '주'(主)라고 입으로 시인하였어도 이때까지는 성령을 받지 못하였으니, 예수님께서 부활한 몸으로 나타나시어 제자들에게 '숨을 내쉬며' 말씀하시기를 "성령을 받으라."고 말씀하신 것입니다.

12장 성령세례란 어떤 상태를 말할까?

(행 19:2-7)"이르되 너희가 믿을 때에 성령을 받았느냐
이르되 아니라 우리는 성령이 계심도 듣지 못하였노라 (3)
바울이 이르되 그러면 너희가 무슨 세례를 받았느냐 대답
하되 요한의 세례니라 (4) 바울이 이르되 요한이 회개의 세
례를 베풀며 백성에게 말하되 내 뒤에 오시는 이를 믿으라
하였으니 이는 곧 예수라 하거늘 (5) 그들이 듣고 주 예수
의 이름으로 세례를 받으니 (6) 바울이 그들에게 안수하매
성령이 그들에게 임하시므로 방언도 하고 예언도 하니 (7)
모두 열두 사람쯤 되니라."

성령세례란 보이지 않지만 살아계신 성령하나님께서 자신의 온
몸을 순간 장악하시는 초자연적인 사건입니다. 성령하나님께서 자
신을 차고 넘치도록 장악하시는 것을 말합니다. 살아계신 하나님
의 영인 성령이 성도를 온몸이 살아계신 하나님의 성전이 되도록
마음 안에서 밖으로 역사하시는 것입니다. 자신의 마음 안에 예수
님께서 주인 되어 성전 되도록 성령의 불로 역사하시는 것입니다.

성도가 영적으로 바뀌는 것은 예수를 믿고 성령의 인도를 받아
성령으로 세례를 받은 다음부터입니다. 성령으로 세례를 받고 예
배드리며 기도하면서 전인격이 성전이 되는 것입니다. 성령은 성
도를 인도하며 하나님의 사람으로 만들어 가십니다. 성도가 하나

님의 사람으로 변하는 것은 성령으로 되는 것입니다. 성령이 없이는 하나님의 사람으로 변할 수가 없습니다. 오직 하나님의 영인 성령만이 땅의 사람을 하늘의 사람으로 변화시킬 수가 있기 때문입니다. 코로나19 시대에 예배당마다 성령의 역사가 일어나야 한다고 강조합니다. 성령의 역사는 지식으로 성령을 안다고 되지 않고 직접 체험하고 장악되어야 되기 때문에 시간과 노력이 필요한 것입니다. 체험해보아야 인정하게 되는 살아있는 역사입니다.

오늘의 교회들이 초대교회와 같은 역동적이고 활력이 넘치는 신앙들이 퇴화되고 있다는 것입니다. 사도행전 2장 42절로부터 47절에는 초대교회의 생명력 넘치는 신앙 모습이 어떠했는가에 관해 잘 말씀해 주고 있습니다. 초대교회 성도들은 항상 기쁨이 충만한 신앙생활을 했습니다. 46절부터 47절에서 이렇게 말씀하고 있습니다. "날마다 마음을 같이 하여 성전에 모이기를 힘쓰고 집에서 떡을 떼며 기쁨과 순전한 마음으로 음식을 먹고 하나님을 찬미하며 또 온 백성에게 칭송을 받으니 주께서 구원받는 사람을 날마다 더하게 하시니라." 초대교회 성도님들은 날마다 마음을 같이 했다고 하였습니다.

또 성전에 모이기를 힘썼다고 했습니다. 그런가 하면 함께 모여 떡을 떼고 즐거운 마음으로 음식을 나누었다는 것입니다. 그리고 항상 예수님을 찬양했다고 합니다. 이러다 보니 자연스럽게 백성들에게도 칭찬을 받았던 것입니다. 오늘 이 시대의 기독교와는 크게 다른 모습니다. 그렇다면 왜 이렇게 다를까요? 이유는 한 가지입니다. 초대교회의 성도들은 성령으로 세례를 받고 예배하며 기도하여 항상 성령으로 충만했던 것입니다. 은혜가 넘쳐났던 것입니다. 성도들의 전인격을 성령님이 지배하셨다는 것입니다. 그러므로 이 세상에 살면서도 천국의 기쁨을 누렸던 것입니다.

우리들은 세례에는 세 종류가 있다는 것을 분명하게 알아야 합니다. 하나는 물세례입니다. 다른 하나는 성령의 세례입니다. 그리고 성령의 불세례입니다. 그러므로 참다운 성도라면 세례의 종류가 어떤 것이 있다는 것을 꼭 알아야만 합니다. 오늘 이 시대의 많은 성도들이 이것을 제대로 알지 못합니다. 그래서 물세례를 받으면 온전한 성도가 된 것으로 생각합니다. 이것이 이 시대의 교회들을 병들게 하는 가장 큰 이유 중의 하나입니다.

진정한 성도라면 물세례와 성령세례, 성령의 불세례 모두를 체험해야 합니다. 물세례만 받으면 신앙의 역동성이 없습니다. 물세례만 받은 성도는 그의 마음에 예수님으로 인한 진정한 감사와 기쁨이 없습니다. 성령의 세례를 받아야만 이때부터 기도의 문이 열리며, 신앙이 뜨거워지며, 내 마음 가운데 하나님을 향한 사랑의 마음이 솟구칩니다. 분명한 확신이 생겨서 말씀대로 순종하게 되며 기도하지 않고는 견딜 수 없는 마음이 됩니다. 찬송이 저절로 솟구치게 됩니다. 기쁨이 넘치게 됩니다.

권능이 나타납니다. 성령의 권능으로 능력전도하게 됩니다. 하나님의 말씀인 성경 말씀을 읽고 비밀을 알게 됩니다. 초대교회 식구들이 그처럼 뜨겁게 즐거움으로 신앙생활을 했던 것은 바로 이 성령의 세례를 받았기 때문입니다. 이들은 오순절 날 마가의 다락방에서 성령의 세례를 받았던 것입니다. 그리고 성령의 불세례가 계속해서 베풀어졌던 것입니다. 초대교회와 같은 역동적인 신앙인들이 되기를 위하여 날마다 성령의 불세례를 받고 성령으로 충만해야 합니다.

첫째, 중생과 성령의 세례의 견해들: 성령 세례에 대하여 여러 견해가 많습니다. 교단마다 다릅니다. 신학자 마다 서로 주장하는 면을 요약하면 이렇습니다. 만약 저에게 구원받은 사람에게는 성령이 있습니까? 이렇게 질문을 한다면 이렇게 대답을 하겠습니다. 예! 있습니다. 성령의 도우심이 없으면 구원받을 수 있습니다. 그러면 구원받은 사람에게 성령이 영원토록 내주하십니까? 그렇습니다. 그러면 구원받은 사람에게 "성령을 받으라."고 하는 말이 성립됩니까? 말꼬투리를 잡고 굳이 말한다면 구원받은 사람에게 "성령을 받으라."는 말은 논리적으로 성립되지 않는 말입니다.

왜냐하면 그것은 마치 믿음과 동시에 이미 영접한 성령이 계신데 새로 성령을 받는다는 것은 중복되는 주장이기 때문입니다. 그러나 "성령을 받으라."는 말 대신, "성령 충만을 받으라."는 말이라면 하등의 문제가 될 것이 없습니다. 그러나 문제가 여기에서 끝나는 것은 아닙니다. 성경에 나와 있는 사도행전의 여러 말씀을 보면 "믿는다는 것"과 "성령을 받는다."라는 것이 같이 취급되지 않고, 구분되어 취급되고 있음을 볼 수 있기 때문입니다(엡 19:2). 그래서 이제 아쉽지만 첨예한 논쟁거리로 들어가 보도록 합시다. 웨슬리안 알미니안주의 교회들(감리교, 성결교, 오순절교), 그중에서 특히 오순절 순복음 교회에서는 성령을 받는 것, 혹은 성령이 임하는 것을 "성령세례"를 받는 것으로 중시합니다.

그리고 오순절교회에서는 성령세례 받은 증거가 필수적으로 방언이라고 주장합니다. 이것이 장로교회와 순복음교회의 대표적인 차이 중의 하나입니다. 과연 "성령세례"가 있습니까? 그리고 "성령세례"는 구원과 관계가 있습니까? "성령세례"의 시점은 언제입니까? 구원받은 자도 "성령세례"를 받아야 합니까? 이 문제는 아직도 결론이 나지 않는 문제입니다. 장로교단도 성령세례란 용어를 인정합니다. 그러나 순복음 교회에서 말하는 성령세례의 의미가 다릅니다.

간단히 말하면 장로교에서는 성령세례의 순간을 "성도가 믿을 때"로 규정합니다. 그러나 순복음교회에서는 성령 세례의 순간을 "방언을 할 때"로 규정합니다. 무슨 말입니까? 그러면 장로교회의 입장에서는 성령세례가 성도의 구원과 관련이 있다고 주장한다는 말입니다. 반면에 순복음교회의 입장에서는 성령세례가 이미 구원받은 자에게 주어지는 것으로써 능력과 관련이 있다고 봅니다.

그러므로 장로교회에서는 성령으로 거듭나서 구원받은 자는 예수님을 믿을 때 성령 세례를 받았기 때문에 또 다시 성령세례를 받아야 한다는 것을 인정하지 않고 내주하는 성령의 활동에 의한 "성령 충만"만을 인정합니다. 그러나 순복음교회에서는 믿음으로 구원받고 성령의 내주하는 자에게도 성령세례가 필요하다고 생각합니다. 그래서 성령세례가 있어야 능력 있는 삶을 산다고 생각하기 때문입니다.

이 두 가지 의견은 참으로 어느 의견이 옳은지 밝히기 난감합니다. 요한복음에 주로 나타나는 "믿는 자에게 주어지는 성령의 내주"에 관한 원리적 말씀을 토대로 하면 장로교회가 맞습니다. 그러나 사도행전에 주로 나타나는 "믿는 자에게 일지라도 주어지는 성령의 역사하심"에 관한 현상적 말씀을 토대로 하면 순복음교회가 맞습니다. 이 두 가지 이론을 명쾌하게 구분하지 못하고 애매하게 혼합된 사상을 수용하는 목사님들과 신학자들이 많습니다.

그러나 성령세례의 필수적인 증거가 꼭 "방언이다." 라고 말하는 입장에는 조금 의문이 듭니다. 1900년대 초에 미국 성결교단에서 오순절교단이 갈라져 나올 때 "성령세례"의 증거로 방언을 내세우고 그것이 오순절교단의 기본적 사상이 되었습니다. 그러나 저의 개인적인 입장에서는 "성령세례"를 인정한다면 그 외적인 증거가 꼭 방언이라고 단정할 수는 없다고 봅니다. 이런 의견은 최근에 오순절교단 내에서도 많이 등장하는 의견입니다. 오순절 교회에서 이런 주장을 하는 사람들을 신학적으로 "신오순절주의자"라고 합니다. 그리고 한편으로 한국의 많은 장로교 목사님들도 이제는 "성령세례" 및 "방언"을 인정하는 분이 많이 있음을 볼 때, 겸손하게 서로의 의견과 신앙을 존중해주는 자세는 참으로 아름답게 보여 집니다.

1) 중생과 성령세례를 단계적으로 구분하는 견해(오순절 계통)

① 중생한 자가 그 다음 단계로 성령세례를 받는 것이 권능이다(R. A. 토레이 저, 성령론 143p). ② 중생한 자가 그 다음 단계로 성령세례를 받게 되는데 그 결과는 방언이다(박정근 저, 오순절교리변증 164p). ③ 중생한 자가 다음 단계로 성령세례를 받게 되는데 그 결과는 죄와 심판에 대하여 아는 것이다(김성환 저, 평신도를 위한 칼빈주의 해설 152p).

2) 중생(예수를 믿는 것)을 성령세례로 보는 견해(개혁주의:장로교)

① 성령세례는 기독교적 기초경험이다(존 스타트 저, 성령세례와 충만 21p). ② 믿음으로 거듭나는 것이 성령세례이다(이상근 저, 요한복음 주석 268p). ③ 사람이 성령으로 말미암아 중생할 때에 그리스도와 연합하게 되는데 이것이 곧 성령세례이다(박윤선 저, 사도행전 주해 25p). ④ 그리스도의 대속을 믿는 마음이 있으면 이것이 곧 성령세례를 받은 증거이다(정규오 저, 사도행전해설 164P). ⑤ 신자는 중생과 더불어 그리스도의 지체가 되어 지는데 이것이 곧 성령세례이다(레만 스트라우스 저, 성령론 135P).

3) 중생(예수를 믿는 것)과 성령 세례를 구분하는 견해

독일의 오순절 지도자인 Paul Rabe는 1955년 오순절 세계 대회에서 말하기를 "거듭난다는 것은 우리 자신이 구원을 얻는 것이고 성령으로 세례를 받는 다는 것은 다른 사람을 구원하기 위하여 능력을 받는 것이며, 거듭남으로써 우리가 하나님의 자녀가 되지만, 성령으로 세례를 받음으로써 우리는 그리스도의 군인들이 된다." 고 하였습니다.

로이드 존스는 믿는 것과 성령 세례 받는 것 사이에는 분명한 구분선이 있다고 말하며 믿은 일이 먼저이고, 믿은 즉시 성령 세례를 받는 일은 필연적으로 동시에 일어나지 않는다고 말합니다. 즉, 예수를 구주로 믿고 예배당에 나와서 설교 말씀을 듣고 기도하여 마음이 열리고 영이 깨닫게 될 때 성령 세례가 임한다는 것입니다. 필자도 20년이 넘도록 성령사역을 하며 임상적으로 체험하고 얻은 개인적인 결론은 Paul Rabe와 로이드 존스의 견해가 일리가 있다고 생각합니다.

둘째, 방언과 성령 세례의 관계: 성령의 세례에 대하여 한 가지 추가해서 설명을 합니다. 오순절 계통에서 성령 세례의 증거로서 방언은사를 받아야 한다고 합니다. 물론 성령의 세례를 받으면 방언기도가 터져 나오게 됩니다. 그런데 방언기도를 한다고 모두 성령의 세례를 받은 것이 아니라는 것입니다. 예를 들어서 설명하면 이렇습니다.

성령은 초자연적으로 역사하는 하나님의 영이시기 때문에 성령 세례를 받으면 자신이 감각적으로 알 수가 있습니다. 그러나 방언기도를 하시는 모든 분들이 성령의 세례를 받지 않았다는 표현은 아닙니다. 반면에 방언기도를 하지 못한다고 성령 세례를 받지 못했다고 단정 지을 수도 없습니다.

내가 지난 세월동안 성령사역을 하면서 체험한 바로는 성령의 세례를 받았지만 방언기도를 못하는 사람도 많이 있습니다. 방언은 성령의 은사이기 때문입니다. 저는 방언과 성령의 세례의 관계성은 좀 더 깊이 체험하고 연구를 해보아야 한다고 생각을 합니다. 방언을 하는 사람이 모두 성령의 세례를 받았다고 단정 지을 수 없다는 개인적인 견해입니다.

셋째, 필자가 체험한 성령의 세례란. 일반적으로 성령세례는 두 가지 의미로 쓰인다고 봅니다. 첫째가 성령의 내주하심입니다. 우리가 예수님을 믿게 되면 성령께서 우리 안에 들어오셔서 우리와 함께 동행하시게 되는데 이것을 성령이 내주하심이라고 합니다. 또한 이것은 성령 세례입니다. 바로 우리가 예수님을 믿고 하나님의 자녀가 됨으로 말미암아 성령과 연합되는 것입니다. 성령으로 거듭난다는 뜻이 바로 우리가 예수님을 믿음으로 하나님의 자녀가 되는 사건을 의미하는 것입니다. 이런 경우 성령세례란 우리의 일생에 딱 한번 있는 단회적인 사건이 되는 것입니다.

두 번째가 우리가 예수님을 믿고 나서 특별한 경험을 하는 경우입니다. 성령의 특별한 역사로 말미암아 뼛속까지 회개하는 경험도 하게 됩니다. 방언을 받게 되는 경우도 있고 성령과 친밀한 교제를 하게 되는 경우도 있습니다. 하늘의 권능을 받는 것입니다. 권능 있는 삶을 살아가는 계기가 됩니다. 이런 경험을 성령세례라고 칭하는 경우도 있습니다. 이런 경우 성령세례란 우리의 일생에 한번 체험할 수 있는 사건이 될 수 있습니다. 성령의 세례를 체험하고 나면 성령에 강하게 사로잡힐 때마다 성령의 불의 역사를 체험하게 된다는 뜻입니다.

바울 사도가 한 번은 에베소 교회를 방문했습니다. 교인들에게 바울이 "너희가 믿을 때에 성령을 받았느냐 가로되 아니라 우리는 성령이 있음도 듣지 못하였노라 그러면 너희가 무슨 세례를 받았느냐 대답하되 요한의 세례로라"(행 19:2-3)고 했습니다. 이때에 "바울이 그들을 안수하매 성령이 그들에게 임하시므로 방언하고 예언도 하니 모두 열 두 사람쯤 되니라"(행 19:6)라고 해서 성령 세례의 필요성을 알게 된 것입니다.

하나님은 성령의 세례를 체험하게 하고 단련하여 하나님 마음에 합한 자를 하나님의 일에 사용하십니다. 베드로의 경우를 예로 들어봅니다. 고기를 잡는 어부였던 베드로가 예수님의 부르심으로 그물을 버리고 주님을 따랐습니다. 주님을 따라 다니면서 문둥이를 치유하고, 죽은 자를 살리고, 오병 이어의 기적을 일으키고, 귀신을 쫓아내는 이적과 기적을 보면서 3년 동안 주님을 따랐습니다. 베드로가 이렇게 주님의 능력을 인정하고 주님을 따르면서 3년 동안 훈련을 받았지만 믿었던 주님이 십자가에 죽게 되자 세 번씩이나 주님을 모른다고 부인한 겁쟁이입니다. 왜 그렇습니까? 성령으로 세례를 받지 못해서 그런 것 아니겠습니까? 성령의 세례를 체험하지 못하고 인도받지 못하니 아직 육신적인 믿음의 수준을 넘지 못한 증거입니다.

그러던 베드로가 마가의 다락방에서 120 문도와 함께 기도하다가 성령으로 세례를 받고 완전히 사람이 변했습니다. 육신적인 사람이 초자연적인 성령의 사람으로 변화되었습니다. 성령이 베드로를 장악한 것입니다. 그러자 성령의 언어를 합니다. 어떻게 변화되었습니까? 초자연적인 성령의 사람이 됩니다. 베드로는 오순절 마가의 다락방에서 완전히 변화되어 성령 충만한 사도로 능력의 삶을 보여 주기 시작하였습니다. 귀신이 떠나가고, 병자가 고쳐지고, 죽은자가 살아났습니다. 베드로가 전하는 말씀에 감동 받아 하루에 3천명이 예수님 믿고 구원받는 역사가 나타났던 것입니다.

놀라운 일이 아닐 수 없습니다. 우리도 성령의 세례를 체험하고 성령의 인도 하에 하나님의 훈련을 순종하므로 받으면 우리에게도 베드로와 같은 역사가 나타날 수 있다고 확신합니다. 성령으로 세례를 받으시기를 바랍니다. 성령체험이라는 것은 내가 하나님의 역사하심을 몸으로 마음으로 눈으로 느끼게 된다는 뜻입니다. 성령의 세례를 받음으로 비로소 성령의 인도를 받을 수가 있습니다. 그리하여 성령으로 깊은 영의 기도를 할 수 있게 되는 것입니다.

성령으로 깊은 영의기도를 하므로 성령의 불이 임하고, 심령에서 성령의 불이 올라오는 영의 기도를 할 수 있는 것입니다. 성령의 세례는 성령의 불로 사로잡히는 것이기 때문입니다. 우리가 성령의 세례를 체험하려면 사모해야 합니다. 하나님은 사모하는 영혼에게 만족함을 주십니다. 성령의 세례도 사모해야 받는 것입니다. 성령의 세례가 임하는 예배당에서 성령세례를 사모하고 뜨겁게 기도하면서 성령의 세례가 올 때까지 구하면서 기다려야 합니다. 주여! 주여! 하면서 마음을 열고 기도해야 합니다.

성령으로 세례를 받아야 그때부터 성도가 영적으로 변하기 시작합니다. 왜냐하면 성령의 세례를 받으면 비로소 육이 영의 지배를 받기 시작하기 때문입니다. 육이 영의 지배를 받아야 비로소 영적인 사람으로 변하기 시작하는 것입니다. 성령으로 세례를 받지 않으면 육은 여전이 세상신이 장악하고 있으므로 예수를 삼십 년을 믿어도 여전이 육의 지배를 받는 것입니다. 하나님의 말씀을 들어도 비밀을 깨닫지를 못하는 고로 육의 사람의 특성인 합리를 가지고 받아들이니 기적을 체험하지 못하는 것입니다. 왜냐하면 영의 능력은 약하고 육의 능력은 강하기 때문입니다.

필자는 성도라면 모두가 예수를 영접하고 성령으로 세례를 받아야 한다고 강조합니다. 제가 말하는 성령의 세례는 성령의 내주하심이 아니라, 성령이 전인격을 장악하는 성령 폭발을 말하는 것입니다. 내주하신 성령이 폭발하여 성도의 전인격을 장악해야 육이 치유되어 영의 지배를 받는 영의 사람으로 변하는 것입니다. 성령이 전인격을 장악해야 비로소 육체에 역사하던 세상신이 떠나가기 시작하기 때문입니다.

이는 성도에 따라 성령께서 장악하는데 시간이 다르게 걸립니다. 그래서 하나님은 "항상 기뻐하라! 쉬지 말고 기도하라! 범사에 감사하라! 이것이 그리스도 예수 안에서 너희를 향하신 하나님의 뜻이니라"(살전5:16-18). 하시는 것입니다. 전폭적으로 성령의 인도를 받으며 맡기는 성도는 빨리 변화가 되고, 그렇지 못한 성도는 변화되는데 시간이 더 걸릴 것입니다.

성도가 성령으로 빨리 장악이 되면 그 만큼 연단의 기간도 짧아지는 것입니다. 하나님은 성도가 성령으로 전인격이 장악이 되어 하나님이 원하시는 수준이 되어야 성도에게 배당된 하나님의 복을 풀어주시는 것입니다. 그러므로 성도는 부단하게 성령으로 세례를 받고 전인격이 성령의 지배를 받으려고 의지적인 노력을 해야 합니다. 자신의 생각이나 의지를 내려놓고 전폭적으로 성령의 인도하심을 따르면 좀 더 빨리 하나님이 원하시는 영적인 수준에 도달할 수가 있는 것입니다.

성령의 세례는 성도에게 와있는 영육간의 문제를 치유하는데도 지대한 영향을 미치게 됩니다. 성령으로 세례를 받지 않으면 치유가 되지 않습니다. 육체에 역사하는 세상신의 힘이 강하기 때문에 좀처럼 치유가 되지 않습니다. 그러다가 성령으로 세례를 받고 뜨겁게 기도하기 시작을 하면 육체가 성령의 지배를 받게 됨으로 치유가 되기 시작을 하는 것입니다. 그러므로 성도가 당하는 영육의 문제를 치유 받으려면 최우선으로 체험해야하는 것이 성령의 세례입니다. 성령의 세례가 없이는 아무리 능력이 강한 사역자라도 치유를 할 수가 없습니다. 치유는 성령께서 하시기 때문입니다.

하나님은 영이십니다. 영육의 문제는 영이신 하나님이 치유하시는 것입니다. 하나님이 치유하시게 하려면 영적인 상태가 되어야 하는 것입니다. 영적인 상태가 되려니 성령으로 세례를 받고 성령으로 기도하면서 성령님의 깊은 지배에 들어가야 합니다. 그러면 하나님의 치유의 손길이 역사하기 시작을 합니다.

하나님의 음성을 들으려고 해도 성령으로 세례를 받아야 합니다. 상처를 치유 받으려고 해도 성령으로 세례를 받아야 합니다. 귀신을 쫓아내려고 해도 성령으로 세례를 받아야 합니다. 질병을 치유 받으려고 해도 성령으로 세례를 받아야 합니다. 재정의 문제를 해결하려고 해도 성령으로 세례를 받아야 합니다. 성령의 세례가 없이는 아무것도 이루어지지 않습니다. 그러므로 성령의 세례는 모든 성도가 꼭 받아야 합니다.

한번 성령으로 세례를 받았다고 다 되는 것이 아닙니다. 지속적으로 성령 충만해야 합니다. 많은 성도들이 성령으로 세례를 받고, 방언으로 기도하면 항상 성령 충만한 줄로 생각을 합니다. 그러나 잘못된 생각입니다. 항상 성령으로 충만 하려고 의지적인 노력을 해야 합니다. 사람은 육을 가지고 있기 때문입니다.

여기서 우리가 더 알아야 할 것이 있습니다. 첫째, 성령의 세례를 이론으로 알고 스스로 성령으로 세례를 받았다고 자처하는 성도들입니다. 이런 분들이 영육으로 문제가 생겨서 치유를 받으러 옵니다. 와서 본인이 기도를 하고, 안수를 해주어도 성령의 역사가 일어나지 않습니다. 몇 주를 다니면 그때에야 반응이 있기 시작합니다. 왜냐하면 자기만의 자아가 있어서 영적인 말씀이 귀에 들리지 않기 때문입니다.

두 번째는 몇 년 전에 성령을 체험했다고 자랑하는 성도들입니다. 얼마 전에 여 집사가 2년 전에 성령을 체험했다고 하면서 치유와 능력을 받으러 왔습니다. 2일을 기도하고 안수를 하니까, 성령의 역사가 일어나 몸이 뒤틀리고 괴성을 지르는 것입니다. 한참을 안수하니 성령이 장악을 했습니다. 귀신들이 소리를 지르면서 떠나갔습니다. 지금 교회에는 몇 년 전에 성령을 체험했다고 안심하고 지내는 성도들이 있습니다.

　이런 분들이 열심히 믿음 생활을 하면서도 여러 가지 문제로 고통을 당합니다. 왜냐하면 자기에게 역사하는 상처와 악한 영의 역사로 일어나는 것입니다. 그러므로 한번 성령 체험했다고 다 된 것이 아니라, 성령으로 세례를 받고 지속적으로 성령으로 기도하고 찬양하고 예배를 드리면서 성령의 불을 받아야 합니다. 성령의 불을 자신 안에서 받으면서 성령으로 깊은 영의기도를 하여 심령을 정화시켜야 합니다. 성령의 불을 자신 안에서 받는 수준이 되어야 자신 안에 상처와 스트레스를 정화하며 걸어 다니는 성전으로 살아갈 수가 있습니다. 그래야 깊은 영성이 되어 하나님과 교통하는 기도를 할 수가 있습니다. 한번 성령을 체험했다고 자랑삼아 말하는 분들 자기 관리에 신경을 써야 할 것입니다. 우리가 육체가 있기 때문에 영성에 꾸준하게 관심을 가져야 합니다. 한번 체험했다고 멈추면 얼마 있지 않아 육으로 돌아갑니다. 성령충만은 한번으로 끝나는 것이 아니고, 영원한 천국에 들어갈 때까지 성령으로 충만해야 합니다.

13장 성령세례 받을 때 체험되는 실상

(마 28:19-20)"그러므로 너희는 가서 모든 민족을 제자로 삼아 아버지와 아들과 성령의 이름으로 세례를 베풀고 (20) 내가 너희에게 분부한 모든 것을 가르쳐 지키게 하라 볼지어다 내가 세상 끝날까지 너희와 항상 함께 있으리라 하시니라."

성령은 보이지 않지만 살아계신 분입니다. 성령세례를 받게 되면 이해하지 못할 현상을 온몸으로 체험하게 됩니다. 필자가 얼마 전에 한동안 베스트셀러가 되었던 한 책을 읽었습니다. 그 책에 보니까 나름대로 성령이 충만한 교회에 이십년 이상을 다녀 나름대로 베테랑이라고 자부하는 분의 간증이 기록되어있었습니다. 그런데 책에 주인공으로 나오는 분에게 기도를 받았는데 머리가 어지러웠다는 것입니다. 집에 돌아가서도 힘이 없고 머리가 어지러워 한동안 힘이 들었다고 했습니다. 그뿐만 아니라 자신의 부인은 이유모를 현상으로 밤에 춥고 한기가 나서 잠을 제대로 자지를 못했으며 땀이 흘러서 이부자리가 다 젖을 정도가 되었다고 했습니다. 이는 이유모를 현상이 아니고 성령의 세례를 받을 때 일어나는 현상입니다. 성령의 임재로 자신의 안에서 성령과 악령의 대립으로 나타나는 현상으로 춥고 떨리는 현상이 장기간 나타 날수가 있습니다. 생전 처음 이런 현상을 체험하니 이유모를 현상이라고 표현한 것입니다. 제가 이 책의 간증을 읽고 걱정이 되었습니다. 나름대로 성령이 충만한 교회를 이십년 이상을 다녔다는 분이 그때까지 성령의 세례를 체험하지를 못했다는 것입니다. 성령의 세례는 성령의 역사가 있다는 교회 이십년을 다녀도 체험하지 못할 수도 있습니다. 왜냐하면 나는 성령이 충만한 교회에 다니니까, 성령의 세례를 받았다고 자기 나름대로 판단하고 믿어버리기 때문입니다. 이렇게 자기 나름대로 성령을 체험했다고 단정하기 때문에 이십년을 다녀도 살아있는 성령의 역사를 체험하지 못한 것입니다. 성령의 세례를 받으면 자신이 지금까지 느끼지 못한 여러 가지 신비한 현상이 자기 몸으로 느끼게 됩니다. 초자연적인 성령하나님이 자신을 장악했으면 이해하지 못할 이상한 현상이 나타나는 것은 당연한 것입니다.

필자도 처음 성령세례를 받을 때 아랫배가 아프고 속이 메스껍고, 머리가 어지러워서 4일 동안 금식을 할 정도로 심한 고통을 체험했습니다. 성령의 불세례가 나타나면서 그러한 현상이 점점 시들해지면서 마음 안에서 성령의 불이 나오는 것이었습니다. 그렇기 때문에 자신이 처음 성령세례 받을 때 나타났던 현상에 머물러서는 안 된다는 것입니다. 우리는 이 책을 통해서 말로만 성령의 체험을 했다고 단정하는 오류를 범하지 말기를 소원합니다.

보통 체험과 임상적인 경험 없이 막연한 자기 생각으로 성령사역이나 귀신을 축사하는 목회자가 이렇게 말합니다. "귀신은 성령으로 세례 받고 성령이 충만하면 떠나갑니다." 그런데 받아들이는 입장에서는 막연합니다. 왜냐하면 성령으로 세례를 받으려면 어찌

해야 하고, 성령이 충만한 상태가 되려면 어떻게 해야 하고, 어떤 상태가 성령으로 충만한 상태인가 도무지 이해할 수가 없습니다. 그래서 애라 모르겠다하면서 이리저리 집회하는 것을 찾아다니면서 성령세례를 받고 성령으로 충만 받으려고 합니다. 귀신에게 당하는 고통을 해결하기 위해서는 성령으로 충만해야 하기 때문입니다. 솔직하게 필자도 3-4년 전에는 이런 막연한 소리를 하면서 사역을 한 것 같습니다. "성령으로 충만 받아야 귀신이 떠나갑니다." 라고 말입니다.

이제야 깨닫고 보니까, 성령으로 세례를 받는 것과 성령으로 충만 받는 것이 그리 간단하지 않다는 것입니다. 말은 쉽습니다. "귀신은 성령으로 세례 받고 성령이 충만하면 떠나갑니다." 그런데 실제적인 성령세례와 성령 충만이 그렇게 말과 같이 쉽지 않다는 것입니다. 무조건 교회예배당에서 살다시피 하면서 기도한다고 성령세례를 받고 성령으로 충만 받는 것이 아닙니다. 성령은 3위 하나님이십니다. 말이 아니고 살아계시면서 초자연적으로 역사하시는 하나님이십니다. 영이시라 보이지 않지만 살아계시는 분입니다. 성령님이 어떻게 역사하시느냐 입니다. 어느 교회에서 체험 없는 목회자가 알려주는 것과 같이 손이 발이 되도록 기도하면 하늘에서 성령님이 임하시는 가입니다. 손바닥을 위로 펴고 불을 받으려고 해야 받을 수 있을 까요. 산에 올라가서 철야하며 애걸복걸하며 오래기도하면 성령으로 세례 받고 성령으로 충만 받을 수 있을 까요. 그래서 성령으로 세례를 받고 성령으로 충만을 받으려면 어떻게 해야 하는 지를 먼저 알아야 합니다.

지금 성령님은 하늘에서 임하시지 않습니다. 하늘에서 임한 것은 사도행전 2장 1-4절에서 끝이 났습니다. 그래서 어느 인간적인 목사님들이 말하는 것과 같이 하늘에서 임하는 성령으로 세례 받고 충만 받으려고 입을 벌리고 아무리 철야하며 열심 있게 기도해도 성령은 임하시지 않습니다. 분명하게 지금은 그때(사도행전 2장 1-4절) 하늘에서 임하는 성령으로 세례를 받은 사람을 통해서 전이가 됩니다. 조금 이해하기 쉽지 않을 것입니다. 사도행전 2장 1-4절에서 성령세례 받은 사람들에게 역사하시는 살아계신 성령님이 성령을 사모하고 안수 받고 기도한 사람들을 통하여 지금까지 쭉 전파 전이되었다는 것입니다. 쉽게 설명하면 성령세례를 받아 성령의 지배와 장악과 성령으로 충만한 목회자를 통하여 살아계시며 초자연적인 5차원의 성령께서 전이된다는 것입니다. 그러므로 성령으로 세례를 받고 성령으로 충만 받으려면 성령세례를 받아 성령의 지배와 장악과 성령으로 충만한 목회자를 찾아가야 합니다. 분명하게 지금은 성령님은 성령으로 충만한 사람을 통해 역사하시기 때문입니다. 성령님은 살아계시지만 하늘에서 임하시지 않고 성령으로 세례를 받고 성령으로 충만 받아 성령의 지배와 장악이 되어 성령의 인도를 받는 사람을 통하여 전이가 됩니다. 성경은 "너희는 너희가 하나님의 성전인 것과 하나님의 성령이 너희 안에 계시는 것을 알지 못하느냐"(고전 3:16). 분명하게 성령님은 사람을 통하여 역사하시고 전이됩니다. 성령세례를 받으시려면 성령으로 세례 받고 성령의 지배와 장악이 되어 성령의 인도를 받는 사람이 인도하는 교회나 기도원이나 치유센터에 가셔야 빨리 성령 세례를 받고 성령으로 충만을 받을 수가 있는 것입니다. 고집부리지 말고 따지지 말고 사람 말에 미혹당하지 말고 순수하게 순종해야 빨리 성령으로 세례를 받고 성령으로 충만 받으면서 성령의 역사로 귀신들을 몰아낼 수가 있습니다.

그러면 성령으로 세례를 받을 때 어떠한 현상이 일어나고 온몸으로 느끼고 체험하느냐 입니다. 분명하게 성령님은 살아계신 초자연적인 하나님이시기 때문에 성령님이 자신을 점령하여 세례를 베풀 때 온몸으로 느낄 수 있는 가시적인 현상이 일어납니다. 어느 목회자들이 말하는 대로 "자 오늘 우리 모두 성령으로 세례를 받았습니다. 하나님께 영광 돌립니다." 하며 박수쳤다고 성령으로 세례를 받은 것이 아니라는 것입니다. 성령이 임재 하여 역사하기 시작하면 여러 가지 이해 할 수 없는 살아계신 초자연적인 현상이 우리 충만한교회 집회 예배 때에 일어납니다. 손발을 움 추리면서 바다에 사는 게 발처럼 되거나 얼굴을 찌푸리며 몸이 경직되는 현상이 나타납니다. 이는 특정한 죄를 해결하게 되는 경우입니다. 몸이 뒤틀리거나, 호흡이 가빠지거나 빨라지기도 합니다. 슬픔이 솟구치며 울음이 터집니다. 가슴을 찌르는 아픔, 위장이나 아랫배 부근에서 뭉치가 움직이고, 큰소리가 터지고, 가슴이 답답해지고 기침을 합니다. 하품이나 트림이 나오고, 심한 구토현상, 멀미하는 것처럼 속이 울렁거리며 토할 것 같은 현상이 일어나기도 합니다. 몸 안에서 무엇인가 빠져나가는 느낌이 생깁니다. 이는 귀신이 떠나가는 경우와 상처가 치유되는 현상이기도 합니다. 때로는 사람들에게 마음과 몸이 술에 취했을 때와 같이 몸이 흔들리는 현상이 일어나기도 합니다. 그래서 의자에 앉아 있지 못하고 의자에서 내려와 드러눕기도 합니다. 이런 술 취함을 체험한 후에 몸이 가벼워져서 걸음걸이가 비틀거리며 말까지 더듬게 되는 경우도 있습니다. 그리고 말로 표현할 수 없는 환희를 체험했다고 간증하기도 합니다.

또 다른 현상으로는 성령님이 임재 하여 전인격을 장악하시면 쓰러지는 현상이 나타날 때가 많습니다. 이는 성령 안에서 육신의 이성적 기능이 잠깐 동안 멈추는 현상입니다. 그래서 세상말로 입신에 들어가서 여러 가지 신비한 것들을 체험하는 분들도 많습니다. 환상을 보고 예수님을 만나서 말로 표현 할 수 없는 이야기를 듣기도 합니다. 어떤 경우에는 하나님을 찬송하기를 몇 시간이나 쉬지 않고 계속하는 현상이 나타나기도 합니다. 어느 분은 잠을 자다가도 찬양을 했다는 간증을 하기도 합니다. 성령의 임재로 방언이 터지기도 합니다. 많은 분들이 방언통역의 은사가 같이 임하기도 합니다. 지금까지 설명한 것은 분명하게 나타나는 현상이지만 그런데 미세하게 나타나는 현상도 있습니다. 그래서 우리가 성령께서 임하심을 영으로 깨닫지 못한 채 지나치게 되는 경우도 있습니다. 즉 몸이나, 눈까풀의 미세한 떨림, 깊은 호흡, 약간의 땀 흘림, 가슴이 울렁거리는 증상이 있습니다. 커피를 많이 마신 것과 같은 현상이 나타나기도 합니다. 때로는 가슴이 짓눌리는 것 같은 기분이 들거나 공기가 답답하게 느껴지기도 합니다. 그래서 답답하다고 밖으로 나가자고 하는 경우도 있습니다. 필자가 체험한 바로는 마음의 상처의 정도에 따라 온몸으로 일어나는 현상이 다르더라는 것입니다. 집중치유 온몸기도를 많이 하여 상처가 치유되면 될수록 온몸으로 나타나는 현상이 잠잠해지는 것이 보통입니다. 실로 성령의 역사는 다양합니다. 그러므로 성령 사역자는 그때그때 성령의 임하심을 감지하여 성령 집회를 성령님이 진행시도록 이끌어가야 합니다. 밝히 알고 대처해야 하는 것은 위와 같이 한번 성령세례를 체험했다고 바로 성령으로 충만 받는 것이 아니더라는 것입니다. 많은 분들이 속기 쉬운 것입니다. 부흥회 때 위와 같은 현상을 체험했다고 다된 것으로 믿어버리고 자랑하고 다니는 성도들이 많습니다. 이는 절대로 오해한 것입니다. 지속적으로 성령 안에서 기도를 해야 합니다. 기도를 하면 할수록 성령께서 장악을 하십니다. 장악을 하시면 할수록 자신 안에서 최초 성령으로 세례를 받을 때 일어나던 현상이 현저하게 약해집니다. 이는 성령님이 자신을 장악하시고 지배하시어 살아계신 하나님의 성전, 하나님의 나라가 되어간다는 증거입니다.

우리 충만한교회와 같이 월화금토요일 집중치유기도를 계속적으로 하니까, 성령님이 자신의 전인격을 온전하게 지배하시고 장악하시게 됩니다. 계속적으로 온몸기도를 하니까, 살아계신 하나님의 성전이 됩니다. 살아계신 하나님의 성전이 되면 될수록 자신을 지금까지 괴롭히던 귀신들이 항복하고 떠나가는 것입니다. 그래서 우리 충만한교회 성도님들이 잘 아시다 시피 주 2일 이상 나오셔서 집중치유기도를 하니까, 자신을 괴롭게 하던 불치의 질병들이 하나둘씩 없어지는 것을 체험하게 되는 것입니다. 그래서 "귀신은 성령으로 세례 받고 성령이 충만하면 떠나갑니다."라고 말한다고 떠나가는 것이 절대로 아닙니다. 성령님은 말이 아니고 살아서 역사하시는 초자연적인 하나님이시기 때문에 자신을 점령하고 지배하고 충만하게 채워야 그때 귀신들이 떠나간다는 것입니다. 성령으로 충만하다는 것을 바르게 정확하게 깨닫고 행해야 합니다. 성령으로 충만하다는 것은 살아계신 성령하나님께서 자신을 차고 넘치게 채우시고 장악하시고 지배하시고 인도하시는 것을 말하는 것입니다. 더 쉽게 설명한다면 자신이 죽어 없어지고 성령님이 주인이 되셔야 한다는 것입니다.

충만한교회와 같이 월화금토요일 집중치유기도를 오래 계속적으로 하니까, 성령님이 자신의 전인격을 온전하게 지배하시고 장악하시니 성령으로 충만해지니 귀신들이 하나둘씩 떠나가는 것입니다. 필자도 잠간잠간 기도하면 성령으로 충만하여 귀신들이 떠나가는 줄로 착각을 한 것입니다. 그러다가 코로나19로 예배당에서 예배를 제대로 드리지 못하고 기도를 제대로 하지 못하니 성도님들 안에 숨어있던 존재들이 고개를 들고 일어나 어떤 분은 정신적인 문제로, 어떤 분은 심장병으로, 어떤 분은 고혈압으로, 어떤 분은 당뇨병으로, 어떤 분은 심장 부정맥으로, 어떤 분은 뼈관절 질병으로, 어떤 분은 불면증으로, 어떤 분은 가정의 문제로 고통을 당하시는 것입니다. 필자가 고민이 되어 하나님께 기도를 오래하니 집중치유 온몸기도를 많이 하라는 감동을 주시어 순종하고 진행했더니 응급실을 갈 정도로 심하던 질병들이 서서히 치유가 되어 정상적인 삶을 살아가게 된 것입니다. 아주 오래된 묵은 병들이 치유가 되더라는 것입니다. 주 2일 이상 참석하여 기도한 분들이 좀 더 빨리 완치가 되었습니다. 성령으로 충만하니 살아계신 하나님의 성전이 되니 온몸 속에 숨어있던 독소와 귀신들이 떠나간 것입니다. 성령 충만하려면 혼자 기도해서는 하나님께서 원하시는 수준에 도달할 수가 없고 전문적인 목회자의 지도를 받으면서 기도해야 빨리 성령으로 충만할 수가 있습니다.

첫째, 바람같이 나타나는 성령의 세례. 우리 마음과 심령에 솔솔 부는 바람처럼 조용하게 감동을 느끼는 경우도 있지만 죄가 많이 있는 곳에 은혜가 넘칩니다. 성령의 역사가 일어나면 사람의 상식으로 이해할 수없는 별별 역사가 다 일어납니다. 성령의 세례가 임할 때 손발을 움 추리면서 바다에 사는 게 발처럼 되거나 얼굴을 찌푸리며 몸이 경직되는 현상이 일어납니다. 이는 특정한 죄를 해결하게 되는 경우입니다. 귀신이 떠나가는 경우에도 이와 같은 현상이 나타납니다. 그래서 크게 죄를 회개하게 되면 폭풍과 같은 진동이 우리 육신에 오게 되는 경우도 있습니다. 폭풍과 같이 비유되는 성령의 사역은 여러 가지 형태로 요란스럽기 짝이 없는 경우도 있습니다. 이러할 때에는 성령의 역사가 강하게 일어나는 경우로서, 귀신의 발작인 경우도 있습니다. 그리고 우리들에게 억압되었던 잠재의식의 발로 현상인 경우가 많은 것입니다. 성령의 능력이 임하면 귀신들이 발작하거나 잠복되었던 억압 의식이 표면으로 드러나는 여러 가지 현상을 보고, 사역자의 사역이 성령에 의한 사역이 아니라고 하는 경우도 있습니다. 또 귀신이 발작하거나 역사 하는 현상을 보고 성령의 역사라고 잘못 판단하는 경우도 있습니다. 그래서 영안을 열어서 분별력을 길러야 합니다.

그리고 무조건 강한 역사가 일어난다고 성령의 역사가 강하다고 하는 것도 잘못된 분별력이 될 수가 있습니다. 제가 지난 세월동안 성령의 역사와 악한 영의 역사를 체험하고 제 나름대로 정의 한 것은 성령의 강한 역사가 일어나면 악한영의 역사는 약하게 일어납니다. 왜냐하면 악한 영은 성령의 강한 역사에 의하여 떠나가야 하기 때문에 어찌하든지 미혹하여 숨어 있으려고 자신의 정체를 폭로하지 않기 때문입니다. 그러나 성령의 역사가 약하게 일어나 견딜만하면 자기가 장악하고 있는 사람이 의지를 발휘하지 못하도록 강하게 역사하는 것입니다. 이러니 분별력과 성령역사의 체험이 있어야 한다는 것입니다. 우리 영안을 열고 분별력을 길러서 바르게 분별하여 속아 넘어가지 마시기를 바랍니다.

예를 들어 동물의 울부짖는 소리나 깔깔 웃는 소리나 귀신이 발작하는 현상들에 대하여 귀신이 나타나서 하는 현상인지, 성령이 나타나는 현상인지, 분별하지 못하는 경우가 있습니다. 그래서 이러한 현상 자체를 무조건 성령의 사역이라고 판단하여 실수하거나 잘못 주장하는 경우가 있을 수 있습니다. 이러한 경우에는 성령의 역사에 의하여 잠복하고 있던 귀신이 성령의 역사에 견디지 못하고 자기의 정체를 폭로하며 발작하는 현상일 수가 있습니다. 또 억압되었던 잠재의식이 표출되어지는 현상일 수도 있는 것입니다. 이는 성령사역을 경험하여 분별해야 할 것입니다.

그러나 이러한 현상을 무조건 성령의 사역이 아니라고 하는 것도 성령 사역에 대한 편견을 가졌거나 성령의 사역을 이해하지 못한 결과에서 유래합니다. 이것은 어디까지나 성령사역의 결과로 나타나는 현상에 대하여 일괄적으로 성령의 사역이 아니라고 하는 것은 잘못된 것입니다. 사탄이나 귀신의 역사가 외부에서 침입되는 것으로만 알고 있는 그릇된 편견이나 귀신이나 사탄이 그리스도인에게는 없다는 영적 무지에서 그런 것입니다.

사탄과 귀신이 역사 하는 곳은 외부에서 침입하는 경우도 있습니다. 그러나 주로 태아 때부터 들어와 오랫동안 잠복되어 있다가 성령의 강한 역사로 더 이상 자신을 숨기지 못하고 표면의식으로 정체를 드러내는 현상일 수도 있습니다. 제가 지금까지 성령사역을 하다가 임상적으로 경험한 바로는 태아 때부터 사람에게 들어와 잠복하고 있는 귀신들도 있었다는 것입니다. 뿐만 아니라 우리들에게 억압되어 있던 잠재의식의 웃음이 터져 나오는 경우와 슬픔이 터져 나오는 경우도 있는 것입니다.

그러므로 성령의 역사를 이렇다 저렇다 말로 표현하는 것은 한계가 있는 것입니다. 그 때 그 때 성령께서 알려주시는 지식의 말씀과 지혜의 말씀으로 알아내서 대처해야 합니다. 그래서 성령사역은 실제로 많은 체험이 필요한 것입니다.

둘째, 불과 같이 역사하는 성령세례. 능력자들이 대개 불을 받았다는 표현을 사용하여 성령 사역의 능력은 마치 불을 받아야만 하는 것처럼 말합니다. 그래서 모두들 불같은 뜨거운 체험을 하기를 원하다가 그렇지 않으니, 실망하는 사람들이 많습니다. 그러나 반드시 능력자가 되기 위하여 이 불 같은 성령의 체험만이 유일한 길이 아닌 것입니다. 성령의 불 받았다고 다된 것이 아니라는 것입니다. 불 같이 받아도 금방 사그라질 수 있는 것이며, 촛불 같이 시작해도 큰불이 될 수가 있는 것입니다. 또 이슬비 같이 젖어도 소낙비 같이 젖을 수가 있는 것입니다. 저는 참으로 성령 하나님에게 감사를 드립니다. 왜냐하면 성령의 각종 불의 역사를 체험하게 하셨기 때문입니다. 성령의 불의 역사는 다양합니다. 그러나 분별력을 길러야 합니다. 제가 잘 아는 목사님 한분은 어느 곳에 가서 성령의 뜨거운 불을 받았다고 합니다. 그런데 불을 받고 나서부터 머리가 깨지도록 아파서 아스피린을 한 주먹씩 먹는 다고 했습니다.

그래서 제가 그것 잘못된 현상이니 치유를 받으라고 권면 해준 일이 있습니다. 이는 성령의 역사에 의하여 자신의 내면에 잠재하여 있던 악한 영이 정체를 드러내서 그러한 현상이 일어나는 것입니다. 즉 성령과 악령의 대립의 현상으로 머리가 깨지도록 아픈 것입니다. 저는 수없는 성령의 불과 성령의 역사를 체험 했는데 이렇게 머리가 깨지도록 아픈 것이 아니고, 머리가 맑아지고 몸이 가벼워지며, 마음이 말로 표현 할 수 없이 평안 하였습니다. 만약에 성령의 불을 받고 머리가 깨지도록 아프다면 이는 치유를 받고 축귀를 해야 합니다. 축귀라는 것이 그렇게 쉽게 금방 되는 것이 아닙니다. 자신의 자아가 죽고 없어지고 성령으로 완전하게 장악되어야 귀신은 떠나가는 것입니다. 그래서 자신이 말씀과 성령으로 장악되지 않았는데 사역자의 권능으로 축귀를 했다고 해도, 자신에게 나간 귀신을 제압하거나 막아낼 권세가 없고, 내면의 쓰레기가 청소되지 않는 상태이기 때문에 귀신은 다시 돌아오게 됩니다. "더러운 귀신이 사람에게서 나갔을 때에 물 없는 곳으로 다니며 쉬기를 구하되 쉴 곳을 얻지 못하고 (44)이에 이르되 내가 나온 내 집으로 돌아가리라 하고 와 보니 그 집이 비고 청소되고 수리되었거늘 (45)이에 가서 저보다 더 악한 귀신 일곱을 데리고 들어가서 거하니 그 사람의 나중 형편이 전보다 더욱 심하게 되느니라 이악한 세대가 또한 이렇게 되리라."(마 12:43-45).

그래서 자신의 영을 지키려면 무엇보다도 옛 사람이 죽는 번제가 되어야 합니다. 자신이 죽어 없어져야 성령으로 세례를 받습니다. 자신이 자신의 영을 지킬 수 있는 능력이 있어야 나간 귀신이 다시 들어오지 못합니다. 그러므로 축귀는 자신에게서 권능의 역사가 나타나 악한 영의 역사를 막아낼 능력이 될 때까지 해야 한다고 하는 외국의 성령사역자도 있는 것입니다. 자신이 자신의 영을 지킬 수 있는 영성을 소유하도록 노력하시기를 바랍니다.

셋째, 기름같이 역사 하는 성령세례. 내적으로 젖어드는 영적 성숙함이나 능력을 표현 할 때 사용되어집니다. 때로는 사람들에게 마음과 몸이 술에 취했을 때와 같은 현상이 일어나기도 합니다. 이 현상은 하나님의 은총을 새로이 깨닫거나 그 분의 놀라운 용서를 체험하고 나면 무한한 행복감에 도취됩니다. 그래서 몸이 무거워져서 일어날 수가 없게 되어 걸음걸이가 비틀거리며 말까지 더듬게 되는 경우도 있습니다. 성령의 사역이 나타나는 현상을 획일적으로 정의한다는 것은 불가능합니다. 그 다양성이야말로 이루 말할 수 없는 것입니다. 마찬가지로 사탄의 역사도 다양합니다. 그러므로 자신의 체험만이 옳다는 주장이나 전도만이 최고다. 기도만이 최고다. 혹은 능력만이 최고다. 은사만이 최고다. 말씀만이 최고다. 봉사만이 최고다. 선교만이 최고다 하고, 한편으로만 치우치거나 고집하는 현상은 영적인 세계를 모르는 사람의 주장입니다.

고로 말씀과 성령으로 영안을 열어 영들을 분별하는 능력을 개발해야 합니다. 영분별은 갑자기 심령감찰(투시)이나 영안이 열리는 것이 아니라, 말씀 안에 기록된 여러 가지 영적인 원리와 성령과 사탄의 역사의 여러 가지 영적인 현상을 체험하고, 연단하고, 훈련으로 이해하는 것이 영분별로 연결되어집니다. 다양한 영적인 현상들을 체험하고 이해하지 못하고, 무조건 잘못된 현상으로 몰아 부치는 무지는 성령의 역사에 찬물을 끼어 얹는 결과를 초래합니다. 그리고 성도들을 영의 눈이 먼 무지한 성도로 만드는 결과를 초래합니다. 성령의 역사는 진동과 폭풍과 같은 요란한 현상이 나타나기도 하며, 인간의 상식과 이해 범위를 벗어나는 별별 이상한 사건들이 일어나는 것입니다.

많은 사람들이 이와 같이 일어나는 성령의 강력한 역사를 두려워하는 경향이 있는데, 이것은 그 사람 속에 있는 사탄이나 귀신이 이것을 싫어하도록 하는 것일 경우가 있습니다. 그런데 문제는 이러한 마음이 마치 자기가 싫어하는 것인 줄 알고 거부하여 자리를 떠나가는 사람들이 많습니다. 이런 사람은 절대로 영적으로 변할 수 없습니다. 왜냐하면 예수를 믿노라 하면서도 여전히 옛 사람의 주인인 마귀의 지배를 받고 살아가기 때문입니다. 기독교는 이런 사상을 믿는 것이 아니고, 하나님의 살아있는 말씀과 그리고 말씀대로 살아서 역사하는 성령의 역사를 믿고 체험하는 것입니다. 기독교가 다른 종교와 다른 것은 살아 계신 성령의 역사가 있기 때문입니다. 성령님은 초자연적으로 역사하시는 하나님이십니다.

우리 모두 살아서 역사하시는 성령의 역사를 체험하시며 마음 안에 있는 영을 깨우시기를 바랍니다. 부디 성령의 세례를 받으시고 성령으로 충만해짐으로 살아계신 하나님을 알고 온몸이 살아계신 하나님의 성전되고 영적인 눈을 열어 가시기를 바랍니다. 성령의 세례를 받고 성령충만하여 하나님이 원하시는 영적인 성도가 되기를 소원합니다. 제가 지금까지 성령사역을 하면서 체험한 바로는 성령의 세례를 받지 못하면 아무리 오래 동안 믿음 생활을 해도 영적으로 변하지를 않더라는 것입니다. 예수를 믿고 성령으로 세례를 받고 성령으로 충만해야 영적으로 변하게 되어 있습니다.

14장 성령세례 받으면 얻게 되는 유익

(약4:8)"하나님을 가까이 하라 그리하면 너희를 가까이
하시리라 죄인들아 손을 깨끗이 하라 두 마음을 품은 자들
아 마음을 성결케 하라."

성령세례를 받게 되면 분명하게 유익이 있게 됩니다. 초자연적
인 성령님이 자신을 점령하게 되니 질병이 치유되고 지금까지 주
인노릇을 하던 귀신들이 떠나가도 권세와 능력이 나타납니다. 우
리가 성령의 인도를 받고 하나님을 가까이 하기 위해서는 겉 사람
을 따르지 말고 속사람을 따라야 합니다. 그러기 위해서는 속사람
은 성령의 힘을 얻고 겉 사람은 성령으로 장악 당해서 죽어야 합
니다. 속사람이 성령으로 능력을 얻어야 사탄과 죄와 세상을 이길
수 있습니다. 모두 성령으로 속사람이 능력을 얻어 겉 사람이 속
사람을 따르는 귀중한 시간이 되시기를 바랍니다.

첫째, 속사람이 주인 되게 한다. 성령의 세례는 속사람이 주인
이 되도록 하는 것입니다. 영성을 깊게 하는 훈련은 말씀과 성령
으로 우리의 혼(마음)을 지배하는 사탄이나, 그 흑암의 세력들과
죄와 혈과 육의 처리를 먼저 해야 합니다. 사탄이나 그 흑암의 세
력들과 죄와 혈과 육의 처리가 능력과 영력을 나타내게 되는 길이
요, 비결입니다. 영성이 깊어지지 못하는 이유는 혼이 육의 기능

을 따르기 때문에 성령의 기름부음과 능력의 흐름이 방해되어 성령의 나타남이 없거나 소멸되는 것입니다. 혼이 영을 따르게 하는 방편이 바로 성령의 불세례를 체험하는 것입니다. 성령의 세례를 받으면 속사람이 강건하게 되어 영의 사람으로 변합니다. 이제 혼이 영을 따를 삶을 사는 성도가 되는 것입니다. (엡3:16)"그의 영광의 풍성함을 따라 그의 성령으로 말미암아 너희 속사람을 능력으로 강건하게 하시오며." 속사람(영)의 능력이 약하여, 혼에 영향력을 행사하지 못하면 혼은 성령의 인도함을 받지 아니하게 되고, 육을 따르는 삶을 살게 됩니다. 이 말의 뜻이 어떤 상태를 말하는가 하면 우리들의 생각이나, 마음이나, 의지가, 성령의 능력이나, 영향력 안에 있지 아니하는 상태를 말합니다. 즉, 혼의 기능이 인간이 본래 타고난 기능과 성품이 노출되어 활동하는 상태를 말하는데 이것이 바로 육성입니다.

인간적인 것은 그것이 아무리 고상해도 그것은 육입니다. 아무리 인자하고 고상한 성품도, 그것이 하나님의 성령으로 하지 아니한 것이면 그것은 육입니다. 평소에 혼이 영을 따르는 훈련이 되어 있지 아니하면, 우리의 혼이 육을 따르는 생활을 하게 되어, 영의 기능이 둔하여 성령이 활동하는 움직임을 느끼거나 지각하지 못하게 됩니다. 이러한 육신적인 삶의 결과는 하나님에 대하여 잠자는 자가 되고 성령을 소멸하게 됩니다. 육신적인 삶을 살지 않기 위해서 성령으로 세례를 체험하고 성령으로 충만하게 지내는 것입니다.

둘째, 전인격이 성령을 쫓아 산다. (갈5:16)"너희는 성령을 쫓아 행하라" 성령으로 세례를 체험하면 전인격이 영을 쫓아 살아가게 됩니다. 하나님께 순종하는 법을, 막연하게 말씀을 따라서 사는 것이라고 알거나 관념적으로만 알고 있어, 체험적이고 구체적으로 알지 못하는 사람은 자신이 기뻐하고 즐거워하는 바를 따라 행합니다. 일상생활은 육의 사람인, 겉 사람에 의하여 영향을 받고 있는 혼에 의하여 지배를 받으면서 삽니다. 그러므로 영의 생명이 성장할 기회를 주지 않게 되어, 영의 생명과 능력의 흐름을 지각하지 못하게 됩니다. 그래서 성도는 일상생활을 하는 중에도 영으로 하나님을 찾도록 하는 영성이 되어야 하는 것입니다.

우리 성도가 바로 알아야 할 것은 하나님께 순종하고, 성령 안에서 행하는 것은 죄를 안 짓는 것만 의미하는 것이 아닙니다. 성령 안에서 행하는 것은 타고난 자연의 생명인 자아의 활동을 정지하고, 성령께서 우리 안에서 주인으로 활동 할 수 있도록 하는 것입니다. 영(속사람)은 하나님의 법을 쫓고 혼은 육신의 법을 쫓게 됩니다. 이 육신의 법은 육신 속에 있는 죄의 법을 쫓습니다. 그러므로 마귀의 종이 되어 살아가게 되는 것입니다. 우리의 육성 뒤에는 항상 마귀가 웅크리고 있기 때문입니다.

성령을 쫓는 전자는 직관적인 느낌이요, 육성을 쫓는 후자는 논리적이고 이성적입니다. 하나는 초자연적이요, 하나는 자연적입니다. 어떤 때는 영 안에 의해서 하나님의 법을 따르고, 어떤 때는 자신의 혼에 의하여, 자연의 법칙을 따라 행합니다. 이 자연의 법칙을 따르는 이것은 자신을 위하여 행하는 것이기에 하나님이 원하시는 것과는 아무런 상관이 없습니다. 그러므로 우리들의 혼이 자신의 영에 순종하도록 하는 성령의 불세례의 체험과 성령 충만, 영성훈련이 성령님께 순종하는 훈련이 됩니다. 우리의 영인 속사람은 그리스도의 영인 성령과 연합되어 있기 때문입니다(요 15:1-10).

(요15:5)"나는 포도나무요 너희는 가지라 그가 내 안에, 내가 그 안에 거하면 사람이 열매를 많이 맺나니 나를 떠나서는 너희가 아무 것도 할 수 없음이라" 이러한 영적 법칙을 알지 못하거나, 알아도 훈련이 되어있지 아니하면, 평소에는 영 안에 있을 때나, 성령을 쫓을 때보다, 혼 안에서 육을 따라 생활 할 때가 훨씬 많게 됩니다. 왜냐하면 사람은 육체가 있기 때문입니다. 그러므로 말씀과 성령으로 영성이 훈련이 되어있지 아니한 사람은 거듭남으로 성령과 연합된 자신의 영에 협조하거나, 성령을 쫓아 생활되어지는 것보다, 자신의 생각이나, 자신의 감정이나, 자신의 의지로 행동 할 때가 더 많다는 것입니다.

이러한 평소의 생활 태도는 혼의 기쁨과 슬픔이 영에까지 흘러들어가서 혼적인 경험을 영적인 것으로 오인하여, 감정의 만족과 기쁨을 찾게 되는 것입니다. 영은 혼의 갖가지 생각과 욕망으로 흐려져서, 성령의 역사는 자신도 모르게 잠잠해집니다. 그래서 받은바 은사가 소멸되어 가는 것을 깨닫지 못하는 사이에 점점 성령의 흐름이 나타나지 아니하는 육적인 성도가 되어갑니다. 그런데 문제는 이렇게 육신적으로 믿음 생활하면서도 자신이 성령 충만한 성도라고 착각하는 것이 더 문제가 심각한 것입니다.

그러므로 자신의 자아의 생각을 따라서 행하는 사람은 성령의 임재나 실재를 느낄 수가 없고, 성령께서 활동하시는 느낌을 지각할 수가 없습니다. 자신들이 생각하는 데로 생각하고, 자신이 소원하는 데로 살고, 자신의 의지대로 산다면 성령께서 어떻게 그 능력을 나타내겠는가? 그래서 성령을 따르는 사람은 자신의 자아와 생각을 끊고 잠잠해져야 성령의 느낌을 감지하여 성령을 따를 수가 있습니다.

그러므로 성령의 인도함을 받거나, 순종하는 법은 먼저 이 자아가 깨트려 지는 것입니다. 이 평소에 자신의 자아가 성령으로 파쇄 되고 깨트려지는 훈련이 영성훈련 중에서 가장 중요한 부분 중의 하나입니다. "누구든지 제 목숨을 구원코저 하면 잃을 것이요 누구든지 나를 위하여 제 목숨을 잃으면 구원하리라"(눅9:24. 마10:39. 16:25. 막8:35. 눅17:33).

그리스도의 영을 지키기 위해서는 자아가 십자가를 지고 죽음으로 훈련이 되어 집니다. 자아가 말씀과 성령으로 죽어야 영이 깨어나 자신의 영을 자신이 지킬 수가 있는 것입니다. 그래서 예수님은 "이에 예수께서 제자들에게 이르시되 아무든지 나를 따라 오려거든 자기를 부인하고 자기 십자가를 지고 나를 좇을 것이니라"(마16:24,막8:3, 눅14:27) 고 말씀하시는 것입니다. 성령의 불세례는 자신의 자아를 죽여서 영이 깨어나 자신의 영을 지킬 수 있는 성도가 되게 하는 영적인 방편입니다.

셋째, 겉 사람, 아담의 자아를 깨뜨려지게 한다. 자아가 깨드려 진다함은 자신이 완벽하지 못하고 죄와 악이 잠재하여 있다는 것을 깨닫는 것을 말합니다. 즉 회개하게 한다는 것입니다. 성령님만이 자신을 깨끗하게 하실 분이하는 것을 인정하고 마음을 열고 성령하나님의 역사를 받아들인다는 것입니다. 전적으로 자신이 죄인이라는 것을 인정하고 마음을 열 때 성령의 세례로 자아가 깨트려 지는 것입니다. 그런데 이 자아의 깨트림에서 혼란이 있는 가장 핵심적인 부분이 있습니다. 이것은 모든 사람들이 이 겉 사람의 기능에는 혈과 육의 두 가지 면을 지니고 있다는 것을 인식하지 못하는데 있습니다. 성경에서 말하고 있는 육(살크스)이란 죄와 사망의 법을 쫓는 타락한 인간의 타고난 성품(혈)이나, 이러한 삶을 사는 사람을 의미합니다. 또 하나는 물리적인 세계와 접촉하는 몸을 지칭하는데, 이 몸의 의미는 타고난 생리적이요, 기질(육)적인 면을 의미하고 있습니다.

성령의 세례로 겉 사람의 성품의 파쇄는 성령의 열매로 나타나고, 이 겉 사람의 기질의 파쇄는 성령의 은사로 나타납니다. 그러므로 성령의 열매 없이 나타나는 은사는 성령의 역사가 균형 있게 나타나지 않는 병든 것입니다. 하나의 단어 너희는 더욱 큰 은사를 사모하라는 고전 12:31의 이 큰이라는 단어하나 제대로 이해하지 못함으로 일어나는 엄청난 비극의 결과는 상상을 초월한 영적인 오류가 생겨납니다.

이 큰이란 단어를 형용사로 해석함으로 큰 은사를 사랑이라는 무리한 해석을 하게 됩니다. 성령의 열매와 은사는 분명히 다른 것인데 성령의 열매와 은사를 동일시하는 오류를 낳게 합니다. 이러한 잘못은 신앙생활의 혼란을 초래하게 됩니다. 자신에게서 성령의 은사가 나타나면 자신이 가장 하나님을 잘 알고 있거나, 섬기는 것으로 착각하여, 은사가 나타나지 않는 사람을 무시하거나 교만해 지게 되어, 엄청난 비극적인 결과를 초래하게 됩니다.

성령의 열매 없이 은사가 나타나는 사람마다, 타고난 기질적인 면에 따라 은사가 보다 민감하게 지각되는 사람이 있고, 그렇지 못한 사람도 있습니다. 성령의 은사는 타고난 사람의 기질에 따라 육성에서 나타나는 은사도 있기 때문입니다. 그러나 성령의 열매가 있는 사람은 성령의 은사가 나타나게 되어 있는 상태입니다. 그래서 가장 온전한 성령의 은사자는 그 열매와 은사가 함께 나타나는 성령의 사람입니다. 그러나 말씀 없이 은사만 나타나는 사람은 사탄에게 연결되어지게 되어 질 위험이 있습니다.

그러므로 영적인 성도의 판단은 능력이나 은사로 판단할 것이 아닙니다. 그 열매를 보아야 합니다. 성령의 열매인 그 인격과 함께 그 능력(은사)을 보아 판단해야 하는 것입니다. 인격이 잘못되어 있는 은사자는 영적으로 병든 자입니다. 앞으로 더 큰 문제를 야기 시킬 수가 있습니다. 말씀 없는 은사자들의 문제는 바로 이러한 점에서 발생하게 되는 것입니다. 그래서 큰 은사란 속사람이 겉 사람을 완전히 장악한 영의 사람이 되어 그 속에서 나타나는 은사를 말하는 것입니다.

그러나 또한 열매도 없고, 능력(은사)도 없고, 말(지식)에만 능한 것도 역시 문제입니다(고전4:12). 은사가 나타나지 않는 혼적이기만 한 사람은 그 인격이 성령에 의하여 다듬어진 인격이 아닙니다. 그러면서 자신의 타고난 성품이나 기질적인 인격을 성령의 열매로 착각합니다. 이러한 사람은 성령의 흐름이나 나타남이 지각되지 아니하기 때문에 성령의 역사를 지각하지 못하거나 인정하지 않고, 지적이요, 혼적인 면만 인정하려고 합니다. 그러기 때문에 성령에 순종하는 법을 실제적으로 알지 못하고, 성령의 역사를 관념적으로만 알고 있게 됩니다.

이 말의 의미는 성령으로 거듭난 사람이지만, 성령의 내주 하여 기름부음의 여러 가지 현상이 나타나지 않는 다는 것입니다. 그러기 때문에 자기의 의를 세우려고 힘써 하나님의 의를 대적하는 어리석음을 저지르는 우를 범하기도 합니다. 그래서 결과적으로 그리스도인이기는 하지만 육신적인 사람(고전3:1)이 되어 하나님을 대적하는 꼴이 됩니다. "내가 증언하노니 그들이 하나님께 열심이 있으나 올바른 지식을 따른 것이 아니니라(3) 하나님의 의를 모르고 자기 의를 세우려고 힘써 하나님의 의에 복종하지 아니하였느니라"(롬10:2-3).

나아가서는 성령이 역사하는 현상에 대하여 전혀 이해가 아니되기 때문에 이러한 성령의 역사를 이론적이나 지적으로만 이해하려고 하고, 심리적으로만 이해하려고 합니다. 심하게는 성령의 사역을 자신의 내부에서 거부하거나 남들의 성령 사역까지도 비난하거나 대적합니다. 문제는 성령을 훼방하는 어리석음을 범하고도, 전혀 자신이 성령을 훼방하는 죄를 범하고 있음을 전혀 지각하지 못하는 육신적인 목회자가 성도가 됩니다.

그러나 더 안타까운 것은 이 육신적인 목회자나, 그리스도인의 숫자가, 영성훈련으로 영이 깨어나, 영적인 것을 지각하여, 성령께 순종하는 법을 알고 행하는 목회자나 성도보다 더 많다는 것입니다. 고로 아담 안의 사람이 하늘의 사람으로 변하는 고통과 인내와 수고와 훈련이 있어야 영성 있는 그리스도인이 된다는 것입니다.

넷째, 하나님을 주인삼고 교통하는 사람으로 변한다. 성도는 성령의 세례를 받는 순간부터 성령의 인도를 받으며 영적인 사람으로 변합니다. 영과, 혼과, 육신의 유기적인 관계는 영이 파악한 영적 세계의 변화를 혼에 전달(전이)하여, 혼이 이해하는 과정을 통하여, 인간은 변화되고 깨달아 집니다.

이 혼이 잘못되어 있거나, 혼잡 되어 있으면 그 변화를 감지하지 못하거나, 이해하지 못하거나, 오해 할 수도 있는 것입니다. 성령의 흐름을 제한하지 않고, 성령의 나타남을 민감하게 파악하는 영적 능력이 바로 이 영(속사람)의 존재가 강건함에 있고, 이 속사람의 능력을 높여주는 훈련이 바로 말씀과 성령에 의한 영성훈련입니다. 먼저 성령의 불세례를 체험하면 영이 깨어나 하나님의 말씀을 듣게 됩니다. 영에 말씀이 들리므로 성령의 인도를 받으면서 속사람이 강건하게 됩니다.

이 속 사람의 능력이 치유 사역에서는 환자의 질병을 치유하는 능력으로 나타납니다. 은사활동을 통해서는 영적 문제에 대한 상담과 해결에 활용됩니다. 신앙생활에서는 경건 생활을 통하여 영적전쟁에 승리할 수 있는 능력을 갖게 됩니다. 관념적이고 추상적이며, 종교적인 신앙인이 실제적으로 예수님과 동행하는 신앙생활을 할 수 있게 됩니다.

목회자는 영적인 눈을 뜨고 양무리를 생명으로 인도 할 수 있게 됩니다. 성령을 통하거나 성령으로 말미암아, 하나님과 동역 하는 자가 됩니다. 설교자는 생명과 영감 있는 설교를 할 수 있게 됩니다. 전도자는 성령의 인도함을 따라서 능력 전도를 할 수 있게 됩니다. 기도 자는 살아 있는 성령을 통하여 깊은 영적 기도를 통하여, 하나님과 교통할 수 있게 됩니다. 그래서 실제적으로 하나님과 통할 수 있는 기도의 신령한 능력을 가질 수가 있습니다.

그리고 봉사자는 하나님의 힘으로 봉사하게 되며, 사업가는 하나님의 지혜와 지식으로 사업을 이끌어 성공 할 수 있게 됩니다. 약한 자는 강해지고 무능한 자는 유능해 지며, 멸시받고 천대받는 위치에서, 존귀한 자의 위치로 축복의 기회가 되어 집니다. (엡 3:16)"그 영광의 풍성을 따라 그의 성령으로 말미암아 너희 속사람을 능력으로 강건하게 하옵시며"

옥합이 깨어지듯 육이 깨어지고, 육이 죽어지기 시작하여 육이 죽어 질수록 영이 강건해집니다. 따라서 영의 기능이 민감하고, 영의 힘이 강하게 혼과 육신으로 전이되어 능력이 나타나게 됩니다. 이러한 영으로부터 혼과 육신에 전이되어지는 영력의 흐르는 과정을 성령의 기름부음이라 합니다. 이러한 기름부음의 결과로 혼의 영적 기능이 살아나서, 여러 가지 영적 은사와 직관을 갖게 됩니다. 육신적으로는 여러 가지 영적 현상을 경험하게 됩니다. 외적으로는 여러 가지 영적 현상들이 나타나게 됩니다.

이러한 영적 현상들 가운데 하나님께로 온 영(말씀)을 쫓는 자에게는 성령의 나타남이 있게 됩니다. 반대로 세상에서 온 영이나 세상적인 초등학문(율법)이나 생각이나 말 등, 육을 쫓는 자에게는 악령의 나타남이 있게 됩니다. 그러므로 우리는 육에는 항상 마귀가 웅크리고 있다는 것을 알아야 합니다. 그래서 (고전 2:12) "우리가 세상의 영을 받지 아니하고 오직 하나님께로 온 영을 받았으니 이는 우리로 하여금 하나님께서 우리에게 은혜로 주신 것들을 알게 하려 하심이라.."고 말씀하시는 것입니다. 그러면 성령은 어떻게 나타나고 역사하는 가?

1) 성령이 지적으로 강하게 역사되고 인식되는 부분이 직관력이다. 이 능력이 보다 더 민감하여져서 영적으로 깨닫게 되고, 민감한 지각력을 갖게 되어 계시와 총명의 영이 됩니다. 이러한 영의 흐름이 여러 가지 영적 현상과 능력으로 나타나게 됩니다. 또한 이러한 현상과 능력이 하나님의 지혜와 지식과 예언의 말씀으

로, 영분별의 은사로, 나타나게 되고 통변의 은사로 나타납니다.

2) 성령이 감정적으로 역사할 때를 성령이 감동되는 상태로 말하며, 열정이 생기고 환희와 평안의 형태로 임하게 된다. 이때에 양심의 기능이 살아나게 되어 죄에 대하여 의에 대하여 심판에 대하여 느끼고 지각하게 됩니다. 자신의 죄를 깨닫고 회개하며 영성을 유지하기 위하여 치유의 필요성을 절감하게 느끼는 것입니다.

3) 성령이 의지적으로 역사 하면 믿기로 결단하게 되고 성령의 힘을 덧입는 담대한 상태가 되어 이를 성령이 충만해진 상태로 변하는 것입니다. 이렇게 영적인 능력이 혼에 충만해질 때, 성령께서 역사 해주시기 때문에 혼적으로는 능력과 믿음의 은사로 나타납니다. 귀신을 축사하며, 담대하게 하나님의 나라를 선포하는 성도가 됩니다.

4) 육신 적으로 나타나는 영적 현상은 방언과 병고치는 은사로 나타나게 되고, 환상이나 꿈이나 투시로 나타나기도 하며, 넘어지기도 하며, 영안에 몰입되어지는 현상이나 영과 육이 분리되는 혼수현상들이나 입신 현상들이 나타나게 됩니다.

그러나 이러한 영과, 혼과, 육신의 영역이 우리의 언어로 정확하게 표현하기는 어려운 것은 우리의 심령에서 인식하는 기능이 실제적으로는 분명하게 선을 끄어서 나누어 있지 않기 때문입니다. 다만 이해를 돕기 위한 이론적인 표현에 불과한 것이지, 영과 혼과 육은 셋이면서도 하나인 시공간이 없는 유기적인 관계를 가지고 있습니다.

여러 가지 영의 역사가 바로 시공간을 초월하는 영적인 영역에서 이루어지고, 영적 현상들은 표면의식 즉, 육신적이고 혼적인 인식보다, 더 깊은 영역에서 이루어집니다. 이 깊은 영의 영역에서 이루어진 현상들이 표면적으로 나타나기 때문에 이러한 이유로 인해서 영적 현상을 이해하기가 쉽지 아니하는 것입니다. 셋이면서 하나인 기능을 가진 우리의 심령을 갈라 쪼개서 정화시키는 것이 하나님의 구원의 역사입니다.

육신이란 단순한 물리적인 형태만을 의미하는 게 아니라, 이 육신에는 단순한 몸과 지각하는 혼적 요소가 있고, 몸이 지각한 사실이 자라서 악으로 변하여 육이 되는 영적인 요소도 있습니다. 영에도 체질적인 요소가 있고, 지각하는 혼적 요소도 있습니다. 영이 순전한 영적이기만 하는 기능이 있기에 영과 혼과 육신의 각 기능은 입체적인 기능과 현상으로 나타나고 있습니다.

혼에 속하는 인격이란, 육신의 본능적인 지각이나, 영의 무의식 영역에서 나오는 생각이나, 감정이나 의지를 말합니다. 인격 현상이란 영과 혼과 육신의 지각의 결과가 의식 영역에서 나타나는 고의적인 생각이나 말이나 행동을 의미합니다. 혼적 현상이 육신 적으로 표출되어 나타나는 영적 현상입니다. 그러므로 성령으로 무의식의 상처를 치유해야 맑은 인격이 나오는 것입니다. 예를 들어 혈기를 잘 내는 사람은 무의식을 혈기의 영이 장악하여 자신도 모르게 혈기의 영의 나타내는 대로 혈기를 내는 것입니다. 그러므로 이 사람은 혈기의 영이 하라는 대로 하는 혈기의 영의 종노릇을 하고 있는 것입니다. 그러므로 영안으로 자신을 들여다보고 치유해야 하는 것입니다.

속칭 성령은사, 성령의 나타남이란, 영적 현상이 혼의 영역에 전이되어 육으로 나타나는 현상을 말합니다. 이 은사가 육신적으로 표출되면 영적 현상이나 영적 능력으로 나타납니다. 그런데 문제는 이 영적 현상이나 능력이 나타나는 현상에 접붙임 받은 제3의 영의 인격적인 역사가 동반될 때, 여러 가지 이해 못할 초인력이 나타납니다. 그래서 이 제 3의 영이 성령이면 은사로 나타납니다. 그러나 반대로 악령이면 귀신의 초능력으로 나타납니다. 그래서 초신자가 은사가 나타나는 것은 주의해야 한다는 것입니다. 왜냐하면 초신자는 아직 말씀이나 성령으로 무의식 영역까지 치유되지 않고 다스려지지 않은 육성이 살아있는 상태이기 때문에 무의식에 역사하는 악령의 도구가 될 수 있기 때문입니다.

심령에 심어진 말씀이 겨자씨와 같이 적은 것일지라도 옥토에 심어지기만 하면 언젠가는 싹이 나고, 은혜의 단비와 성령의 열을 받으면서 자라게 됩니다. 성령이 영 안에서 자라서 영력화 되어 지혜로 사랑으로 능력으로 열매를 맺게 됩니다. 이 영력화 된, 영적 능력은 영이 되고, 말씀이 되어 나오고, 충만하면 행동으로 나타나게 됩니다. 이 영의 말이 다른 사람 심령에 성령으로 받으면 영적 능력의 말씀으로 전달되어 은혜가 됩니다. 반대로 악한 영으로 받으면 심령이 상하거나 시험 들게 됩니다. 그래서 영적인 말씀을 들으면 거부가 오는 것도 이런 이치 때문입니다.

그러므로 교회에서 목사님의 말씀에 시험이 자주 드는 사람은 자신의 심령에 문제가 있거나, 목사님의 영성에 문제가 있거나, 둘 중의 하나입니다. 잘 분별하여 말씀과 성령으로 치유해야합니다. 찾아서 고치지 않으면 쓸데없는 연단을 당하게 됩니다. 영적으로 생각하여 판단하고 조치를 하시기 바랍니다.

우리는 성령의 불세례를 체험하고 성령으로 충만하여 바른 영성을 개발하여야합니다. 자아가 부수어지고 깨어지는 인내와 수고를 하여 땅의 영성을 하늘의 영성으로 바꾸어야 합니다.

다섯째, 성령의 인도함을 받는다. 성령의 세례를 체험한 성도는 성령 안에서 생활을 통하여 성령의 인도함을 받아야 합니다. 성령 안에서 생활하는 방편이 바로 기도라는 수단입니다. 기도는 영혼의 호흡이요 하나님과의 대화라 합니다. 이것은 가장 깊숙한 곳에 거하는 영의 흐름이 외부적으로 흘러나오는 것입니다. 영력이 흘러나오고 영적 생명이 흘러나옴으로 영에 몰입됨으로 인하여 성령 안에서 기도할 수 있게 되는 것입니다.

우리 몸의 지성소인 영속에 임재하시는 하나님의 성령이 흘러나오는 방편이기에 우리가 하나님을 만나기 위해서는 이 성령을 통하여 하나님으로부터 주어지는 각종 은혜와 능력과 응답을 받게 되는데, 이러한 기도를 통하여 하나님으로부터 주어지는 생명이 우리의 심령을 거룩하게 만들어가고, 영적인 생명과 능력을 키워 나갑니다. 열매가 맺어지고 영적인 지각이 예민해지고 영성이 개발되어집니다.

그러므로 성령 안에서 기도하는 훈련이 필요합니다. 우리의 간구는 마음의 소원이나 원하는 바를 구함으로 성령 안에서 기도하기가 심히 어렵습니다. 그러나 영으로 기도하고 마음으로 기도하면 성령 안에서 기도하기가 쉬워집니다. 성령에 몰입되어 아무런 자신의 생각이나 욕심도 없이 오로지 하나님으로부터 주어지는 것을 받게 되는 기회가 되기 때문에 영으로부터 주어지는 각종 은혜와 은사가 넘치게 됩니다.

영적인 기능과 지각이 발달됨으로 성령의 인도함을 따르게 됩니다. 성령 안에서 기도하기 위하여 성전 뜰에서 먼저 육신의 생각으로 기도하지만, 시간이 흐르고 마음이 안정이 되고, 생각이 주님의 사랑과 말씀을 묵상하면서 진지하고 순전한 마음으로 하나님의 성소에서 깊어지는 기도를 하게 됩니다.

그러나 하나님이 찾아오시는 경우에는 다르겠지만, 내가 하나님께 나아가는 경우가 대부분이기에 이때는 지성소로 나아가야 하는 것입니다. 내 생각과 구하는 것까지 모두 저 버리고, 오로지 성령 안에 깊이 사로잡히는 경지에 들어가서, 기도 줄을 잡고, 시간도 의식하지 않는 깊은 경지에 몰입되어지는 상태에서 주님과 더불어 주거니 받거니 하거나, 성령님과 주거니 받거니 하는 기도는 성령의 인도함을 따르는 가장 기본적인 훈련이 되는 것입니다.

15장 성령세례를 받으려면 어떡해야

(행 4:28-31)"하나님의 권능과 뜻대로 이루려고 예정하신 그것을 행하려고 이 성에 모였나이다 (29) 주여 이제도 그들의 위협함을 굽어보시옵고 또 종들로 하여금 담대히 하나님의 말씀을 전하게 하여 주시오며, (30) 손을 내밀어 병을 낫게 하시옵고 표적과 기사가 거룩한 종 예수의 이름으로 이루어지게 하옵소서 하더라. (31) 빌기를 다하매 모인 곳이 진동하더니 무리가 다 성령이 충만하여 담대히 하나님의 말씀을 전하니라."

성령세례를 이론이나 말이 아니고 살아있는 실제적인 역사입니다. 성령세례를 받으려면 성령세례를 받을 수 있는 영육의 상태를 자신이 만들어야 합니다. 먼저 성령세례를 사모해야 합니다. 정확한 성령세례를 받고 성령의 지배를 받는 목회자가 인도하는 예배당에서 가서서 예배를 드리면서 소리 내어 기도해야 합니다. 마음을 열고 소리 내어 기도를 정확하게 해야 합니다. 이는 **"성령으로 온몸기도 하는 법"** 책을 참고하시면 쉽게 숙달할 수 있습니다. 성령은 사람의 마음 안에서 역사하십니다. 사람의 마음 안에 영이 있습니다. 그래서 소리를 내면서 마음을 열어야 영 안에 계신 성령이 역사하는 것입니다. 성령이 역사해야 사람이 영적인 상태가 되는 것입니다. 영적인 상태가 되어야 자신 안에 주인이신 하나님과 교통할 수가 있는 것입니다. 영적인 상태가 되어야 성령께서 강하게 역사하시면서 성령세례가 임하여 자신의 온몸을 지배합니다.그러므로 우리는 회개의 세례인 물세례로 만족하지 않고 다음은 성령세례를 받아야 합니다. 세례요한은 "나는 너희로 회개하게 하기 위하여 물로 세례를 베풀거니와 내 뒤에 오시는 이는 나보다 능력이 많으시니 나는 그의 신을 들기도 감당하지 못하겠노라 그는 성령과 불로 너희에게 세례를 베푸실 것이요"(마 3:11)라고 말씀한대로 물세례를 받기 이전이든지 이후든지 성령의 세례를 반드시 받아야 합니다.

어떤 성도들은 성령의 세례 받으면 물세례를 안 받아도 되느냐 묻는 사람이 있는데 그것은 잘못된 것입니다. 예수님께서도 세례요한에게 직접 물세례를 받았습니다. "이 때에 예수께서 갈릴리로부터 요단강에 이르러 요한에게 세례를 받으려 하시니 (14) 요한이 말려 이르되 내가 당신에게서 세례를 받아야 할 터인데 당신이 내게로 오시나이까 (15) 예수께서 대답하여 이르시되 이제 허락하라 우리가 이와 같이 하여 모든 의를 이루는 것이 합당하니라 하시니 이에 요한이 허락하는지라"(마 3:13-15)고 했습니다.

세례를 행하므로 하나님께 의를 이루는 것임으로 성도는 물세례를 받아야 합니다. 그렇지만 물세례로 만족하지 말고 성령의 세례를 사모해야 합니다. 사모해야 성령으로 세례를 체험할 수가 있습니다. 물세례는 예수를 믿고, 구원 받은 사람 즉 중생한 사람의 표로 받는 것이라면 성령의 세례는 구원받은 사람이 하나님의 사역을 위해 권능을 받는 것입니다. 그래서 "성령이 너희에게 임하면 권능을 받고 예루살렘과 유대와 사마리아 땅끝까지 이르러 내

증인이 되리라"(행 1:18)고 말씀하셨습니다. 우리는 전도의 사명이 있는데 전도하는데 필수적인 도구는 성령의 세례를 받는 것입니다. 성령의 권능으로 전도하는 것입니다. 성령의 권능 없이 전도할 수가 없습니다. 세상은 마귀에게 처해 있기 때문입니다. 마귀의 종 되어 있는 세상 사람을 전도 하는 것은 인간의 힘만으로는 한계가 있습니다. 반드시 성령의 권능으로 전도를 해야 합니다.

바울 사도가 한 번은 에베소 교회를 방문했습니다. 교인들에게 바울이 "너희가 믿을 때에 성령을 받았느냐 가로되 아니라 우리는 성령이 있음도 듣지 못하였노라 그러면 너희가 무슨 세례를 받았느냐 대답하되 요한의 세례로라"(행 19:2-3)고 했습니다. 이때에 "바울이 그들을 안수하매 성령이 그들에게 임하시므로 방언하고 예언도 하니 모두 열 두 사람쯤 되니라"(행 19:6)라고 해서 성령의 필요성을 알게 된 것입니다.

하나님은 성령세례를 체험하게 하고 단련하여 하나님 마음에 합한 자를 하나님의 일에 사용하십니다. 베드로의 경우를 예로 들어봅니다. 고기를 잡는 어부였던 베드로가 예수님의 부르심으로 그물을 버리고 주님을 따랐습니다. 주님을 따라 다니면서 문둥이를 치유하고, 죽은 자를 살리고, 오병 이어의 기적을 일으키고, 귀신을 쫓아내는 이적과 기적을 보면서 3년 동안 주님을 따랐습니다. 베드로가 이렇게 주님의 능력을 인정하고 주님을 따르면서 3년 동안 훈련을 받았지만 믿었던 주님이 십자가에 죽게 되자 세 번씩이나 주님을 모른다고 부인한 겁쟁이입니다. 왜 그렇습니까? 성령으로 세례를 받지 못해서 그런 것 아니겠습니까? 성령의 세례를 체험하지 못하고 인도받지 못하니 아직 육신적인 믿음의 수준을 넘지 못한 증거입니다. 그러던 베드로가 마가의 다락방에서 120 문도와 함께 기도하다가 성령세례를 받고 완전히 사람이 변했습니다. 육신적인 사람이 초자연적인 사람으로 변화되었습니다. 성령이 베드로를 장악한 것입니다. 그러자 성령의 언어를 합니다. 어떻게 변화되었습니까? 초자연적인 성령의 사람이 됩니다. 베드로는 오순절 마가의 다락방에서 완전히 변화되어 성령 충만한 사도로 능력의 삶을 보여 주기 시작하였습니다. 귀신이 떠나가고, 병자가 고쳐지고, 죽은자가 살아났습니다. 베드로가 전하는 말씀에 감동 받아 하루에 3천명이 예수님 믿고 구원받는 역사가 나타났던 것입니다. 놀라운 일이 아닐 수 없습니다. 우리도 성령의 세례를 체험하고 성령의 인도 하에 하나님의 훈련을 순종하므로 받으면 우리에게도 베드로와 같은 역사가 나타날 수 있다고 확신합니다. 영적으로 무지하던 저도 불같은 성령의 세례를 체험하고 변하여 성품이 유순하게 변하고 인내할 줄 아는 사람이 되었습니다. 기도가 깊어지고 성령의 인도에 순종하며 영안이 열려서 말씀을 볼 때 말씀 속에 있는 영적인 비밀이 보입니다. 말씀 속에서 영적인 원리를 깨달으며 말씀을 적용할 때 하나님의 기적이 일어나는 것을 체험하고 있습니다. 저도 베드로와 같이 기도할 때 병자가 치유되고 귀신이 떠나가고 상한 심령의 사람들이 치유하는 권능 있는 자가 되어가고 있습니다. 당신도 성령의 세례를 받으시기를 바랍니다. 그리고 성령의 불세례도 체험하시기를 바랍니다. 먼저 성령세례를 체험하려면 이렇게 하시기를 바랍니다.

첫째, 욕심을 버려야 한다. (약1:14-15)"오직 각 사람이 시험을 받는 것은 자기 욕심에 끌려 미혹됨이니 (15) 욕심이 잉태한즉 죄를 낳고 죄가 장성한즉 사망을 낳느니라." 성령의 세례를 체험하려면 모든 인간적인 욕심을 버리시기를 바랍니다. 성령의 세례를 받아 성령의 불이 임하고 심령에서 올라오는 기도를 하는 것은 하나님의 자녀답게 권세를 가지고 하나님의 나라확장에 큰일을 감당하기 위해서 그렇게 하는 것입니다. 그리고 성도를 성도되게 하는 것은 전적으로 성령께서 하시는 일입니다.

(요일 2:27)"너희는 주께 받은바 기름 부음이 너희 안에 거하나니 아무도 너희를 가르칠 필요가 없고 오직 그의 기름 부음이 모든 것을 너희에게 가르치며 또 참되고 거짓이 없으니 너희를 가르치신 그대로 주 안에 거하라."

조금이라도 인간적인 욕심이 결부된다면 성령으로 충만하던 성도도 육체로 돌아가게 됩니다. 육체로 돌아가면 그 심령에는 마귀가 역사를 하는 것입니다. 그래서 마귀는 항상 인간적인 욕심을 추구하게 하려고 성도들을 미혹하는 것입니다. 그 미혹에 아담과 하와가 넘어졌습니다. 왜 넘어졌습니까? 성령의 인도 없이 육체적으로 행동했기 때문입니다. 그러나 예수님은 마귀의 시험을 이기셨습니다. 어떻게 이겼습니까? 육적인 욕심이 하나도 없이 오직 성령이 역사하는 말씀으로 하나님의 영광만을 구했기 때문입니다. 그리고 성령의 인도를 받았기 때문에 승리한 것입니다. 우리도 성령의 불세례를 체험하고, 심령에서 성령의 불이 올라오는 기도를 하여 사람들에게 자랑을 하려하는 인간적인 욕심이 조금이라도 결부되면 가차 없이 마귀의 밥이 된다는 것을 명심해야 합니다. 오로지 하나님의 영광을 위하여 성령의 능력을 구하시기를 바랍니다. 어린아이와 같이 사심 없이 성령 하나님의 인도를 받으면 성령의 세례를 체험하게 됩니다. 그리하여 깊은 영의 기도를 할 때 성령의 불이 심령에서 올라오게 될 것입니다. 절대 인간적인 욕심은 버리시기를 바랍니다.

둘째, 성령세례를 사모하라. 더 능력 있는 그리스도인의 삶, 사명을 감당하는 삶, 하나님께 쓰임을 받는 삶을 살기 위해서는 성령세례를 받아야 합니다. 성령의 세례란 성령에 의해서가 아니라 주 예수에 의해 행해지는 그리스도의 사역입니다.

(행 11:15-18)"내가 말을 시작할 때에 성령이 저희에게 임하시기를 처음 우리에게 하신 것과 같이 하는지라 그때에 내가 주의 말씀에 요한은 물로 세례를 주셨으나 너희는 성령으로 세례를 받으리라 하신 것이 생각났노라 그런즉 하나님이 우리가 주 예수 그리스도를 믿을 때에 주신 것과 같은 선물을 저희에게도 주셨으니 내가 누구관데 하나님을 능히 막겠느냐..."

성령세례를 받을 때는 확실한 체험적인 경험이 있습니다. 성령세례를 받을 때 성령이 예수 그리스도의 이름으로 임하므로 성령세례 받는 것은 체험으로 느낄 수 있습니다. 성령세례를 받으면 하나님의 능력이 임합니다. 성령세례를 받을 때 성령의 권능이 함께 임합니다. 권능은 그리스도인으로 하여금 하나님의 일을 행하는데 적합한 사람으로 준비되게 합니다. 성령 세례는 하나님께서 우리를 예수 그리스도의 몸의 일부분으로 택하셔서 맡기신 지체로서의 임무를 효과적으로 수행하게 합니다.

(행 10:44-)"베드로가 이 말 할 때에 성령이 말씀 듣는 모든 사람에게 내려오시니 베드로와 함께 온 할례 받은 신자들이 이방인들에게도 성령 부어 주심을 인하여 놀라니 이는 방언을 말하며 하나님 높임을 들음이어라."

(행 9:17-20)"아나니아가 떠나 그 집에 들어가서 그에게 안수하여 가로되 형제 사울아 주 곧 네가 오는 길에서 나타나시던 예수께서 나를 보내어 너로 다시 보게 하시고 성령으로 충만하게 하신다 하니 즉시 사울의 눈에서 비늘 같은 것이 벗어져 다시 보게 된지라 일어나 세례를 받고 음식을 먹으매 강건하여지니라 사울이 다메섹에 있는 제자들과 함께 며칠 있을 새 즉시로 각 회당에서 예수의 하나님의 아들이심을 전파하니."

성령세례를 받음은 하나님의 영으로 사로잡히는 것입니다. 성령세례는 성도의 마음을 그리스도에 대한 이해와 사랑과 신뢰로 가득 차게 하며, 성령이 삶의 주관자가 되게 하며, 하나님의 자녀로서 하나님의 부름에 적합하도록 능력을 부여합니다. 거듭나는 것과 성령으로 세례 받은 것과는 다른 별개의 사건입니다.

(롬 8:9)"누구든지 그리스도의 영이 없으면 그리스도의 사람이 아니라."

그리스도인은 성령에 의해 태어난 사람으로 성령은 그 사람 안에서 중생의 사역을 이루십니다. 그리스도인이란 그 안에 성령이 내주 하는 사람을 지칭하며 성령세례 받은 자를 의미하는 것은 아닙니다. 즉 성령으로 거듭나서 하나님의 자녀가 되는 것입니다. 그러나 사람이 성령에 의해 거듭났지만, 성령세례를 받지 못한 경우도 있습니다. 그러므로 중생과 성령세례는 동의어가 아니라는 뜻입니다. 그러므로 성령세례를 체험하시기를 바랍니다. 체험이라는 것은 내가 하나님의 역사하심을 느끼고 눈으로 보게 된다는 뜻입니다. 성령의 세례를 받음으로 비로소 성령의 인도를 받을 수가 있습니다. 그리하여 성령으로 깊은 영의 기도를 할 수 있게 되는 것입니다. 성령으로 깊은 영의기도를 하므로 성령의 불이 임하고, 심령에서 성령의 불이 올라오는 영의 기도를 할 수 있는 것입니다. 우리가 성령세례를 체험하려면 사모해야 합니다. 하나님은 사모하는 영혼에게 만족함을 주십니다. 성령의 세례가 올 때까지 뜨겁게 기도하면서 기다려야 합니다.

셋째, 성령의 세례 역사가 있는 모임에 가라. 필자의 경험으로는 성령의 체험은 내적치유를 받은 이후에 성령의 강한 체험을 했다는 것입니다. 말씀과 기도가 풍성한 은혜의 장소에 갔을 때 성령의 강한 임재와 체험이 있었습니다. 그러므로 성령을 체험하려면 성령의 역사가 있는 장소에 가는 것이 좋습니다. 자신이 과거한번 성령의 세례를 체험했었다면 혼자 기도해도 성령을 다시 체험 할 수가 있습니다. 자신이 한 번도 성령세례를 체험하지 못했다면 성령의 기름부음심이 있고 성령의 역사가 나타나는 집회에 가서 성령의 세례를 체험하는 것이 쉽습니다. 성령의 체험은 장작불의 원리와 같습니다. 성령의 역사를 체험한 사람들이 많이 모이는 장소는 성령의 역사가 강합니다. 성령은 어디에 계시는가, 먼저 내안에 계십니다. 그리고 우리 안에 계십니다. 또 성령으로 전하는 말씀 안에 계십니다. 그리고 또 한 방법은 성령 받은 자에게 가서 말씀을 듣고 안수를 받는 방법이 있습니다. 위로부터 임하시는 성령의 역사는 오순절 마가의 다락방에서 임하셨습니다. 그 이후는 그때 성령 받은 사람이 말씀을 전하고 안수 할 때 임했습니다(행19:1-7).

넷째, 성령의 인도에 순종하라. 성령세례를 받으려면 성령의 인도를 받아야 합니다. 성령의 인도를 받는 것은 두 가지로 설명할 수가 있습니다. 먼저 성령의 인도는 성령께서 성도들의 마음에 갈급한 마음을 주십니다. 성도가 이 갈급함을 해결하려고 성령이 역사하는 집회 장소로 가게 됩니다. 정작 성령께서 인도한 것입니다. 성령께서 성도와 함께 다닌다고 말입니다. 성경에도 분명하게 기록되어 있습니다. "너희는 주께 받은바 기름 부음이 너희 안에 거하나니 아무도 너희를 가르칠 필요가 없고 오직 그의 기름 부음이 모든 것을 너희에게 가르치며 또 참되고 거짓이 없으니 너희를 가르치신 그대로 주 안에 거하라"(요일2:27). 성령께서 성도들을 이끌고 다니면서 성령의 사람으로 만들어 간다는 것입니다. 이스라엘 백성에 애굽에서 나와서 광야를 걸어서 자신들이 가나안으로 간 것 같지만 실상은 그렇지 않습니다. "내가 애굽 사람에게 어떻게 행하였음과 내가 어떻게 독수리 날개로 너희를 업어 내게로 인도하였음을 너희가 보았느니라"(출19:4). 하나님이 이스라엘 백성을 엎고 인도하였다는 것입니다. 이렇게 성령의 인도를 받아야 합니다. 부가해서 설명하면 성령의 감동을 받고 성령이 역사하는 장소에 가게 되었다면 그곳에서 성령께서 자신을 위하여 하실 일이 있기 때문에 그것에 가게 했다는 것입니다. 그러므로 자신의 마음대로 행동하면 안 됩니다. 항상 성령님에게 기도하며 물어보고 행동에 옮겨야 합니다. 그래서 성령이 가라하면 가고, 오라하면 오는 성도가 성령의 인도를 받는 성도입니다. 그런데 대부분 그렇게 하지를 않습니다. 자기 마음대로 가고 자기 마음대로 옵니다. 그러기 때문에 성령하나님이 원하는 영적인 수준에 도달하지 못하는 것입니다. 성령이 당신을 성령으로 충만한 영적인 성도를 만든다는 것을 명심해야 합니다.

두 번째는 성령의 역사에 순종하는 것입니다. 성령의 인도에 순종하는 만큼씩 영적으로 변해간다는 것입니다. 성령이 임재 하여 울라고 하면 울고, 떨라고 하면 떠는 것입니다. 소리를 지르라면 소리를 지르는 것입니다. 하나님의 말씀을 선포하라면 담대하게 선포하는 것입니다. 지팡이를 내밀라고 하면 내미는 것입니다. 발을 내 딛으라고 하면 내 딛는 것입니다. 한 마디로 성령이 하라는 대로 움직이는 것입니다. 성령은 인격이시라 이렇게 성령의 인도에 순종할 때 성령의 세례를 체험하게 하십니다.

다섯째, 성령의 역사에 저해요소를 제거하라. 우리는 영적이면서 육적인 존재입니다. 그래서 저는 항상 이렇게 말을 합니다. 우리 안에도 영적인 세계가 있고, 우리는 영적인 세계에 잠겨서 세상을 살아가고 있다고 강조합니다. 영적 세계에는 세 가지 형태의 영이 존재합니다. 하나님의 성령과 타락한 악마의 영, 성령으로 거듭난 사람의 영입니다. 우리는 예수를 믿고 성령으로 거듭난 영의 사람입니다. 그러므로 마귀는 항상 우리의 틈을 찾아서 우리에게 침입을 하려고 하는 것입니다. 그래서 성령이 역사하는데 저해가 되는 육신적인 요소를 제거해야한다는 것입니다. 우리가 육신적인 요소를 제거하지 않으면 마귀가 육신적인 요소의 틈을 이용하여 언제 우리에게 침입을 할지를 모르기 때문에 성령의 역사에 저해되는 요소를 제거해야 내 안에 계신 성령님과 영의 통로가 열려 성령하나님에게 집중할 수가 있습니다. 깊은 영의기도는 내 영안에 계신 성령하나님에게 집중해야 되기 때문입니다. 그럼 성령의 세례를 받는 것을 저해하는 요소들은 어떤 것들이 있습니까?

1)마음의 상처입니다. 저는 항상 이렇게 말합니다. 마음의 상처는 오만가지 문제의 원인이 된다는 것입니다. 육체적인 질병의 원인도 될 수가 있습니다. 정신적인 질병의 원인도 될 수가 있습니다. 영적인 문제의 원인도 될 수가 있습니다. 그러므로 마음의 상처는 치유 받아야 합니다. 과거의 아픈 기억들이 굉장히 많이 있을 것입니다. 나이가 많으면 많을수록 상처는 많습니다. 이런 쓴뿌리와 아픈 기억들이 치유되지 않으면 여러분들의 영적으로 깊이 들어가는 데 지대한 방해가 됩니다. 현재의 삶과 인간관계에도 문제가 생기게 됩니다. 깊은 영의기도를 하는데 지대한 문제를 야기합니다. 잡념에 사로잡히게 한다는 것입니다. 잡념을 제거하지 못하면 절대로 깊은 영의 기도에 들어갈 수가 없습니다. 과거의

아픈 기억을 잊어버리지 못하면 현재 삶이 파괴됩니다. 마음의 병은 바로 자신이 만드는 것입니다. 자신의 과거의 문제를 용서하면 될 것인데, 용서하지 않고 꼭 쥐고 있습니다. 저의 개인적인 소견으로는 성도가 제일 먼저 해야 할 일은 마음의 상처를 말씀과 성령으로 내적 치유하는 것입니다. 내면의 상처가 치유되지 않으면 절대로 영적으로 변할 수가 없습니다. 왜냐하면 상처 뒤에 항상 마귀가 역사하기 때문입니다. 그러니 영적으로 깊이 들어갈 수가 없습니다. 상처가 치유되지 않은 성도가 성령의 은사가 나타나는 것은 자신을 영적으로 망가지게 하는 은사가 될 수가 있습니다. 그러므로 주의해야 합니다. 빨리 자신을 말씀과 성령으로 정확히 보고 내면의 상처를 치유 받아야 합니다.

2)개인의 육적 자아가 문제가 됩니다. 자아는 자신이 태어나서 지금까지 보고 듣고 배우면서 성장해 온 것입니다. 또 신앙 생활하면서 쓴 지식들을 터득한 내용들입니다. 이것이 올무가 되어 깊은 성령의 임재 안에 들어가지 못하게 됩니다. 특히 율법적인 말씀들이 많은 장애가 됩니다. 그래서 주님은 어린아이가 되어야 천국을 소유한다고 하시는 것입니다. 예수님은 이렇게 말씀하십니다. (골 3:10)"새 사람을 입었으니 이는 자기를 창조하신 이의 형상을 따라 지식에까지 새롭게 하심을 입은 자니라." 여러분 예수를 믿고 하늘의 사람, 새사람이 되었으니 지식에까지 새롭게 되시기를 바랍니다. 저는 개인적으로 의심하는 자아가 있었습니다. 예수님이 베드로의 장모가 열병으로 고통당하는데 예수님이 한번 기도하니 나아서 예수님을 수종을 들었다는 말씀이 믿어지지 않

는 의심의 자아가 있었습니다. 왜냐하면 제가 군대에 있을 때 우리 지휘관이 열병이 들었습니다. 세상 말로 염병이 걸린 것입니다. 그런데 소문을 들으니까, 20일정도 지났는데 열이 너무나 심하게 나서 생명이 위태롭다고 했습니다. 그러다가 40일이 지난 다음에 치유가 되어 부대에 출근을 했는데 보니까, 머리가 다 빠지고 얼굴이 틀어져 입이 옆으로 돌아간 상태로 출근을 한 것입니다. 그래서 열병이 걸리면 그렇게 고생을 하는데 어떻게 안수기도 한번 했다고 열병이 떠나느냐! 이것은 시간이 좀 경과된 다음에 수종을 들은 것을 성경에 줄여서 기록한 것이라고 나름대로 판단하고 믿고 있었습니다. 그러다가 제가 교회를 개척하고 신유의 은사가 강하게 나타나 병원전도 다니다가 어떤 5살 먹은 아이가 일본 '가와사끼'라고 하는 병이 걸렸는데 열이 39도 40도를 오르내린다는 것입니다. 그러니까 아이를 발가벗겨서 눕혀 놓은 것입니다. 그래서 제가 아이의 손을 잡으려고 하니까, 간호하는 성도가 손이 부수어지니 만지지 말라는 것입니다. 그래서 어머니가 누구냐고 물으니까, 어제 밤에 아이가 열이 많아 아이를 시중들다가 잠을 하나도 자지 못해서 잠간 집으로 쉬러 갔다는 것입니다. 그래서 어머니가 언제 오느냐고 했더니 한 시간 후에나 온다는 것입니다. 원래 유아들은 신유 기도할 대 어머니하고 같이 기도하면 빨리 낫습니다. 그래서 기다릴 수가 없어서 그냥 아이에게 안수기도를 했습니다. 그리고 나서 병원을 돌면서 전도하다가 병원을 떠나려고 하는데 그 아이가 생각이 나서 병실에 갔더니 아이가 옷을 입고 앉아서 동그란 뻥튀기를 먹고 있는 것입니다. 그래서 자초지

종을 물어보니 제가 안수기도 하고 병실을 나가자마자 아이가 열이 떨어져 정상이 되었고 손가락이 퉁퉁 부은 것도 다 정상이 되었으며 순간에 완전히 치유가 되었다는 것입니다. 그 다음부터 아예수님이 베드로 장모의 열병을 기도하니 금방 낳았다는 것이 사실이라는 것을 믿게 된 것입니다. 제가 신유의 은사가 나타난다고 해도 열병이 금방 고쳐진다는 것을 믿지 않으니 믿게 하기 위하여 성령께서 역사하신 것입니다. 다른 자아는 옛날 말에 시골에서 다른 사람이 갓을 쓰고 장을 가니 뚝배기를 쓰고 장에 간다는 말과 같은 이치입니다. 다른 사람이 잘못되었다고 말하니까, 자신이 알아보지도 않고 무조건 잘못되었다고 관심을 갖지 않는 것도 자아가 됩니다. 자신의 자아를 말씀과 성령으로 찾아서 부수어 트리시기를 바랍니다. 그리하여 성령의 역사를 방해하는 장애를 제거하시기를 바랍니다.

3)혈통의 영육의 문제가 장애가 됩니다. 혈통을 타고 내려오는 고질적인 영적인 문제들이 많이 있을 것입니다. 신비술에 관여한 것이 목회자의 가족이나 조상일 수 있습니다(출애굽기 20:5). 이 문제를 제대로 치유하지 않으면 목회자나 사역을 받는 자에게 성령이 역사하는 것에 주요 장애가 될 수 있습니다. 이것 때문에 사탄이 평생 따라다니며 나를 괴롭히고, 사탄이 이것을 미끼로 쓰러뜨리기 때문에 더 이상 이것을 놓아 둘 수는 없습니다. 주 예수 그리스도의 이름으로 결판을 내고, 흑암의 권세를 완전히 꺾고 승리해야 성령의 깊은 임재에 들어갈 수 있으며 안정된 심령이 될 수 있습니다. 제가 지금까지 성령치유사역을 하다가 보니까, 장로나

권사나 안수집사가 되고, 목회자가 되어서도 이 혈통에 대물림된 영적인 문제를 등한시 하거나 잘 모르고 그냥 지나다가 지신도 이해하지 못하는 여러 가지 낭패를 당하는 성도나 목회자가 많이 있습니다. 말씀과 성령으로 영안을 여시어 자신의 문제를 찾아서 해결하시기를 바랍니다.

여섯째, 성령세례가 임할 때까지 기다려라. 끝장 보는 자세를 가지라는 것입니다. 성령으로 세례를 받고 말겠다는 각오를 해야 합니다. 저는 항상 이렇게 말합니다. 성도는 기도의 영이 와야 한다는 것입니다. 그래서 장시간 기도를 할 수 있어야 성령의 세례도 받을 수 있고 성령의 불세례와 충만을 받을 수가 있는 것입니다. 영으로 깊이 하는 기도는 처음에 막연하고, 허무하고, 공백상태 같고, 시간낭비, 게으름 같은 느낌을 가집니다. 그러나 그렇게 생각하지 말아야 됩니다. 자꾸 기도하면 할수록 자신의 마음이 열리게 됩니다. 마음이 열리니 성령의 세례가 임하는 것입니다. 성령의 이끌림을 받는 기도를 하면 할 수 록 자신의 영성과 성품의 변화를 체험적으로 느끼게 됩니다. 의지를 가지고 기도하여 보시기를 바랍니다. 오순절 마가의 다락방에서 끝까지 기도하여 성령의 세례를 받은 성도들과 같이 성령의 세례가 임할 때까지 기도하야 합니다. 내가 기필코 성령의 세례를 받고야 말겠다는 각오로 끈질기게 기도하면 마침내 성령의 세례를 체험하게 됩니다. 당신이 이렇게 해서 성령세례를 받으면 이어서 성령의 역사로 성령의 불세례를 체험할 수 있습니다.

4부 성령의 불 받을 때 지각되는 실체

16장 성령세례 불세례란 동일하지 않다.

(마 3:11)"나는 너희로 회개하게 하기 위하여 물로 세례를 베풀거니와 내 뒤에 오시는 이는 나보다 능력이 많으시니 나는 그의 신을 들기도 감당하지 못하겠노라 그는 성령과 불로 너희에게 세례를 베푸실 것이요."

성령의 불세례는 이론이나 말이 아니고 살아있는 실제적인 역사입니다. 성령의 불세례를 무엇이라고 이해하고 계신가요? 물로 세례 받거나 세례 받는 다는 것은 알겠는데 좀 이해하고 믿기 어려우십니까? 성령의 불로 세례를 받는다? 뜨거운 감정을 느낀다는 것일까요? 알 수 없는 하늘의 언어, 방언을 하는 것일까요? 등에 식은 땀과 열이 많이 나는 것이 불세례일까요? 성경에서 말한 성령에 불세례! 그 의미는 무엇일까요? 성령의 불세례를 받는 다는 것은 무엇일까요? "나는 너희로 회개하게 하기 위하여 물로 세례를 베풀거니와 내 뒤에 오시는 이는 나보다 능력이 많으시니 나는 그의 신을 들기도 감당하지 못하겠노라 그는 성령과 불로 너희에게 세례를 베푸실 것이요."(마3:11). 예수님은 "성령과 불로 세례를 주실 것이다." 라고 말합니다. 예수님의 사역을 성령과 불의 세례로 상징해서 말한 세례요한의 말은 이렇습니다. 세례요한은 자신의 사역은 물로 세례를 준다고 했습니다. 물의 세례는 겉을 물로 씻는 것입니다. 물의 세례는 지정된 사람에 의해 행해집니다. 물로 몸의 때를 씻듯이 물의 세례는 겉을 씻는 것을 의미합니다.

성령의 불세례는 영이신 성령님이 직접 성령의 불세례를 사모하고 기도하는 사람의 전인격을 완전하게 지배하고 태우는 것을 말합니다. 마귀와 사단의 하수인들이 성령의 불세례를 받으면 심판의 불로 역사하시고, 예수님을 믿는 자는 죄와 악함을 태워서 의인이 되게 하는 것입니다. 성령의 불은 어디에서 나오는 것입니까? 하늘에서 예수님께서 입으로 불을 불어주시면서 역사하시는 것입니까? 그것을 밝히 깨달아 이해하려면 예수님이 지금 어디에 계시는지부터 이해해야 합니다. 예수님은 예수님을 믿는 사람 안에 주인으로 계십니다. "그 날에는 내가 아버지 안에, 너희가 내 안에, 내가 너희 안에 있는 것을 너희가 알리라"(요 14:20). 그러니까, 성령의 불은 자신 안에 주인으로 계시는 예수님으로부터 나오는 것입니다. 성령의 불세례를 자신 안에 계신 예수님으로부터 받아야 합니다. 그래서 하나님은 믿는 자들에게 이렇게 말씀하십니다. "너희는 너희가 하나님의 성전인 것과 하나님의 성령이 너희 안에 계시는 것을 알지 못하느냐"(고전 3:16). 여기서 말하는 성전은 예수를 믿어 예배드리고 기도하다가 성령의 세례를 받은 사람을 말하는 것입니다. 고전 3장 16절에서 말하는 성전에는 삼위일체 하나님께서 계시는 곳입니다. 그곳은 성령으로 세례를 받은 성도의 마음 안 지성소를 말하는 것입니다.

여기에 대하여 설명해야 할 부분이 많습니다. 성급해서 한꺼번에 깨달으려고 하시지 말고 이 책을 한 장 한 장 읽어가노라면 의

문이 모두 풀리게 될 것입니다. 필자는 20년 이상 성령께서 깨달아 알게 하신 복음으로 성도들을 변화시키고 성령의 역사를 일으키고 성도들을 성령의 불세례 받게 하면서 마음을 치유하는 사역을 했습니다. 이 책을 끝까지 읽으면 성령에 대한 궁금증이 완전하게 풀리고 성령의 불로 세례를 받으려면 어떻게 해야 하는지를 밝히 깨닫게 될 것입니다. 현대 시대의 성령의 불세례는 성령의 불세례를 받아 성령하나님께서 주인으로 계시는 사람을 통해 나타내는 것입니다. 지금은 성령의 불세례를 받아 날마다 성령으로 충만하게 지내는 사람을 통하여 전이되는 것입니다. 그러니까, 성령의 불세례를 받으려면 성령으로 세례 받아 날마다 성령의 충만함을 받는 성령님이 주인 된 사람에게 찾아가야 성령의 불세례를 받아 자신 안에서 예수님으로부터 성령의 불세례가 나타나는 성도가 될 수가 있는 것입니다. 하늘에서 성령의 불세례가 임하지 않습니다. 이제 성령의 불세례를 받아 성령으로 충만한 사람을 통하여 성령의 불세례가 전이 되는 것입니다. 베드로를 통하여 고넬료 가정이 성령 세례 받았습니다(행10장). 그럼 성령의 불은 무엇일까요? 불은 태우는 것입니다. 이번에 호주에 산불이 나서 피해를 많이 보았다고 합니다. 이 호주의 산불을 생각하고 읽으시면 쉽게 깨닫게 될 것입니다. 불의 특징을 생각하자면, 불의 특징을 알아보면 이렇습니다.

첫째로 뜨겁습니다. 불에 손을 대면 굉장히 뜨겁다는 것을 알 수 있습니다. 성령체험을 하시는 분들의 이야기를 들어보면 누구나 할 것 없이 뜨거움을 느꼈다고 합니다. 계시록에 보면 말세교회에 대해 책망하는 말씀이 나옵니다. "내가 네 행위를 아노니 네가 차지도 아니하고 뜨겁지도 아니하도다 네가 차든지 뜨겁든지 하기를 원하노라 (16) 네가 이같이 미지근하여 뜨겁지도 아니하고 차지도 아니하니 내 입에서 너를 토하여 버리리라"(계3:15-16)

"여호와여 내게 응답하옵소서 내게 응답하옵소서 이 백성으로 주 여호와는 하나님이신 것과 주는 저희의 마음으로 돌이키게 하시는 것을 알게 하옵소서 하매 (38) 이에 여호와의 불이 내려서 번제물과 나무와 돌과 흙을 태우고 또 도랑의 물을 핥은지라 (39) 모든 백성이 보고 엎드려 말하되 여호와 그는 하나님이시로다 여호와 그는 하나님이시로다 하니"(왕상18:37-39). "솔로몬이 기도를 마치매 불이 하늘에서부터 내려와서 그 번제물과 제물들을 사르고 여호와의 영광이 그 전에 가득하니"(대하7:1)

말세교회는 두 가지 특성이 있는데, 하나는 '썰렁한 교회'요, 또 다른 하나는 성령의 불의 역사로 '뜨끈뜨끈한 후끈후끈한 교회'입니다. 우리 충만한 교회는 어떤 교회가 되었으면 좋겠습니까? 성령의 불을 받고 성령으로 충만 받아야 한다고 하면 신비주의라고 하며 모든 성령의 역사를 도매 값으로 넘기는 사람들이 많지만, 우리는 올바른 성령에 대한 이해를 가져서 성령 충만한 교회, 성령 충만한 성도들이 되어야겠습니다. 사람의 말을 의식하면 날마다 자신 안에 주인으로 계시는 삼위일체 하나님으로부터 불세례를 받을 수가 없어 죄와 악을 태울 수가 없어 의인이 될 수 없습니다.

영국의 '요한 웨슬레' 라는 사람은 말씀의 지식만 가지고 미국에 선교사로 갔습니다. 그런데 그가 아무리 전도하고 외쳐도, 도무지

듣는 이들에게 감동 감화도, 그들의 마음을 녹이지도 못했습니다. 그는 실망한 나머지 낙심하여 본국으로 돌아왔는데, 어떤 자그마한 모라비안 교회의 집회에 참석하여 성령의 불을 받고, 생명을 내건 기도로 능력을 받아 19세기에 전 영국을 변화시켰을 뿐만 아니라, 후에 감리교회 창시자가 되었습니다.

따라서 예수 믿는 자라면 반드시 성령의 불로 뜨거움을 경험하고 죄가 태워지는 것이 필요합니다. 사람의 피도 뜨거워야 힘이 솟고, 뜨거워야 비행기도 기차도 자동차도 움직이며, 밥을 해도 한번은 반드시 뜨겁게 끓어야만, 밥이 되듯이 우리의 신앙도 한번은 뜨겁게 불이 붙어야 만이 성숙한 그리스도인으로서 참다운 신앙생활을 할 수가 있는 것입니다. "내가 다시는 여호와를 선포하지 아니하며 그 이름으로 말하지 아니하리라 하면 나의 중심이 불붙는 것 같아서 골수에 사무치니 답답하면 견딜 수 없나이다"(렘20:9).

주님의 몸 된 성전 교회에 대해 마음이 뜨겁지 않으십니까? 예레미야는 뜨거워서 견딜 수 없다고 하였습니다. 우리 충만한 교회는 성령의 불이 붙어서 전열기가 없어도 옆 사람을 훈기로 녹이는 교회가 됩시다. 즉 찬송의 열, 기도의 열로 인해 항상 성령의 불의 역사로 후끈후끈 해야 합니다.

둘째로 불은 무쇠 덩어리를 녹입니다. 아무리 단단한 쇠 덩어리라 할지라도 일단 용광로에 들어가기만 하면 형체도 없이 녹아져 버립니다. 그리고 쇠 덩어리는 녹아져야만 좋은 제품을 만들 수가 있습니다. 마찬가지로 우리도 성령의 불을 받아야, 우리 교만도 녹아지고, 고집도, 꺾이고, 완고함도 없어집니다.

예수님의 제자 가운데 우뢰의 아들인 야고보와 요한이 있는데 이들은 사마리아 사람들이 예수님을 거부하니 "예수님 저들을 가만둡니까? 당장 벼락을 내려 죽여 버리시옵소서!"라고 분노하였습니다. 그런 그들이지만 예수님이 승천하신 후 마가의 다락방에서 성령의 불을 받고 주님께 최고로 사랑 받는 종이 되었습니다.

모세의 완고함과 교만함과 성격이 급한 것도 호렙산에서 성령의 불을 보고 녹아져서 이스라엘의 위대한 영도자가 되었습니다. 그런데 이상한 것은 내가 먼저 녹아져야만 상대방도 더불어 녹아진다는 것입니다.

셋째로 불은 태웁니다. 녹지 않은 것은 불 받으면 태워지기 마련입니다. "네 하나님 여호와는 소멸하는 불이시오 질투하는 하나님이시니라"(신4:24). "우리 하나님은 소멸하는 불이심이니라"(히12:29). 지금까지 인류에게 알려진 가장 완전한 소독법은 불로 태우는 것입니다. 이와 같이 성령은 우리 심령에 임재하여 우리 속에 있는 가지각색의 더러운 것을 태우는 역사를 하십니다. 물이 겉만 깨끗하게 하는 역할을 한다면, 불은 아예 형체까지 소멸시켜 버리는 역할을 합니다. 우리가 성령의 불세례를 받으면, 우리가 노력해도 버리기 힘든 악함, 성격, 세속적인 습관을 없앨 수 있습니다.

세계 제1차 대전 때 독일군과 연합군이 폴란드의 육십 고지라는 작은 산에서 언덕 하나를 두고 싸우는데 도대체 승부가 나지 않았습니다. 그러는 과정에서 사람들은 죽어서 시체가 산더미같이 쌓이고, 밀고 밀치는 사이에 이 육십 고지는 황무지가 되었습니다. 한번은 연합군이 고지를 탈환하여 버티다가 도저히 계속 지키기가 어려워 굴을 팠는데 그곳에다가 와이즈만 박사가 발명한 신 폭탄을 스위치만 눌리면 폭발하도록 설치하였답니다. 그들은 독일군에게 싸움을 건 후에 일제히 후퇴하는 척하며 내려왔는데 그것도 모르고 독일군들은 일제히 함성을 지르며 육십 고지로 올라오지 않겠습니까? 그것을 보고 연합군들은 스위치를 눌렀는데 독일군대가 모두 전멸하여 연합군이 전쟁에서 승리했다는 이야기가 있습니다.

오늘날도 우리 믿음이 생활가운데는 육십 고지가 있습니다. 부자 청년처럼 한 가지 부족한 것 때문에 내 신앙에 치명타를 주는 그것이 '육십 고지'입니다. 항상 이것이 나에게 핸디캡(handicap)입니다. 우리는 이 육십 고지 산 하나를 두고 마귀와 엎치락뒤치락합니다. 귀하는 어떤 것이 육십 고지입니까?

어떤 분은 권위가 육십 고지 일 수 있습니다.

어떤 분은 외고집이 육십 고지 일 수 있습니다.

어떤 분은 자아가 육십 고지 일 수 있습니다.

어떤 분은 지식이 육십 고지 일 수 있습니다.

어떤 분은 돈이 육십 고지 일 수 있습니다.

어떤 분은 교만과 혈기가 육십 고지 일 수 있습니다.

어떤 분은 술과 담배와 도박이 육십 고지 일 수 있습니다.

어떤 분은 잠재의식의 상처가 육십 고지 일 수 있습니다.

어떤 분은 난치병과 불치 질병이 육십 고지 일 수 있습니다.

우리는 하도 많이 엎치락뒤치락 하기 때문에 우리 마음의 밭은 황무지가 되었습니다. 이것을 어떻게 하면 되겠습니까? 인간의 힘이나 결심이나 도덕이나 교육으로도 안 됩니다. 오직 성령의 불을 우리 심령에 가득 채워 터뜨려야 되겠습니다. 성령의 불세례가 나타나야 육십 고지가 점령되는 것입니다.

넷째로 불은 빛이 있습니다. 불은 어두움을 몰아내고 세상을 밝게 밝히고 있습니다. 성령의 불이 활활 타오르는 자는 온 사방의 어두움을 몰아내는 세상의 빛 된 삶을 삽니다. 성령의 불을 받은 사람은 말과 행동이 밝아지고 정직하게 정정당당하게 말과 행동이 일치하며 대의명분이 뚜렷하며 의롭다 함을 받으면서 살아갑니다.

데살로니가 전서 5장 5절 "너희는 다 빛의 아들이요 낮의 아들이라 우리가 밤이나 어두움에 속하지 아니하나니 그러므로 우리는 다른 이들과 같이 자지 말고 오직 깨어 근신할지라" 어두움의 세계는 불의의 세계요 죄악의 세계요 악마의 세계입니다. 요한 1서 1장 5절 "우리가 저에게서 듣고 너희에게 전하는 소식이 이것이니 곧 하나님은 빛이시라 그에게는 어두움이 조금도 없으시니라"

하나님은 빛이시기 때문에 어두움이 하나도 없으십니다. 그럼으로 빛의 자녀 된 우리도 역시 어두움을 물리치면서 사는 빛의 아들입니다. 우리가 하나님의 아들이라 하면서 어두움의 일을 하면 마귀의 자녀이고 거짓말을 하는 사람입니다.

요한1서 1장 6절-10절에 "만일 우리가 하나님과 사귐이 있다 하고 어두운 가운데 행하면 거짓말을 하고 진리를 행치 아니함이거니와 저가 빛 가운데 계신 것같이 우리도 빛 가운데 행하면 우리가 서로 사귐이 있고 그 아들 예수의 피가 우리를 모든 죄에서 깨끗하게 하실 것이요 만일 우리가 죄 없다 하면 스스로 속이고 또 진리가 우리 속에 있지 아니할 것이요 만일 우리가 우리 죄를 자백하면 저는 미쁘시고 의로우사 우리 죄를 사하시며 모든 불의에서 우리를 깨끗케 하실 것이요, 만일 우리가 범죄 하지 아니하였다 하면 하나님을 거짓말하는 자로 만드는 것이니 또한 그의 말씀이 우리 속에 있지 아니하니라"

우리가 성령을 받는 것은 빛을 받은 것이나 다름이 없는 것입니다. 세상의 빛으로 어두움을 물리치면서 악에 동참하지 않으면서 살아가는 우리가 되어야 할 것입니다. 마귀의 자녀인가 빛의 자녀인가는 어두움에 거하는 가 빛 가운데 거하는 가로 쉽게 구별이 됩니다. 성령의 빛으로 자신 안에 있는 세상을 몰아내야 합니다.

다섯째로 불은 힘이 있습니다. 오늘날 우리는 불의 세계에서 살고 있습니다. 기관차도 제트기의 힘도 바로 불의 위력으로 움직이듯이 성도들도 성령의 불을 체험할 때에야 비로소 기도에 힘이 있고 찬송에 힘이 있으며, 교역자들도 설교에 힘이 있습니다. 성령의 불의 역사로 귀신들이 떠나갑니다.

여섯째로 불은 순식간에 퍼집니다. 불이란 속성은 한 곳에 붙었으면 그냥 있는 것이 아니라, 옆으로 앞으로 뒤로 퍼집니다. 그러기에 요원의 불이라고도 하는 것입니다. '요원(燎原)'은 불타는 벌판이라는 뜻입니다. 즉, 무서운 기세로 퍼져간다는 말입니다. 작은 불꽃 하나가 온 산을 태우는 산불로 번지듯 예루살렘에서 시작된 성령의 불길이 온 세계에 번지고 있습니다.

이 성령의 불을 받은 사람들이 선교사로, 복음 전도자로 온 세상을 향하여 사역을 하고 있습니다. 불은 또 힘을 냅니다. 자동차도 기차도 군함이나 상선도 비행기도 모두 불을 이용하여 힘을 얻어

날고, 다니고 있습니다. 불은 전진력이 있듯이 성령의 불은 추진력과 힘이 무한하게 나타납니다. 기독교는 2,000년의 모진 박해와 방해와 말살 정책이 있었지만 성령의 힘으로 오대양 육대주에 더욱 크게 번져 가고 있습니다.

불을 받은 초대교회를 기억하십니까? 처음에는 12명이었는데 120명으로까지 퍼졌습니다. 처음에는 예루살렘으로 시작되어 사마리아로, 고린도로, 안디옥으로 데살로니가로 번져 나가더니 온 세상에 주의 복음이 전해졌습니다. 이와 같이 거룩한 불을 체험한 교회는 1년 혹은 2년, 5년이 되면 제자리에 정체되는 것이 아니라 계속 인간의 상상력의 한계를 넘어서 퍼져 나가는 것입니다.

그래서 성경에 복음을 전염병(행24:5)이라 했습니다. 전염병이란 퍼지고 전염되어 가는 병입니다. 우리가 속한 교회가 성장이 없다면 불이 없어서 냉냉하기도 하고, 아예 거룩한 불이 꺼진 탓입니다. 마귀는 이 불이 번지지 못하도록 가지각색으로 역사합니다.

교회 안에는 여러 종류 여러 층의 사람이 있습니다. 어떤이는 불 쏘시개 성도로 장작을 때거나 숯불을 피울 때 불을 옮겨 붙이기 위해 먼저 쓰여진 나무처럼 그런 역할을 하는가 하는 성도들이 있습니다. 하지만, 불만 붙여 놓기만 하면 앵앵거리며 끄고 다니는 소방서 교인이 있습니다. 교회에 이런 성도가 많으면 불이 붙였다가도 속히 꺼지고 맙니다.

성도들 가운데서도 소방수 같은 사람이 많으면 불이 붙기도 전에 꺼져 버립니다. 우리들은 성령의 불을 번지게 하지는 못할지언정 철저하게 끄고 다니는 마귀 소방수는 되지 말아야겠습니다.

일곱째로 불꽃은 위로 올라갑니다. 불이란 땅속으로 들어가지 않고 언제든지 위로 솟아 올라가게 되어 있습니다. 이처럼 우리도 불 받으면 우리의 믿음의 경중에 관계치 않고 날로 날로 위로 올라 갑니다. 그래서 땅의 것보다 하늘의 것을 사모하게 되고 위를 바라 보고 사는 사람들로 체질이 변화되게 됩니다.

"오직 여호와를 앙망하는 자는 새 힘을 얻으리니 독수리의 날개 치며 올라감 같을 것이요, 달음박질하여도 곤비치 아니하겠고 걸 어가도 피곤치 아니하리로다"(사40:31)

"그러므로 너희가 그리스도와 함께 다시 살리심을 받았으면 위 엣 것을 찾으라 거기는 그리스도께서 하나님 우편에 앉아 계시느 니라 위엣 것을 생각하고 땅에 것을 생각지 말라"(골3:1~2).

한번은 돼지가 감나무에서 떨어진 홍시감을 하나 주어먹고 땅에 서 맛있는 감이 나오는 줄 알고, 땅만 파다가 콧대가 상하여 죽었 다 합니다. 신앙생활도 땅에 것에만 너무 집착하게 되면 자신의 믿 음이 떨어지고 결국에는 완전히 소멸되어 버립니다. 위엣 것을 찾 고 위엣 것을 구하는 우리들이 되시기를 바랍니다.

나이아가라 폭포에 빠져 죽은 독수리가 있는데, 그 독수리는 높 은 하늘을 날고 있다가 나이아가라 폭포수에 짐승 한 마리가 떠내 려가는 것을 보고 신속히 내려가서 힘차게 발톱으로 뜯어먹다가 그냥 죽었습니다. 왜냐하면 이 독수리는 "나는 새 중의 왕이다. 이 폭포수는 과거에도 수차례 왕래했기 때문에 폭포수에 떨어지더라 도 날면 되겠지?" 했더랍니다. 그런데 폭포수에 떨어졌는데 고기 에 독수리의 발톱이 박혀, 아무리 발버둥을 쳐도 발톱이 빠지지 않아 날지 못함으로 수천 길 되는 폭포수에 떨어져 죽었다는 이야기가 있습니다. 우리도 눈앞에 있는 이익만을 추구하여 위엣 것을 경시하는 경우가 많은데, 이제는 이런 것보다는 저 높은 곳을 향해 위로 위로, 높이 높이 올라가는 모두가 되시기를 바랍니다. 예수님의 마음처럼 넓고 깊은 성도가 되시기를 바랍니다. 유행가에 「불꺼진 창」이라는 곡이 있는데, 이 불꺼진 창을 가장 좋아하는 영물이 바로 마귀요, 사단입니다. 마귀는 오늘도 두루 다니며 불꺼진 심령, 불꺼진 가정, 불꺼진 교회를 찾아다니고 있습니다. 불로 태우면 ① 모든 것이 드러나고, ② 찌꺼기와 불순물을 태우고, ③ 태워지는 물질의 안을 깨끗하게 합니다. 한 마디로 내적으로 정결케 합니다. 불은 겉만 아니라 속 까지 태워서 태우는 물질을 변형시킵니다. 불의 특징과 같이 불의 성령의 역사는 우리 속에 있는 죄를 태우는 역사, 우리 속을 변형시키는 역사, 우리 속에 있는 찌꺼기와 불순물을 태우는 역사, 우리의 안에 숨겨진 죄 된 것들을 드러내게 하고, 내적으로 정결케 하는 것이 불의 세례의 역사입니다. 우리 과거의 죄를 용서하시는 은혜를 물로 씻는 것으로 표상했다면 성령의 불세례는 우리 속에 있는 죄를 태워 다시는 그런 죄를 짓지 않도록 아예 없애버리는 능력의 역사를 말하는 것입니다. 성령의 불의 세례는 우리를 바꿔 주시고 우리 속에 있는 죄의 능력들을 녹여내어 죄를 찾아내어 깨닫게 하시고 회개케 하시고 태워 없애버리는 역사입니다. 귀하는 성령의 불의 세례를 받으셨나요? 성령의 불, 불의 세례는 감정적으로만, 몸이 뜨거워지고 흥분되는 역사가 아닙니다. 성경은 하나님의 임재를 "불"로 상징했습니다. 우리 "하나님은 소멸하는 불이심이라"(히12:29). 성령의 불 즉, 하나님의 임재가 임하면 우리의 죄를 소멸하는 역사가 일어나게 됩니다. "시온에 남아 있는 자, 예루살렘에 머물러 있는 자 곧 예루살렘 안에 생존한 자 중 기록된 모든 사람은 거룩하다 칭함을 얻으리니 (4) 이는 주께서 심판하는 영과 소멸하는 영으로 시온의 딸들의 더러움을 씻기시며 예루살렘의 피를 그 중에서 청결하게 하실 때가 됨이라"(사4:3-4)

이 소멸하는 분으로 표현된 하나님은 무섭고 공포의 이미지가 아니라 성결하신 하나님을 나태내줍니다. 소멸하시고 심판하시는 영이신 하나님은 죄와 함께 있지를 못하십니다. 그 분은 성결하고 거룩하기에 죄와 함께 있다면, 그 죄가 하나님의 임재에 타 없어져 버립니다. 성경말씀 여러 군데에서는 하나님의 임재를 불로 나태내고 있습니다. 아담과 하와가 쫓겨났을 때 스스로 도는 화염검으로 상징된 하나님, 아브라함과의 언약 시에 불로 제단 사이를 지나간 하나님, 모세가 본 불에 타고 있던 가시 떨기나무, 시내산 위 십계명 받을 때의 광경, 광야에서 이스라엘 백성들을 인도한 불기둥, 성소에 지성소 안에 있는 불, 엘리야 갈멜산 불, 이사야 계시 가운데 불, 엘리야 승천 할 때 그를 인도한 불 병거, 오순절날 각 사람들에게 내린 성령의 불 등 모두 하나님의 임재를 나타냅니다.

하나님께서는 불과 같이 우리의 죄를 태우십니다. 우리의 죄를 용서하시고 소멸하셔서 다시는 그 죄를 짓지 않도록 태우시는 것입니다. 진실로 용서받은 상태 그 죄를 승리하는 상태는 (물론 실수하고 연약하여 넘어질 수 있으나) 죄를 지으려는 마음과 동기를 가지고 있지 않은 것, 죄를 미워하는 마음이 있는 것입니다. 우리는 불의 세례, 죄를 태워버리는 성령의 경험이 있어야 합니다. "가마가 빈 후에는 숯불위에 놓아 뜨겁게 하며 그 가마의 놋을 달궈서 그 속에 더러운 것을 녹게 하며 녹이 소멸하게 하라"(에스겔24:11). 우리의 죄를 소멸하는 성령의 불! 우리의 죄를 미워하게 하는, 정결케 하는 성령의 불의 세례! 그 성령의 불의 세례는, 성령의 불은 방언과 치유의 은사와 뜨거운 감정들이 아닌 십자가의 희생과 예수 그리스도의 사랑을 바라봄으로 얻는 회개의 영과 그로 인해 새 사람이 되는, "전인격의 정결"을 성령의 불의 세례라고 합니다.

성령의 불의 세례가 무엇인지 이해가 되셨나요? 우리 충만한 교회 성도님들이 예배나 집회시에 말씀전하고 30-40분간 기도하면서 지내다가 코로나19로 인하여 30-40분 기도를 하지 못하니까, 마음속에 숨어있던 요소들이 현실로 나타나 질병들이 발생하여 고통을 당했습니다. 이분저분 할 것 없이 질병이 발생했습니다. 필자가 기도하는 가운데 집중기도 온몸기도 집중치유기도를 해서 성령의 불로 지배되고 장악되면 질병들이 치유된다는 성령의 감동을 받았습니다. 월화금토요일에 09:00-11:00까지 자신이 참석할 수 있는 요일에 나오셔서 집중치유 기도하도록 하면서 성령의 불로 지배당하도록 했습니다. 한 6개월 기도하니까, 모든 성도들이 온전하게 치유가 되었습니다. 필자가 강단에서 이렇게 말했습니다. 여러분 집중치유기도는 성공적이었습니다. 온전하게 말이나 이론이 아니고 실제적인 살아있고 타오르는 성령의 불로 온몸을 지배하게 했더니 모두 묵은 질병까지 치유가 되었습니다. 할렐루야! 살아계신 성령하나님께 영광을 돌립니다.

17장 성령의 불세례 받을 때 체험되는 실상

(행 4:28-31)"하나님의 권능과 뜻대로 이루려고 예정하신 그것을 행하려고 이 성에 모였나이다 (29) 주여 이제도 그들의 위협함을 굽어보시옵고 또 종들로 하여금 담대히 하나님의 말씀을 전하게 하여 주시오며 (30) 손을 내밀어 병을 낫게 하시옵고 표적과 기사가 거룩한 종 예수의 이름으로 이루어지게 하옵소서 하더라 (31) 빌기를 다하매 모인 곳이 진동하더니 무리가 다 성령이 충만하여 담대히 하나님의 말씀을 전하니라."

성령의 불세례는 자신 안에 주인으로 계시는 예수님으로부터 성령의 불이 타오르는 것입니다. 말이나 이론이 아니고 살아계신 성령하나님으로부터 불이 타오르는 것입니다. 말로 성령의 불을 받았습니다. 가 아니고 실제적인 살아있어 지금 자신 안에서 타오르는 성령의 불세례를 받고, 성령의 불이 자신 안에서 나타나게 되면 자신의 전인격으로 느끼게 됩니다. 지금은 성령님이 역사하시는 교회시대입니다. 성령은 보이지 않지만 초자연적으로 역사하시는 하나님이십니다. 영이시기 때문에 보이지 않으니 이론으로 알면 성령의 불세례를 받고 성령충만한 줄로 이해하는 분들이 있습니다. 성령님은 절대로 이론으로 많이 안다고 성령세례 받고 성령 충만 받는 것이 아닙니다. 지금은 자신 안에 주인으로 계시는 성령님으로부터 성령의 불세례를 나타내는 시대입니다.

성경에 성령의 역사에 대한 명확한 말씀으로 언급된 것이 그리 많지 않습니다. 사도행전에 일부가 언급되고 있습니다. 사도행전 2:1-4절에 보면 이는 최초 성령세례 성령님이 역사하는 것을 표현한 것입니다. 사도행전 4장 28-31절에는 성령의 충만에 대하여 말씀하고 계시는 데, 어떤 상태가 성령으로 충만한 상태인지 세부적 언급이 없습니다. 사도행전 8장 4-8절에는 귀신을 쫓아내고 중풍병자를 고치고 걷지 못하는 사람이 나으니 사마리아에 큰 기쁨이 있었다고 합니다.

사도행전 9장에 보면 눈을 보지 못하는 바울을 아나니아가 안수하여 보게 했다는 말씀이 있고, 베드로가 중풍병에 걸린 애니아를 안수하여 고쳤으며, 죽은 도로가를 살린 말씀을 기록하고 있습니다. 사도행전 10장 44-46절에서는 고넬료 가정의 성령세례를 받는 기사가 기록되어있습니다.

그 외에도 앉은뱅이를 고친 사건과 사도행전 19장 6-7절에 "바울이 그들에게 안수하매 성령이 그들에게 임하시므로 방언도 하고 예언도 하니 (7) 모두 열두 사람쯤 되니라." 모두 찾아서 읽어보아도 성령세례와 성령충만할 때 어떤 세부적인 육체적, 정신적, 오감적인 현상을 이해하거나 깨달을 수가 없습니다. 성령의 역사에 대하여 정립하는 방법은 본인이 성령세례를 받고 성령충만을 받아 성령의 지배와 인도를 받으면서 성령으로 말씀에 입각하여 정립하는 수밖에 없습니다.

그렇기 때문에 명확하게 정립되지 못하여 목회자마다 성령의 역사에 대해서 제각각적으로 말을 하여 성도들이 혼동하는 경우가 있습니다. 그래서 성도들이 카리스마가 있다는 어떤 목회자의 말만 믿고 신앙생활을 지속하여 바른 성령의 역사가 아닌 다른 영의 역사를 따라가다가 나중에야 밝히 깨닫고 바른 길을 따라가는 성도가 있습니다.

필자가 지난 20년이 넘는 세월동안 성령사역을 하면서 체험한 바로는 ①최초 성령세례를 받을 때 온몸에서 일어나는 체험적인 현상과 ②성령의 불세례를 받아 성령으로 충만할 때의 자신이 전인적으로 느끼는 기분의 상태가 다르다는 것입니다.

최초 성령세례가 임할 때 보편적으로 성령님이 임재 하여 전인격을 장악하시면 외적인 현상이 현저하게 나타납니다. 이는 13장에서 자세하게 설명을 했습니다. 이는 최초 성령세례가 임할 때에 일어나는 외적인 현상들입니다. 이러한 외적인 현상이 계속적으로 일어난다면 자신에게 상처나 영적인 문제가 아직 남아있기 때문입니다. 성령의 불세례가 임하여 성령님이 자신을 지배하게 되면 이러한 현상은 점진적으로 일어나지 않습니다. 이러한 외적인 현상만을 지속적으로 느끼려고 하면 앉은뱅이 성도가 될 수가 있습니다. 이제 자신 안에서 예수님으로부터 성령의 불세례를 받고, 성령의 불이 나타나게 해야 합니다.

성령세례를 받고 지속적으로 우리 충만한 교회와 같이 주일날도 성령의 역사를 일으키면서 성령의 인도를 받으면 성령의 불세례가 임합니다. 성령의 불세례가 자신 안에서 나타나기 시작하면 성령세례를 받으면서 일어났던 외적인 현상들은 점점 시들해지다가 나타나지 않습니다. 왜냐하면 성령께서 자신을 장악하셨기 때문에 하나님의 나라로 하나가 되었기 때문입니다. 성령의 불이 자신의 마음 안에서 나와서 상처나 영적인 문제가 치유되었기 때문입니다. 전인격 온몸이 성령으로 지배되어 하나님의 나라가 되었기 때문입니다. 그리고 성령님이 자신을 지배했다고 믿어 성령님이 주인이 되셨기 때문입니다. 그래서 예수님은 "내게 주신 영광을 내가 그들에게 주었사오니 이는 우리가 하나가 된 것 같이 그들도 하나가 되게 하려 함이니이다."(요 17:22) 하며 기도하신 것입니다.

필자가 어느 성령집회에 참석하여 말씀을 듣는 중에 입술과 온몸에 성령의 강한 불이 나타나 태우는 체험을 했습니다. 저는 성령의 불을 받는 것과 말씀을 아주 사모했었습니다. 그러던 어느 날 말씀과 성령의 역사가 강하게 일어나는 강사 목사님이 집회를 인도한다고 해서 말씀도 배우고 성령의 불도 받겠다는 믿음을 가지고 집회에 참석하려고 일찍 가서 맨 앞자리에 앉아서 말씀을 들으면서 은혜를 받았습니다. 저는 어느 집회를 가든지 한 두 시간 일찍 가서 좋은 자리를 잡고 기도하면서 기다리는 습관이 있습니다.

그런데 강사 목사님이 성령의 불의 역사도 강하게 일으키고 말씀도 그렇게 잘 전하시는 것입니다. 정말 저도 그 강사 목사님 같이 되었으면 좋겠다는 그런 어린 아이와 같은 사모하는 마음으로 말씀을 들었습니다. 그래서 말씀을 듣는 중에도 계속 마음으로 기도했습니다. "성령님 저를 지배하고 사로잡아 주옵소서. 저 목사님과 같은 성령의 불이 내 안에서 나오게 해주시고 말씀도 잘 전하도록 역사하여 주옵소서! 성령님 도와주세요. 성령님 도와주세

요. 성령님 도와주세요. 성령님 역사하여 주세요. 성령님 역사하여 주세요. 성령님 역사하여 주세요. 성령님 제 입에 지식의 말씀과 지혜의 말씀의 은사를 주셔서 저 목사님 같이 말씀을 잘 전하게 하여 주시옵소서" 하면서 애절한 마음으로 간절하게 기도를 하였습니다.

그러자 갑자기 온 몸이 성령의 불로 뜨거워지는 것입니다. 그러다가 입술이 뜨거워지기 시작하는데 정말 감당하기 어려울 정도로 뜨거워서 견딜 수가 없었습니다. 그 날은 집회 마지막 날이라 강사목사님 모두 안수를 해주는 날입니다. 그런데 저는 목사님에게 안수를 받기 전에 이미 내가 성령님에게 간절하게 기도한대로 이미 성령의 불이 임하여 온몸과 입술이 뜨거워지고 있었습니다. 정말 너무 뜨거워 입술이 다 타서 없어진 줄만 알았습니다. 마치 병원에 가서 위장 내시경 하기 전에 마취제를 입에 물고 있을 때 입이 얼얼한 그런 기분이었습니다. 정말 신비한 현상을 체험했습니다.

"때에 그 스랍의 하나가 화저로 단에서 취한바 핀 숯을 손에 가지고 내게로 날아와서 (7) 그것을 내 입에 대며 가로되 보라 이것이 네 입에 닿았으니 네 악이 제하여졌고 네 죄가 사하여 졌느니라 하더라"(사6:6-7). 약 3시간 정도 그런 현상을 체험했습니다. 점점 입술의 뜨거움이 사라져 갔습니다. 그러고 나니 이제 궁금했습니다. 입술이 과연 그대로 있을까 정말 두렵기도 하고 궁금하기도 했습니다. 그래서 화장실에 뛰어가서 거울을 보니 입술이 그대로 있었습니다. 정말 저는 입술이 타서 없어지는 줄 알았습니다.

그런 체험을 하고 난 다음에 말씀에 대해 사모하게 되고 말씀 전하는 것이 즐겁고 쉬워졌습니다. 필자는 성령의 불세례를 받고 모든 것이 달라졌습니다. 성령의 불세례는 성도를 다른 사람으로 바뀌게 합니다. 하나님은 사모하는 영혼에게 만족함을 주시는 하나님이십니다. 책을 읽는 모든 분들도 불같은 성령의 임재하심과 역사를 사모하여 이런 체험을 하시기를 바랍니다. 하나님은 사모하는 영혼에게 만족함을 주십니다.

필자는 20년이 넘도록 성령사역을 하고 있습니다. 성령사역을 하면 할수록 성령의 불세례는 하나님의 축복 중에서 제일 좋은 축복이라는 것을 날마다 깨닫고 있습니다. 왜냐하면 성령하나님께서 주인 되시어 동행하시면서 살아계신 하나님을 끊임없이 나타내는 성도이기 때문입니다. 그 성도를 통하여 살아계신 하나님을 나타내시기 때문입니다. 하나님께서 선택한 자이기 때문입니다.

필자가 성령의 불세례를 받으면서 얼마가 지난 다음에 필자가 온몸이 뜨거운 강력한 성령의 불세례를 받으면서 전인적으로 느끼게 되었습니다. 마치 술에 취한 것과 같이 온몸이 뜨거운 성령의 불세례가 내 안에서 나타나는 체험입니다. 한동안 목회를 하지 못하겠다고 버티다가 마음이 변하여 목회를 하겠다고 마음을 굳게 먹고 한창 기도원에 성령의 불과 능력을 받겠다고 다니던 때입니다. 그때 성령세례도 체험하고 내적치유도 한 1년 받으면서 성령으로 깊은 기도도 숙달하고 성령의 나타남으로 환자를 기도하면 신유의 역사도 강하게 나타나고 귀신축사도 할 시절입니다. 그렇지만 아직 성령으로 온전하게 지배되지 못한 시절이었습니다.

국민일보에 보니 어느 기도원에서 목회자 성령 능력 치유세미나를 한다고 광고가 나왔습니다. 우리 사모가 목회자 성령 능력 치유세미나이니 가서 능력도 받고 어떻게 하는지 경험도 쌓을 겸 가보라고 성화가 대단했습니다. 그런데 그 때 회비가 8만원이었습니다. 저는 가봤자 고생만하고 개척 교회하느라고 물질 어려운데 돈만 15만원 이상 허비하는 것 무엇 때문에 가느냐고 버티다가 결국 성화에 못 이겨 가게 되었습니다.

매일 말씀 듣고 기도 시간에 성령으로 깊은 영의기도를 하면서 강사 목사님과 같이 성령의 불세례를 받아 성령으로 능력 있는 목회를 할 수 있도록 강력한 성령의 불을 머리부터 발끝까지 받게 해달라고 계속 성령 안에서 깊은 영의기도를 했습니다. 숨을 들이쉬고 내 쉬면서 하는 성령 안에서 깊은 영의기도를 계속 몰입하여 했습니다. 정말 그 때는 물불을 가리지 않고 불같은 성령과 능력을 받겠다는 생각뿐이었습니다. 왜냐하면 성령의 능력이 아니고는 개척 목회를 할 수가 없었기 때문입니다.

그렇게 사모하면서 성령 안에서 기도하면서 3일을 지냈습니다. 더 이상 진전이 없는 것 같은 기분이 들었으나 포기하지 않고 쉬는 시간에도 계속 성령 안에서 깊은 영의기도를 했습니다. 그러다가 3일이 지난 오후에 집회를 인도하시는 목사님께서 안수를 해준다고 하여 사모하는 마음으로 앞으로 나가서 안수를 받았습니다. 아랫배에다가 안수를 해주셨는데 그때 성령의 강력한 불의 역사와 성령의 새 술에 취했습니다. 성령의 강한 불의 역사로 새 술에 취하여 몸이 가누기가 힘들 정도로 흔들리고 입에서 불이 훅훅하고 나오고 새의 깃 같이 가벼운 환희를 체험했습니다. 머리에서 발끝까지 온몸이 성령의 불세례로 지배가 되면서 뜨거운 체험을 했습니다. 3일째 되는 날까지 성령의 불세례를 받고 말겠다는 의지를 가지고 기도한 결과 오후 집회를 마치고 안수를 받고 성령의 강한 불을 받은 것입니다.

지금 이글을 쓰고 있는 순간에도 그 때 같은 성령의 불이 올라와 얼굴이 화끈 거립니다. 정말 성령의 불로 큰 은혜를 받았습니다. 필자는 늦게 목사가 된 사람이라 솔직하게 말해서 세상 술도 먹어봤습니다. 그런데 세상 술 먹고 취한 것과 동일한 현상이였습니다. 약 3시간 동안 몸을 가누기 힘들 정도로 성령의 새 술에 취해서 지냈습니다. 막 입에서는 훅훅하고 불이 나오고 몸이 가누기가 힘이 들어 화장실을 가는데 거기 온 사람들이 목사가 대낮에 기도원에 와서 술 먹고 취해서 돌아다닌다고 오해할 까봐 정말 화장실을 가는데 조심조심 가서 볼일을 봤습니다.

정말 몸의 중심을 잡기가 힘이 들고 구름위에 발을 올려놓는 것 같이 푹푹 빠졌습니다. 그 것 뿐만이 아니었습니다. 입에서는 계속 불이 훅훅하고 나왔습니다. 한 3시간 정도 지나니까 서서히 안정되는 것이었습니다. 그러고 난 다음에 제가 궁금했습니다. 이 불이 과연 성령의 불인가 자꾸 확인하고 싶은 생각이 들었습니다.

그래서 제가 내적치유 받던 치유센터에 은혜 받으러 가서 치유를 받고 있는 성도들에게 입으로 후하고 불어도 성령의 강한 임재에 마치 오징어가 구워지면서 오그라드는 것과 같이 오그라들면서 치유가 됩니다. 필자가 완전하게 성령님이 주인 된 목사로 바뀌는 계기가 된 것입니다.

성령의 강한 불을 받겠다는 순수한 마음을 먹은 다음에 나타난 것이었습니다. 필자가 보아도 정말 대단했습니다. 그래서 이것 잘못 사용하다가 영락없이 이단이 될 것 같은 의심을 와서 절제하고 이단에 대하여 한 일 년 간 연구를 했습니다. 그래서 내린 결론은 성경말씀과 조직신학을 벗어나지 않으면 절대로 이단이 되지 않는 다고 결론을 얻었습니다.

그래서 내린 결론은 성령 사역은 첫째 교회에 무리가 가지 않고, 성장해야 한다는 것입니다. 둘째는 성경 적이어야 된다는 것입니다. 그리고 셋째는 시시비비가 없이 누구나 공감해야 한다는 것입니다. 그리고 치유와 능력을 받고 성품이 주님의 성품으로 변화가 되고 계속 유지가 되어야 합니다. 이러한 실제 교회에 접목되는 영성이 되어야 제대로 된 능력이라고 생각합니다.

그래서 교회에 접목되는 성령 사역이 되어야 한다고 기본을 정하고 기본 법칙에 벗어나지 않는 성령사역을 하려고 노력하고 있습니다. 성령의 불을 받고 깊은 영의기도가 열려 영육을 치유 받으려고 하시는 성도님들과 목회를 하시려는 분들에게 요약해서 말씀을 드립니다. 성령의 불을 받는다고 몇 년씩 성령의 불의 역사가 있는 기도원에 다니는 분들이 있습니다.

그런데도 불같은 성령을 받지를 못합니다. 왜냐하면 자신 안에 주인으로 계시는 성령님과 영의 통로가 열리지 않기 때문입니다. 성령의 불은 받는 것이 아니고 내 영 안에 계신, 지성소에 계신 성령으로부터 불이 나와야 합니다. 그러기 위하여 먼저 마음이 열리고 성령으로 세례를 체험해야 합니다. 성령으로 세례를 체험하고 마음의 상처를 내적치유 해야 합니다. 이것도 대충이 아니라 완전하게 치유되게 해야 합니다. 그리고 혈통에 대물림되는 영육의 문제를 치유 받아야 합니다.

성령의 불세례는 곧 성령의 충만함을 말합니다. 성령의 불세례는 자신 안에 주인으로 계시는 예수님으로부터 타오르는 것입니다. 예수님의 5차원의 역사가 자신 안에서 밖으로 나타나는 것입니다. 성경은 이렇게 증명하고 있습니다. "나는 너희로 회개하게 하기 위하여 물로 세례를 베풀거니와 내 뒤에 오시는 이는 나보다 능력이 많으시니 나는 그의 신을 들기도 감당하지 못하겠노라 그는 성령과 불로 너희에게 세례를 베푸실 것이요"(마 3:11)

성령의 불세례 성령 충만이 되면 무슨 현상이 나타나는 것이 아니고 오로지 성령의 불과 평안함이 자신을 사로잡게 됩니다. 성령이 충만해지면 기도할 때 머리에 무엇이 내려앉는 다거나 손이 흔들린다거나 이런 현상을 나타나지 않습니다. 오로지 마음 안에서 평안과 뜨거운 성령의 은혜만 올라오게 됩니다. 입이나 손으로 불이 나오기도 합니다. 성령이 충만할 때 자신의 손을 다른 사람에게 얹으면 상대편이 뜨거운 불의 역사를 체험하기도 합니다. 이렇게 자신의 안에서 성령의 불세례의 나타남, 은혜가 올라오게 하려면 오로지 자신 안에 계신 예수님을 찾으면서 기도에 집중하고 몰입해야 체험이 가능합니다.

귀신들이 이런 경지에 들어가지 못하게 하기 위하여 여러 가지 방법, 머리에 무엇이 살며시 내리는 현상을 느끼게 한다거나 손을 건든다거나, 어깨를 살며시 누른다거나, 손으로 무엇이 들어오는 현상을 느끼게 한다거나 등등 여러 가지 잡념이 생기도록 하여 깊은 경지에 들어가지 못하게 절대적으로 방해하는 것입니다. 그래서 필자가 늘 강조하는 말이 기도할 때 절대로 다른 현상이나 소리나 잡념에 절대로 신경을 쓰지 말고 오로지 자신 안의 예수님을 찾는 일에 집중하라고 하는 것입니다. 자신이 예수님을 찾는 일에 집중하여 성령으로 충만 되어 성령의 지배 속에 들어가면 그런 기도를 방해하는 현상은 떠나가고 마음 안에서 평안과 뜨거운 은혜만 올라오게 됩니다. 이런 기도를 하는 성도가 성령 충만하며 권능 있어 걸어 다니는 성전으로 살아가면서 하나님을 주인으로 모시고 사는 것입니다.

필자는 항상 이런 사고를 가지고 있습니다. 복음은 특별하게 성령의 역사는 자신이 체험해보아야 설명이 가능하고, 이렇게 해보시라고 권면할 수가 있다는 것입니다. 필자는 실제로 여러 가지 성령의 살아있는 역사와 환경에 역사하는 하나님의 살아계신 역사를 체험했습니다. 하나님께서 실제로 체험하도록 성령으로 인도하신 덕분입니다. 그래서 항상 하나님께 감사하고 있습니다. 필자가 체험했기 때문에 설명할 때 현장감이 있고 실증을 가지고 설명할 수가 있기 때문입니다.

기독교는 체험의 종교이기 때문에 체험하지 않고 말씀만 풀어서 글을 쓰고 전한다면 어느 누가 믿어주겠습니까? 또 누가 들어주겠습니까? 필자는 체험한 것을 글로 적어서 설교하고 책을 집필하려고 노력하고 있습니다. 개별적으로 성령의 역사가 일어나 변화되는 역사에 대하여 정말로 많은 체험을 했습니다.

필자가 군대에서 전역하고 어찌할 바를 모르고 기도할 때 하나님은 목회자가 되기를 원하셨습니다. 그런데 당시 필자는 쉽게 받아들일 수 있는 상황이 되지 못했습니다. 제일먼저 대두되는 것이 나이가 많은 것이었습니다. 다른 목회자들은 모두 목회에 자리를 잡아 교회를 건축하여 목회하는 나이였습니다. 그래서 하나님께 항변을 많이 했습니다. 그러나 시간이 경과하면 할수록 순종해야 한다는 감동이 강했습니다. 결국 순종하여 신학교를 갔습니다. 그래도 신학교 간 다음에 마음이 요동하지 않아서 신학 공부하는 일에 집중할 수가 있었습니다. 그래서 신대원을 수석으로 졸업을 하게 된 것입니다.

지금 깨닫고 보니까, 하나님은 저를 하나하나 준비하게 하셨습니다. 필자가 군대에서 20년 이상을 하고 전역하면 6개월 시간을 줍니다. 6개월 시간을 주는 것은 사회에 나갈 준비를 하는 시간입니다. 사모하고 무엇을 할까, 의논을 하다가 컴퓨터를 배우자고 합의를 보았습니다. 그래서 6월간 전문 컴퓨터 학원에 등록하여 전문적으로 컴퓨터를 배운 것입니다. 그 때 컴퓨터를 배워서 지금 아주 유용하게 사용하고 있는 것입니다. 하나님은 미리 준비하게 하십니다.

목사가 되어 교회를 개척하고 성장되지 않아서 정말 많은 고통을 당했습니다. 필자가 "카리스마 극대화와 탈진극복" 책에서 상세하게 설명했습니다만, 무기력과 탈진의 고통을 겪었습니다. 기도하여 하나님의 음성을 들으므로 탈진에서 서서히 통과 하였습니다. 하나님께서 음성으로 들려주신 대로 순종하니 성령의 불의 역사가 나타나면서 목회가 서서히 풀렸습니다. 교회 뒤에서 살던 4년의 삶을 청산하고 34평 아파트를 월세로 임대하여 나가서 살게 되었습니다. 지금 생각하면 그때 아파트를 나가서 살던 때가 제일로 평안했다고 생각됩니다. 정말로 평안하고 행복한 시절이었다고 생각합니다. 필자도 필자지만 자녀들이 그렇게 좋아했습니다.

음성을 듣고 순종하며 성령의 불의 역사를 나타내면서 사역을 하니 서서히 목회가 풀렸습니다. 모두 살아있는 성령의 역사가 일어나는 사역을 하라는 것이었습니다. 영적인 목회였습니다. 교회를 개척하여 자립하시고 싶은 분들은 살아있는 성령의 역사가 나타나는 영적인 목회를 하셔야 합니다.

살아계신 하나님이 증명되는 목회를 해야 합니다. 하나님의 살아계신 역사가 교회에서 일어나니 재정적으로 자립이 되었습니다. 필자역시 평안을 체험하게 되었습니다. 성령의 역사가 교회를 이끌어 가시기 때문입니다. 성도님들도 마찬가지입니다. 성령의 역사가 자신을 지배해야 아니 성령의 불이 나타나야 자신 안에서 나와야 아브라함의 축복이 가정과 생업에 임한다고 믿습니다.

지금 생각하면 필자를 통해서 하나님의 살아계심이 증명되는 역사가 일어나니 형통을 체험하기 시작했습니다. 성령의 불이 제 안에서 나타나고, 성령의 불의 역사가 저를 통하여 일어나니 산적인 문제들이 서서히 해결되면서 가정과 교회가 형통해지기 시작을 했습니다. 성령의 지배가운데 기도하여 응답받은 대로 순종하이 기적이 일어나기 시작을 했습니다. 이전에는 필자가 목회를 해보려고 별별 방법을 다 동원하여 열심히 할 때는 재정적으로 환경적으로 그렇게 고통스러웠습니다. 심지어 벌침을 가지고 전도도 해보았습니다. 성령의 역사가 일어나지 않기 때문입니다.

그러다가 성령께서 감동하시대로 순종하니 하나님의 살아계신 역사가 일어나면서 교회가 성장하면서 활성화되기 시작을 했습니다. 지금 깨닫고 보니까, 필자를 통하여 하나님의 살아계신 역사가 나타나고 증명되니 재정적으로 건강 적으로 환경적으로 형통해지기 시작을 했습니다.

사도행전을 잘 보면 베드로와 바울을 통하여 하나님의 살아계심이 증명될 때 형통의 역사가 일어났습니다. 그렇기 때문에 모든 목회자와 성도들이 형통을 체험하려면 자신을 통하여 하나님의 살아계심이 나타나야 된다는 것입니다. 성령의 불세례가 나타나고 나태내야 된다는 말입니다. 열심히 하고 많이 아는 것으로 만족하지 말고, 자신을 통하여 하나님의 살아계심이 증명이 되도록 해야 만사형통을 체험하게 된다는 것입니다. 자신을 통하여 하나님의 살아계심이 증명되니까, 지금까지 자신과 가정과 교회를 괴롭히고 방해하던 세력이 영향력을 발휘하지 못하니 만사가 형통해지는 것입니다.

그렇기 때문에 만사형통을 체험하려면 성령으로 세례를 받고 성령의 지배와 장악을 받으면서 살아계신 하나님의 역사를 일으키며 성령의 인도를 따라가야 합니다. 성령의 살아있는 역사가 없이는 절대로 만사형통을 체험할 수가 없을 것입니다. 만사형통을 체험하면서 살아가려면 성령으로 세례를 받아야 합니다. 성령으로 세례를 받음과 동시에 성령의 불세례를 나타내면서 자신의 잠재의식을 정화해야 합니다. 성령으로 세례를 받게 되면 성령께서 지배와 장악을 하시면서 성령의 불세례가 나오면서 잠재의식의 상처와 혈통의 문제를 정리하십니다. 성령의 불세례는 자신 안에 주인으로 계시는 예수님으로부터 나타나는 것입니다. 성령으로 진리의 말씀을 깨달으면서 성령으로 기도하면 성령께서 역사하시면서 자신을 통하여 하나님의 살아계심을 증명하십니다. 알아야 될 것은 성령으로 세례를 체험만 하면 되는 것이 아니고, 성령의 지배와 장악이 되고 성령의 불세례를 나타내면서 자신 안에서 성령의 불이 나오면서 성령의 이끌림을 받는 수준까지 진전이 되어야 합니다. 성령님께서 자신을 온전하게 지배되어야 합니다.

결론적으로 성령의 역사는 다양하지만 성령세례를 받을 때 나타나는 외적인 현상과 성령의 불세례 성령 충만할 때 나타나는 내적인 평안함과 뜨거운 현상을 구분하여야 합니다. 성령세례를 받을 때 나타났던 외적인 현상에 집중한다면 결코 믿음은 자라지 못하고 앉은뱅이 신앙인이 되는 것입니다. 내적인 현상으로 자신이 성령의 지배 속에 들어가서 걸어 다니는 성전으로 발전하여야 합니다. 이렇게 되려면 기도가 깊어져야 합니다. 기도가 깊어 진다함은 외적인 현상에 관심을 두지 말고 오로지 자신 안의 주님만 찾아야 성령의 지배 속에 들어갈 수가 있습니다.

18장 성령의 불을 받아 유지하는 여러 방법

(행4:29)"주여! 이제도 그들의 위협함을 굽어보시옵고 또 종들로 하여금 담대히 하나님의 말씀을 전하게 하여 주시오며 손을 내밀어 병을 낫게 하시옵고 표적과 기사가 거룩한 종 예수의 이름으로 이루어지게 하옵소서 하더라.빌기를 다하매 모인 곳이 진동하더니 무리가 다 성령이 충만하여 담대히 하나님의 말씀을 전하니라"

성도가 영적으로 바뀌는 것은 예수를 믿고 성령의 인도를 받아 성령으로 세례를 받고 성령의 불세례를 받고 성령의 불이 나타나는 다음부터입니다. 성령은 성도를 인도하며 성도를 하나님의 사람으로 만들어 가십니다. 다시 말해서 성도가 하나님의 사람으로 변하는 것은 성령으로 되는 것입니다. 성령이 없이는 하나님의 사람으로 변할 수가 없습니다. 왜냐하면 하나님의 영인 성령만이 땅의 사람을 하늘의 사람으로 변화시킬 수 있기 때문입니다.

오늘날 많은 사람들이 제2의 교회 개혁이 필요하다고 말합니다. 왜냐하면 오늘날의 교회를 보면, 초대교회에서 볼 수 있었던 같은 역동적이고 활력이 넘치는 신앙들이 퇴화되고 있다는 것입니다. 항상 성령의 불세례를 나타나게 하려면 영적인 원리를 적용해야 가능한 것입니다. 성령의 불세례를 받고 성령의 불세례가 나타나는 방법은 이렇습니다.

첫째, 예배를 드리면서 성령의 불을 나타내는 방법. 요즈음 코로나19로 인하여 예배당에서 예배드리기를 꺼려하는 분들이 있습니다. 이런 세속적인 신앙인들은 절대로 성령의 불세례를 받을 수도 나타낼 수도 없습니다. 성령의 불세례를 나타내려면 예배당에서 예배드리는 것을 즐겨해야 합니다. 아무리 코로나19가 전파력이 강하다고 해도 방역수칙대로 순종하면서 예배를 드리면 코로나19를 예방할 수가 있습니다. 방역수칙대로 준수하지 않고 무분별하게 예배를 드리기 때문에 예배당에서 코로나19가 전염되는 것입니다. 성령의 불세례를 받으려면 마음을 열어야 합니다. 마음을 열고 영-혼-육에 자유 함이 있어야 예배를 드리면서 성령의 불세례를 나타낼 수가 있는 것입니다.

성령의 불세례가 나타나게 하는 예배나 집회에서는 강단에서 말씀을 전하는 목사는 영의 자유 함이 있어야 합니다. 영의 자유 함이 있기 위해서는 자신만의 레퍼토리를 가지고 있어야 합니다. 그래야 말씀을 전할 때 부담감이 없이 평안한 마음으로 전할 수 있기 때문입니다. 성령은 마음이 평안할 때 역사합니다. 그러므로 무엇보다도 말씀을 전하는 목사의 영성이 대단히 중요합니다.

말씀을 듣는 성도도 강단에서 증거 되는 말씀이 이해되고 심령의 귀에 들려야 한다는 것입니다. 제가 지금까지 성령사역을 하면서 경험한 바로는 전하는 말씀이 심령에 잘 들릴 때 성령체험도 치유도 되는 것을 체험했습니다. 고로 전하는 말씀이 이해되고 심령의 귀에 잘 들려 아멘으로 화답할 때 성령의 불세례가 임합니다. (행10:44)"베드로가 이 말 할 때에 성령이 말씀 듣는 모든 사람에게 내려오시니"

이런 성령이 임하는 말씀이란, 말씀을 전하는 사람의 심령에 직접적인 성령의 나타남과 기름부음을 통하여 듣는 사람에게 전하여지는 살아 있는 생명과 영의 전달을 예수님은 말씀이라고 말합니다. 성경에 기록된 말씀은 저자가 영감을 받아서 기록한 것입니다. 고로 말씀을 증거 하는 목회자가 성경의 저자와 같은 성령의 임재 하에 영감이 풍성한 상태가 되어서 전해야 말씀의 비밀을 깨달을 수 있고, 생명의 말씀으로 역사하여 듣는 다가 살아있는 성령의 역사를 체험하게 되는 것입니다.

고로 말씀을 전하는 자에게는 성령의 기름부음이 있어 영감의 설교를 할 때에 성령의 나타남이 있게 되는 것입니다. (마10:20) "말하는 이는 너희가 아니라 너희 속에서 말씀하시는 자 곧 너희 아버지의 성령이시니라." 그리고 말씀을 듣는 자의 마음이 열린 자에게는 성령의 감동이 있게 되나, 마음이 열리지 아니한 자에게는 악한자가 빼앗아 가버리거나, 심령에 새겨지지 아니하고, 비판을 하게 되거나, 시험이 들게 됩니다. (눅24:45)"이에 저희 마음을 열어 성경을 깨닫게 하시고" (마13:18-19)"그런즉 씨 뿌리는 비유를 들으라 (19) 아무나 천국 말씀을 듣고 깨닫지 못할 때는 악한 자가 와서 그 마음에 뿌리운 것을 빼앗나니 이는 곧 길가에 뿌리운 자요" 말씀을 전하는 자나 듣는 자나 다 같이 심령이 가난한 심령이어야 하며, 심령에 억눌림이 없이 자유스러워야 영적 흐름이 자유스러우며, 성령의 감동을 받을 수 있는 온유하고 부드러운 심령이라야 성령의 기름부음이 있게 되고 감동이 있게 됩니다. 자아나 선입관이 있거나 교만하거나 인색하거나, 비판하고 판단하는 마음이나, 세상의 여러 가지 염려로 마음이 평안치 못한 심령에는 성령의 기름부음이 일어나지 않습니다. 고로 성령의 불세례를 받거나 체험할 수가 없는 것입니다. 영에는 항상 자유 함이 있어야 합니다. 환경이나 분위기에 눌리거나 억압당하면 성령의 기름부음의 역사가 일어나지 않습니다.

저의 경우는 말씀을 들을 때 기도하며 말씀을 듣습니다. 호흡을 들이쉬고 내쉬면서 성령님 임하여 주시옵소서. 저를 사로잡아 주시옵소서. 역사하여 주시옵소서. 계속 마음으로 성령의 임재를 요청하면서 말씀을 듣습니다. 그러면 성령께서 나타셔서 저를 만져 주시는 것을 체험합니다. 얼굴이 화끈거리기도 합니다. 몸이 앞뒤로 흔들이기도 합니다. 몸이 뜨거워지기도 합니다. 머리가 상쾌해지기도 합니다. 좌우지간 전하는 말씀에 집중하면서 마음으로 성령님의 임재를 요청해야 합니다. 성령의 불세례를 체험하려면 무엇보다도 성령님에게 집중하는 것이 중요합니다.

성령의 충만하고 신령한 그리스도인은 강의나 설교를 들으면서도 성령의 불이 심령에서 올라오게 한다고 했습니다. 어떻게 합니까? 답은 간단합니다. 마음 안에 계신 성령님을 찾는 것입니다. 강의를 들으면서 마음으로 성령님을 계속적으로 찾는 것입니다. 호흡을 들이쉬고 내쉬면서 마음으로 성령님을 찾는 것입니다. 계속 마음으로 성령님을 찾으니 성령의 불로 충만하게 되는 것입니다.

계속 성령님을 찾다가 보면 성령의 불이 마음에서 올라오는 것입니다. 습관이 중요합니다. 하나님을 찾는 습관을 들여야 합니다. 신령한 그리스도인은 무시로 하나님을 찾는 성도입니다. 무시로 하나님을 마음으로 찾으니 영이신 하나님으로 심령이 채워지는 것입니다. 너무 어렵게 생각할 필요가 없습니다. 그저 호흡을 들이쉬고 내쉬면서 성령하나님을 찾으면 됩니다.

마음으로 계속 성령하나님을 찾으니 영이신 하나님으로 채워지는 것입니다. 한 번 실천하여 보세요. 금방 당신의 마음 안에서 성령의 불이 올라오는 것을 느끼게 될 것입니다. 가만히 앉아서 하나님이 해주시기만을 기다리면 백년이 지나도 성령의 불이 심령에서 올라오지 않습니다. 그러면서 안 된다고 불평하거나 포기하지마시고, 적극적으로 하나님을 찾으시기를 바랍니다. 하나님은 사모하는 영혼에게 만족함을 주십니다. 자신 안의 하나님을 찾고 찾아보시기를 바랍니다. 반드시 당신의 심령에서 불이 올라오는 것을 느낄 날이 오고야 말 것입니다.

둘째, 찬양을 통하여 성령의 불세례가 나타나게 하는 방법. 자신이 직접 찬양을 부르면서 성령의 불세례가 나타나게 할 때는 이렇게 하시기를 바랍니다. 자신이 한번이라도 성령의 체험이 있는 분은 이렇게 하시기를 바랍니다. 먼저 찬양을 앉아서 부릅니다. 마음이 열리고 성령의 임재가 어느 정도 되면 일어서서 찬양을 영으로 부릅니다. 자신이 제일 잘 부르는 영의 찬양을 지속적으로 부릅니다. 최대한 호흡을 들이쉬고 내쉬면서 찬양에 집중하여 부릅니다. 주의해야 할 것은 이렇습니다. 찬송 중에 성령의 강한 나타남으로 뒤로 넘어질 수가 있습니다. 그러므로 의자 앞에서 부르는 것이 좋습니다.

계속 찬양에 집중하여 영으로 찬양을 부르면 마음속에서 불이 올라오는 것을 체험할 것입니다. 성령의 불의 역사로 얼굴이 화끈거리기도 합니다. 몸이 앞뒤로 흔들리기도 합니다. 때로는 좌우로 흔들리기도 합니다. 그래도 의식하지 말고 계속 찬양을 불러야 합니다. 소리가 나는 찬양을 부르다가 성령의 나타남이 깊어지면 마음으로 찬양을 부릅니다. 그러면 눈에서 눈물이 나기도 합니다. 울음이 터지기도 합니다. 갑자기 방언기도가 터져 나오기도 합니다.

그러면 성령이 인도하는 대로 따라서 계속 하면 됩니다. 차츰 성령의 임재가 깊어져서 서서 찬양을 할 수가 없을 정도가 됩니다. 그러면 살며시 의자에 앉아서 얼마동안 찬양을 계속합니다. 그러면 온 몸이 불이 붙은 것같이 뜨거워집니다. 그러면서 방언이나 울음이 터지기도 합니다. 손이 떨리기도 합니다. 온 몸에 진동이 오기도 합니다. 이때에 주의 할 것은 절대로 두려워하지 말아야 합니다.

마귀는 어찌하든지 성령의 강한 체험을 못하도록 여러 가지 수단과 방법을 다 동원하여 방해하므로 미혹에 속아서는 안 됩니다. 성령이 역사하는 대로 계속 임재에 머물러 있어야 합니다. 그러면 말로 표현 못하는 성령의 뜨거운 불세례를 체험하게 될 것입니다. 이는 한번이라도 성령의 체험이 있는 분이 사용하는 방법이라는 것을 아시기를 바랍니다. 한 번도 성령의 불세례의 체험을 하지 못한 분은 반드시 성령이 역사하는 장소에 가서서 체험해야 합니다. 혼자로는 성령을 체험할 수가 없습니다.

셋째, 성령으로 회개할 때 성령의 불세례가 나타납니다. "베드로가 가로되 너희가 회개하여 각각 예수 그리스도의 이름으로 세례를 받고 죄 사함을 얻으라 그리하면 성령을 선물로 받으리니" (행2:38). 성령 사역을 이해하지 못하고 내 마음속에 남아 있는 조그마한 의심이나 거리낌이라도 있으면 고백해야 합니다. 성령의 사역은 아주 섬세하고 민감하며 내 마음의 비밀이나 부정적인 요소를 낱낱이 알고 계십니다. 성령에 민감한 반응이 바로 은사로 나타납니다. 성령 사역에 대한 조그마한 부정적인 생각이나 의심스러운 마음이 성령의 흐름에는 장애 요인이 됩니다.

특별히 자신을 성전 삼고 내 심령 속에 임재하시는 성령에 대하여 관심을 갖고, 성령의 인도하심을 따라 살아야 하고, 성령을 좇아 살아야 하는데도 불구하고, 성령을 내 마음속에 계시는 것을 느끼지도 않았고, 어떻게 하는 것이 성령의 인도하심을 따르는 것인지 조차 몰랐으며, 설사 알았다 할지라도, 성령을 외면하거나 대접하지 않고 성령을 근심하게 하며, 성령을 슬프게 하고 심지어 다른 사람들이 하는 성령의 사역을 보고 비난하거나 의심하거나 성령을 훼방하였다면 죄를 회개해야 합니다.

이러한 모든 것은 영적인 무지와 인간의 굳은 마음에서 비롯되거나 인간의 교만함으로 나오게 됩니다. 그러므로 인간의 교만함이 성령의 흐름에는 가장 큰 장애 요인이 됩니다. (마7:12)"그러므로 무엇이든지 남에게 대접을 받고자 하는 대로 너희도 남을 대접하라 이것이 율법이요 선지자니라" (겔36:26)"또 새 영을 너희 속에 두고 새 마음을 너희에게 주되 너희 육신에서 굳은 마음을 제하고 부드러운 마음을 줄 것이며" 베드로도 회개하고 성령을 선물로 받으라고 했습니다.

회개 할 때 마음의 문이 열리고 죄를 통해 들어온 악한 영이 떠나고 성령의 불세례를 체험하게 되는 것입니다. 회개는 성도의 심령을 정결하게 하는 적극적인 수단이기도 합니다. 성령의 나타남을 느끼려면 성령의 인도에 따라 회개하세요. 그러면 성령의 강력한 불의 역사를 체험하고 권능 있는 성도가 됩니다.

필자가 성령의 은혜를 체험하려고 성령집회에 참석하였습니다. 말씀을 마치고 기도하는데 성령의 역사로 회개가 터진 것입니다. 제가 하나님의 부르심에 거부한 것들이 떠오르면서 회개가 터지는 것입니다. 정말 말할 수 없는 문이 흘렀습니다. 눈물 콧물로 뒤범벅이 되었습니다. 그러기를 2박 3일 동안을 했습니다. 눈물이 나오는데 정말로 주체할 수가 없었습니다. 여성분들이 앞에 있는 대도 절재가 되지 않고 나왔습니다. 내가 너를 얼마나 사랑하는 줄 아느냐! 그래서 내가 너를 불렀는데 너는 그것을 모르고 거부하느냐! 그렇게 음성을 들려주시면서 회개하게 했습니다. 하나님 용서하여 주세요. 제가 잘못했습니다. 다시는 하나님의 부름에 거부하는 자가 되지 않고 순종하겠습니다. 이제 주 만 바라보고 순종하겠습니다. 좌로나 우로나 치우치지 않고 주님만 믿고 가겠습니다. 이 부족한 죄인을 용서하여 주옵소서. 하면서 기도를 했습니다.

그리고 나니 기도문이 열리는 것입니다. 마음속에서 기도가 올라왔습니다. 찬양 방언이 터졌습니다. 성령의 인도하시는 대로 기도를 했습니다. 그때 성령님이 회개하게 한 후로 좌로나 우로 치우치지 않고 지금까지 주님만 바라보고 달려온 것입니다. 그때 내가 생각하기를 역시 회개는 생각해서 하는 것이 아니고 성령의 임도를 받아야 한다는 것을 깨달아 알았습니다.

넷째, 기도하면서 성령의 불세례가 나타나게 하는 방법.

①반드시 호흡을 들이 쉬면서 내쉬면서 방언이나 발성 기도를 하시면서 내 영 안에서 역사하는 성령의 불과 밖에서 역사하는 성령을 불을 내 것으로 만드는 기도 방법입니다. 성령은 내 영 안에 계시고, 우리 안에 계시고, 성령으로 충만한 상태에서 영으로 말씀을 듣거나 읽을 때 말씀 안에 계십니다. 이 성령의 역사를 내거 호흡을 들이쉬고 내쉬면 방언기도나 발성의 기도로 성령의 임재를 깊이 느끼고 유지합니다.

②능동적으로 성령의 불을 끌어당기는 기도를 합니다. 숨을 깊이 들이쉬면서 밖에서 역사하는 성령의 불을 끌어들이는 것입니다. 코를 통하여 깊은 호흡을 하면서 성령의 불을 끌어들이시기 바랍니다. 이때 강하고 크게 자신의 육체의 한계를 넘어서는 강력한 기도를 해야 합니다. 의지를 다해서 강력하게 해야 합니다. 절대로 힘이 든다고 나약하게 부르짖는 기도를 하면 더 강한 성령의 불을 끌어 들일 수가 없습니다. 이를 위해서 복식 호흡법을 활용하여 배에서 올라오는 소리로 힘껏 소리를 지르고 온몸으로 부르

짖는 기도를 하여야 합니다(최소한 30분 이상). 그래야 목에 피로가 안 오고 목이 상하지 않습니다. 제가 지금까지 수많은 기도 세미나를 인도했는데 이렇게 기도한 분들 절대로 목이 상하지 않았습니다. 기도하면서 목이 상하는 분들은 자신의 기도 방법을 빨리 바꾸어야 합니다.

③성령께서 하시는 일에 크게 반응해야 합니다. 이때 말과 행동에 있어서 크게 반응하기 바랍니다. 성령께서 하라는 대로 순종하는 것이 좋습니다. 될 수 있으면 크게 반응을 하는 것이 좋습니다. 더 강하게, 으으으 아 뜨거워하면서 성령의 역사하심을 환영하고 받아들여야 합니다. 교역자는 강단에 서기전에 이 단계까지 기도하고 그 후에 강단에 서야합니다. 그래야만 예배와 설교 가운데 성령의 나타남과 기름부음이 강해집니다. 그리고 교회의 직분자들 특히 강도사, 전도사, 장로님, 권사님, 안수집사님 등등 은 모두 이정도로 기도를 해야 마귀를 이기고 하나님이 주신 사명을 감당할 수가 있는 것입니다. 기도는 말을 멋있게 하는 것이 아니고, 성령의 이끌림을 받아서 영으로 하는 기도를 하나님이 받으시고 응답하여 주십니다.

제가 교회를 처음 개척하고 노인 분들 다수가 오셔서 믿음 생활을 같이 하셨습니다. 그런데 이분들이 이구동성으로 하시는 말씀이 기도를 못한다는 것입니다. 그러면서 나에게 기도를 어떻게 하면 목사님 같이 잘할 수 있는지 가르쳐 달라는 것입니다. 그래서 내가 이렇게 말했습니다. "기도는 말을 멋있게 잘하는 것이 기도를 잘하는 것이 아닙니다. 앞으로 이렇게 기도를 하세요." 하고 기도를 가르쳐 드렸습니다. 그 기도가 이 네 가지 기도법입니다. ① 호흡을 들이쉬면서 사랑합니다. 내쉬면서 하나님~ ②호흡을 들이쉬면서 도와주세요. 내쉬면서 하나님~ ③호흡을 들이쉬면서 용서하여 주세요. 내쉬면서 하나님~ ④호흡을 들이쉬면서 감사합니다. 내쉬면서 하나님~ 이렇게 기도를 하라고 했습니다. 노인 분들이 힘이 없기 때문에 젊은 사람들같이 통성으로 기도를 못합니다. 그리고 제가 가르쳐 준대로 기도를 매일 그렇게 숙달하라고 했습니다. 그렇게 하고 얼마인가 지났습니다. 이자녀 집사님이라고 93세 되는 집사님이 계셨습니다. 그래도 교회 오실 때 차타고 오시지 않고 걸어서 오시는 아주 건강하고 정정한 집사님이십니다. 그 집사님이 주일날 오시더니 "목사님! 목사님! 제가요 지난 토요일 새벽 3시에 일어나 잠이 오지 않아서 침대에 누워서 목사님이 하라는 대로 ①호흡을 들이쉬면서 사랑합니다. 내쉬면서 하나님~ ②호흡을 들이쉬면서 도와주세요. 내쉬면서 하나님~ ③호흡을 들이쉬면서 용서하여 주세요. 내쉬면서 하나님~ ④호흡을 들이쉬면서 감사합니다. 내쉬면서 하나님~ 하면서 기도를 했습니다. 그랬더니 조금 있다가 막눈물이 나고, 얼굴이 뜨거워지고, 내속에서 불이 올라오고, 감사가 넘치고, 목사님 생각이 나서 목사님을 위하여 기도를 많이 했습니다. 막 마음에 평안이 올라오고 저절로 하나님 감사합니다가 저절로 나왔습니다." 하면서 자랑을 하는 것입니다. 이것이 바로 성령의 불세례를 나타내는 깊은 영의기도입니다. 기도 너무 어렵게 가르치지도 말고, 또 어렵게 하지도 말기를 바랍니다. 그리고 교회에서 통성으로 기도를 할 때가 있습니다. 그때 통성기도 못하는 성도는 정말 죽을 맛입니다. 이것을 알아야 합니다. 필자가 초신자 때 많이 당해봤기 때문에 잘 압니다. 이때는 "통성기도를 못하시는 분들은 이렇게 기도하기를 바랍니다." 하고 기도를 시작하기 전에 기도 인도자가 미리 알려주어야 합니다. 통성기도 못하는 성도들은 숨을 들이 쉬고 내 쉬면서 주여! 숨을 들이 쉬고 내 쉬면서 주여! 숨을 들이 쉬고 내 쉬면서 주여! 이렇게 하면 되는 것입니다. 방언도 못하고 기도도 열리지를 않은 성도들에게 무조건 통성으로 기도하라고 하니까, 기도 못하는 성도들은 아예 교회에 나오지를 않는 것입니다. 내가 초진자였을 때 그랬습니다. 그렇게 주여! 주여! 주여! 를 하다가 어느 정도 충만해지면, ①호흡을 들이쉬면서 사랑합니다. 내쉬면서 하나님 ~ ②호흡을 들이쉬면서 도와주세요. 내쉬면서 하나님~ ③호흡을 들이쉬면서 용서하여 주세요. 내쉬면서 하나님~ ④호흡을 들이쉬면서 감사합니다. 내쉬면서 하나님~ 이렇게 집중하며 기도를 하다 보면 성령의 불세례도 임하고 방언도 터집니다. 이렇게 해서 기도에 재미가 붙으니까, 교회에 가서 기도하고 싶은 생각이 드는 것입니다. 내가 성령치유 사역을 하다가 경험한 바로는 주여! 주여! 주여! 하는 기도 아무나 못합니다. 주여! 주여! 주여! 만 잘해도 기도가 열린 성도입니다. 영의 통로가 막힌 성도에게 주여! 주여! 주여! 를 하라고 해도 죽어도 못합니다. 왜냐하면 마귀가 영을 내리 누르기 때문에 못하는 것입니다. 이것은 내가 지난 십 여 연간 성령치유 사역을 하면서 주여! 하는 기도를 시켜봤기 때문에 아주 잘 압니다. 당신도 한 번 지금 주여! 를 해보기를 바랍니다.

만약 목회자가 이 책을 읽고 있다면 예배를 마치고 성도들에게 주여! 주여! 를 시켜보기를 바랍니다. 아마 내가 말한 것이 이해가 갈 것이다. 목사님도 사모님도 주여! 를 못하시는 분들이 다수 있습니다. 성도는 깊은 영의기도를 해야 믿음이 자라고 성품이 변하고 성령으로 충만해 집니다. 기도가 영성이고 기도하지 않는 영성은 없습니다. 깊고 능력과 불이 나오는 기도를 하여 성령으로 심령도 변하여 단물을 내는 모두가 되시기를 소원합니다.

다섯째, 방언기도 통한 성령의 불세례를 나타내는 방법. 방언기도는 성령의 세례를 받은 다음에 나오는 것이 보통입니다. 그러나 제가 지금까지 성령치유 사역을 하면서 체험한 바로는 방언기도를 유창하게 해도 성령의 세례를 체험하지 못한 분들이 있다는 것입니다. 이는 마음을 열고 영으로 기도하는 방법을 모르기 때문입니다. 호흡을 들이쉬면서 통변을 하고 내쉬면서 방언을 해야 합니다. 그런데 대부분 이렇게 하지 않고 목을 사용하여 열심히만 하려고 하기 때문에 방언기도간 성령의 불을 받지 못하는 것입니다. 제가 부흥 집회나 성령치유 집회할 때 기도하는 방법을 설명하고 기도를 하게 하면 모두 성령의 불세례를 체험하는 것입니다. 그래서 방언기도를 유창하게 해도 성령의 세례를 체험하지 못하는 것은 기도가 잘못되었기 때문입니다. 반드시 호흡을 들이쉬면서 통변하고 내쉬면서 방언기도를 계속하게 되면 얼마 있지 않아 성령의 세례를 체험하게 됩니다. 만약에 당신이 방언기도를 유창하게 해도 성령의 뜨거운 불세례가 나타나지 않는다면 당신의 기도가 잘못된 것입니다. 당신의 방언기도의 방법을 제가 알려드린 대로 바꾸면 바로 성령의 불세례가 나타나게 될 것입니다.

여섯째, 기타 성령의 불을 나타내는 방법. 성령의 사람이 되어야 길을 걸어가면서 마음으로 기도할 때 성령의 불이 올라오는 것입니다. 저는 보통 하루에 한 시간을 워킹을 합니다. 길을 걸어가면서 지속적으로 하나님을 찾습니다. 호흡을 들이쉬고 내쉬면서 하나님을 찾습니다. 이렇게 하다가 보면 마음이 편안합니다. 걸어가는 장소가 혼탁하면 성령께서 기도를 더 강하게 하도록 인도합니다. 계속 기도하여 영의 상태가 되니 성령께서 저를 인도하는 것입니다.

길을 가다가 차 소리나 기타 등등으로 깜작 놀랄 경우가 있습니다. 저의 경험으로 보아 이런 일이 있은 후 며칠이 지나면 가슴이 답답해지고 기도가 잘 되지 않는 경우가 있었습니다. 이는 놀랄 때 악한 영이 침입을 한 것입니다. 이를 예방하기 위하여 이렇게 하세요. 호흡을 깊게 들이쉬고 내쉬면서 성령의 나타남이 충만해지면 마음으로 명령을 하세요. "내가 놀랄 때 들어온 악한 영은 예수 이름으로 명하노니 떠나갈지어다.""내가 놀랄 때 들어온 악한 영은 예수 이름으로 명하노니 떠나갈지어다." 이렇게 기도하여 마음에 평안이 찾아오면 떠나간 것입니다.

귀신축사에 대하여 알고 싶으신 분은 "귀신축사 속전속결"와 "귀신들을 쫓아내는 군사되기"를 읽어보시기를 바랍니다. 무엇보다도 성령의 나타남이 중요합니다. 성령의 역사로 악한 영이 떠나가는 것이기 때문입니다. 어찌 하든지 성령의 불의 역사가 자신의 속에서 올라와야 합니다. 이를 위하여 자신의 영성을 깊게 해야 합니다.

직장에서 일을 하면서 마음으로 기도하는 것을 숙달해보세요. 당신은 성령의 역사로 지혜로운 사원이 될 것입니다. 성과를 내는 직장인이 될 것입니다. 윗사람에게 인정받고 아랫사람에게 존경받는 직장인이 될 것입니다. 기도는 이렇게 하면 됩니다. 호흡을 들이쉬고 내쉬면서 마음으로 하나님을 찾는 것입니다. 습관이 되어야 합니다. 하나님! 도와주세요. 하나님! 사랑합니다. 지속적으로 해서 습관이 되게 해야 합니다. 무의식적으로 하나님을 찾을 때까지 훈련해야 합니다. 당신은 성령의 불의 역사로 스트레스를 받지 아니하고, 피곤하지 않은 직장 생활을 하게 될 것입니다. 직장 일을 즐기세요. 마음으로 기도하면 성령이 충만하게 됨으로 일이 힘들지 않고 지치지 않고 즐길 수가 있습니다. 마음으로 기도하세요. 하나님! 도와주세요. 하나님! 사랑합니다. 지속적으로 하다가 보면 당신의 얼굴에서 광채가 나는 것을 다른 사람들이 보게 될 것입니다.

결론적으로 기독교는 체험의 기독교입니다. 성령의 불이 자신에게 나타나야 믿게 되고 인정하게 될 것입니다. 성령의 불세례가 나타나는 여러 가지 방법이 있다고 할지라도 본인이 체험해보지 않으면 알 수도 없고 느낄 수도 없고 설명할 수도 없는 것입니다. 자신이 체험해 보지 않았기 때문에 성령의 불세례라고 하면 잘못된 논리라고 비평하기도 하는 것입니다. 기독교는 하나님과 1:1이 되어야 하는 기독교입니다. 하나님과 1:1로 하나가 되어야 깨달아 지고 인정이 되고 믿어지는 것입니다.

19장 성령의 불 받으면 삶이 달라진다.

(엡 5:18-21)"술 취하지 말라 이는 방탕한 것이니 오직 성령으로 충만함을 받으라 (19) 시와 찬송과 신령한 노래들로 서로 화답하며 너희의 마음으로 주께 노래하며 찬송하며 (20) 범사에 우리 주 예수 그리스도의 이름으로 항상 아버지 하나님께 감사하며 (21) 그리스도를 경외함으로 피차 복종하라."

성령의 불세례 성령 충만이나 성령의 지배는 이론으로 관념으로 되는 것이 아닙니다. 성령님은 살아계신 하나님이심으로 몸으로 마음으로 체험하게 되는 것입니다. 성령의 지배를 받는 성도는 많지 않다고 말할 수가 있습니다. 성령의 지배를 받았다는 교인들의 일부는 자신이 성령을 받았다고 착각들을 하고 있다는 것입니다. 갑자기 기쁨이 찾아오고 감정이 상승했다고 성령 충만이나 성령의 지배를 받은 것이라고 말할 수가 없다는 것입니다. 성령의 지배를 받았다는 교인들의 일부는 그냥 일시적인 흥분 상태가 아닌지를 분별해볼 필요가 있다는 것입니다. 왜냐하면, 성령의 지배를 받아서 성령님이 내안에 주인으로 계신다면, 성령님이 항상 자신을 주관하시니 또 다시 나쁜 죄를 짓는, 바보 같은 짓은 하지 않을 것입니다.

그러나 성령의 세례나 지배를 받았다는 교인들도 보면, 죄짓기와 회개하기를 계속 반복하는 것을 볼 수가 있습니다. 성령님이 내 안에 들어왔다가, 나갔다가, 하기 때문에 그런 것은 아닐 것입니다. 왜냐하면 성령님은 들어오셨다가 나갔다가 하시는 분이 아니기 때문입니다. 성령님은 주인으로 세상 끝 날 때까지 함께 계시는 것입니다. "하나님의 성령을 근심하게 하지 말라 그 안에서 너희가 구원의 날까지 인치심을 받았느니라."(엡 4:30). 그렇기 때문에 죄 짓기와 회개하기를 계속 반복한다는 것은 맹신으로 인해, 순간순간 자신은 성령의 지배를 받는다고 착각하는 경우라고 말할 수도 있습니다. "그러나 하나님의 영이 여러분 안에 계시다면, 여러분은 죄의 본성의 지배를 받지 않고 성령의 지배를 받게 됩니다. 누구든지 그리스도의 영이 없는 사람은 그리스도에게 속한 사람이 아닙니다."(로마서 8:9, 아가페 쉬운성경).

성경이 정말 일점일획도 틀린 곳이 없는 완전무오한 진리라면? 한번 성령을 받은 사람은 성령의 지배를 받기 때문에 죄를 짓고 싶어도 지을 수가 없어야 합니다. 성령의 지배를 받는 순간은 죄를 짓지 못한다는 것입니다. 성령께서 전인격을 지배하시고 인도하시기 때문입니다.

그러나 바울이나 베드로 같은 훌륭한 사도도 매일 회개 기도부터 시작을 했습니다. 이는 전 육체가 성령의 지배 속에 있지 않으면 죄를 지을 수가 있기 때문입니다. 더군다나, 사도인 베드로는 성령으로 세례를 받기 전에는 목숨이 위험해 지니까 3번씩이나 예수님을 부인했었습니다. 그러나 성령세례를 받은 다음은 예수님의 사도로 사명을 훌륭하게 감당했습니다. 베드로와 같이 교인들의 마음을 성령이 지배하고 있다면 아무리 목숨이 위험할지라도 예수님을 부인할리가 없다고 말할 수가 있습니다.

"이르시되 너희 믿음이 작은 까닭이니라. 진실로 너희에게 이르노니 만일 너희에게 믿음이 겨자씨 한 알 만큼만 있어도 이 산을 명하여 여기서 저기로 옮겨지라 하면 옮겨질 것이요 또 너희가 못할 것이 없으리라"(마 17:20). 성령을 받았다는 교인이 겨자씨 한 알만한 믿음도 없다면 그것은 성령 받은 것이 아니라고 할 수가 있습니다. 겨자씨 한 알만한 믿음만 있다면 산을 명하여 여기저기로 옮길 수 있는 능력이 생길 것입니다.

어느 기독교 교파에서는 방언기도를 해야 성령 세례 받은 것이라고 합니다. 그런데 방언은 개신교뿐만 아니고, 다른 종교 집회에서도 많이 발생하는 것입니다. 방언기도란 종교의식을 행하다가 갑자기 알아들을 수 없는 소리로 아따따따'나 '쭈쭈쭈쭈', '랄랄랄라', '따랍따' 하는 현상을 말합니다.

오늘날 일부교회에서 말하는 아따따따'나 '쭈쭈쭈쭈', '랄랄랄라', '따랍따' '또로또' '뿌뿌뿌' 등 알 수 없는 말로 하나님께 기도한다고 하는 것을 방언이라고 합니다. 성경에도 "방언을 말하는 자는 사람에게 하지 아니하고 하나님께 하나니 이는 알아듣는 자가 없고 영으로 비밀을 말함이라."(고전 14:2).고 말씀하셨습니다. 일부 개신교 목사님들은 방언을 영의기도라고 말하고, 인류 공통언어라고, 설교들을 하고 있지만, 실제로는 한국 개신교인끼리도 방언을 알아듣는 사람은 없습니다. 상황이 이럴진대, 외국 개신교인들이 한국 교인들의 방언을 알아듣는다는 것은 언어도단입니다.

방언기도를 영으로 비밀을 말함이라고 합니다. 한번 생각하여 보시기를 바랍니다. 일본사람들이 모여 있는 곳에서 성령으로 충만한 가운데 한국말로 "하나님 사랑합니다." 한다면 영으로 비밀을 말하는 것이 아니라고 할 수가 있습니까? "하나님 사랑합니다."를 일본 사람들은 알아듣지 못해도 하나님만은 알아들으시기 때문에 영으로 비밀을 말하는 것이 되는 것입니다. 성경에서 말하는 방언은 외국언어로 표현할 때도 있다는 것입니다. 성경말씀을 살펴보면 방언은 우리가 살고 있는 이 지구상에 존재하고 있는 각 나라의 언어입니다. 각 나라 언어를 방언이라고 표현하고 기록되어 있는 곳이 많습니다. (대하 32:18)"산헤립의 신하가 유다 방언으로 크게 소리 질러 예루살렘 성 위에 있는 백성을 놀라게 하고 괴롭게 하여 그 성을 점령하려 하였는데" (스 4:7)"아닥사스다 때에 비슬람과 미드르닷과 다브엘과 그의 동료들이 바사 왕 아닥사스다에게 글을 올렸으니 그 글은 아람 문자와 아람 방언으로 써서 진술하였더라."

또 성경은 이렇게 말씀하고 있습니다. "방언을 말하는 자는 자기의 덕을 세우고 예언하는 자는 교회의 덕을 세우나니 (5) 나는 너희가 다 방언 말하기를 원하나 특별히 예언하기를 원하노라 만일 방언을 말하는 자가 통역하여 교회의 덕을 세우지 아니하면 예언하는 자만 못하니라 (6) 그런즉 형제들아 내가 너희에게 나아가서 방언으로 말하고 계시나 지식이나 예언이나 가르치는 것으로 말하지 아니하면 너희에게 무엇이 유익하리요"(고전 14:4-6). 분명하게 "만일 방언을 말하는 자가 통역하여 교회의 덕을 세우지 아니하면 예언하는 자만 못하니라" 말씀하십니다. 그러니까, 자신이 기도

하는 방언을 통역할 수가 있어야 한다는 것입니다. 분명하게 자기 혼자 기도할 때는 방언으로 해도 가하나 여러 사람에게 분명하게 알아듣는 말로 권면하라고 말씀하십니다.

방언기도는 어떻게 보면 일종의 최면, 환각상태이며, 빙의 성 트랜스 증후군이라고 말해도 전혀 잘못된 표현이 아니라는 것입니다. 그래서 방언기도만이 영의기도라고 알고 믿고 방언기도를 하면서 자신만이 인정하는 영의기도라고 생각하면서 만족을 누리며 본성이 변화되지 않고 신앙 생활하는 분들은 자신의 방언기도를 성찰하여 보아야 할 것입니다.

방언의 위험성을 가장 잘 알고 있던 예수님과, 세례 요한은 단한 번도 방언을 안 했습니다. 그리고 27권의 신약성경 책들 중에서도, 오직 3권만이 방언에 대하여 기록되어 있을 뿐입니다. 즉, 성경은 39명의 저자로 쓰였으나, 누가, 바울, 마가만이 방언에 대해 언급하고 있는 것이지요, 그리고, 남들은 다들 방언을 하는데 나만 방언 못하고 있으면, 남에게 믿음이 부족한 것으로 보일 것 같아서 자신도 모르게 그냥 무작정 따라하는 경우들도 많이 있습니다.

보이고 말하고 나타나는 현상을 가지고 믿음이 있느냐 없느냐를 판단하는 습관이 되어있기 때문이라고 생각합니다. 성령의 지배를 받는 사람은 보이고 말하고 나타나는 현상보다도 예수님의 성품과 권능이 나타나는 것으로 판단하는 습관이 되어야 할 것입니다. 보이는 나타나는 현상을 가지고 믿음의 수준을 평가하는 경우에 자칫하면 트랜스현상에 빠질 수가 있는 것입니다. 트랜스란 간단히 말하면 모호한 명료하지 않은 정신 상태를 의미합니다.

종교적인 경우에 이러한 현상이 많이 개재되는데, 예를 들어 신들림, 초자연적 존재와의 만남, 극도의 예민함 또는 안정감, 비정상적 운동 행태 등을 포괄적으로 의미하는 경우가 많습니다. 기독교, 도교, 불교 또는 요가 등의 수행에 있어서도 공통적으로 나타나는 현상을 싸잡아 트랜스라고 부를 수도 있는 것입니다. 어느 정도 이는 무의식적으로 쌓여 있는 세계관의 발현이기도 하며, 종교적인 집적된 지식 또는 신화와도 연결되기도 하며, 자신이 가지고 있는 일종의 무의식의 상처들과 관련될 수가 있습니다.

이러한 문제에 있는 분들이 방언기도에 몰입하면서 자신의 무의식의 상처를 잊어버리기 위하여 방언기도에 빠지는 현상이라고 생각할 수가 있습니다. 방언기도를 할 때는 마음의 고통을 잊어버리게 되는데 방언기도하고 얼마 지나면 다시 전과 같은 상태로 돌아가는 것을 트랜스현상이라고 할 수가 있습니다. 그래서 하나님은 성령으로 성령 안에서 기도하라고 하시는 것입니다. 우리는 방언기도를 할 때 반드시 성령의 지배와 장악된 가운데 방언기도를 해야 하는 것입니다. 반드시 성령 안에서 방언기도를 해야 합니다.

우리는 하나님의 말씀을 통해 기회를 잡는 인생이 지혜로운 인생이고 기회를 잡기 위해 때를 분별하고, 성령의 다스림을 받고 준비하는 것이 필요하다고 믿고 있습니다. 가장 중요한 핵심은 성령의 충만함. 즉, 성령의 지배를 받으라는 것입니다. 성령의 충만 함 없이 지혜로운 인생을 결코 살 수 없다는 것입니다. 그렇습니다. 그리스도인들에게 있어서 가장 중요한 것은 성령의 충만함, 즉, 성령의 지배를 받는 것입니다. 사실, 인간의 본능은 외부의 지배나

간섭 받기를 싫어하고 거부하는 특성이 있습니다.

그렇기에 성령의 지배를 받는다는 것은 인간의 본성을 따르지 않는 행위이기 때문에, 성령께서 깨닫게 하시는 말씀을 통해서 성령의 인도함을 통해서 성령의 지배함에 대한 진리는 알고 있지만, 정작, 성령 충만함을 경험하며 성령의 지배와 인도하심을 받으며 사는 그리스도인들이 결코 많지 않다는 것이 현실이요 사실입니다. 이 말은 예수를 믿는다고 모두 다 기회를 잡고, 성령의 지배와 장악과 예배와 감사, 서로 사랑하는 인생을 살아가는 것이 결코 아니라는 의미일 것입니다.

저는 성령의 역사가 강력한 충만한교회에서 성령충만한 성도님들을 모시고 목회를 하면서 이 부분에 관해 직접 체험하고 있기 때문에 쉽게 마음에 와 닿습니다. 한 공간 안에서 옆의 지체가 말씀의 은혜를 받고, 기도의 목마름을 가지고 뜨겁게 기도를 하고 여러 지체들의 신앙 간증을 듣지만, 어떠한 도전이나, 감동 없이 믿지 않는 이들과 동일한 생활을 하다가 흔적 없이 사라지는 성도들이 우리 교회 안에서도 있었습니다. 하나님을 직접 만날 너무도 좋은 기회를 놓치는 그들을 보며 안타까울 때가 한 두 번이 아니었습니다. 오늘 이 말씀을 읽는 여러분은 이런 안타까운 인생에 속하지 않기를 간절히 소원합니다.

충만한교회는 성령의 지배를 실제적으로 체험할 수 있는 교회입니다. 왜냐하면, 매일 하나님의 말씀이 강력히 선포되고 말씀의 성취를 위해 간절히 기도하기 때문입니다. 내가 뭘 해서가 아니라, 참여만으로 이런 놀라운 성령의 임재를 체험하고 역사를 경험하고 있습니다. 정말 제대로 된 신앙생활 한 번 해 보시지 않으시렵니까? 무늬만 그리스도인이 아닌 능력 있는, 역동적인 체험적인 그리스도인으로 살고 싶지 않습니까? 만일 그런 마음과 결단이 든다면, 성령으로 충만하여 성령의 지배가운데 걸어 다니는 성전으로 살아가기를 바랍니다. 성령의 불세례, 성령의 지배하심, 성령 충만함을 받게 되면 어떤 일들이 벌어지겠습니까?

첫째, 하나님을 예배하며 찬양하게 됩니다(엡5:19절). 포괄적으로 표현한다면 함께 예배하게 된다는 것입니다. "시와 찬송과 신령한 노래들로 서로 화답하며…" 구약시대에는 선택 된 특별한 이들(왕, 제사장, 선지자 등)에게 개인적으로 성령이 임했다면, 신약으로 넘어와서 성령은 기도하는 공동체 가운데 개별적으로 임하셨습니다. 그리고 임한 성령은 강력했습니다. 사도행전 2장을 보면 알 수 있습니다. 성령 받기를 사모했던 120명이 오순절에 함께 기도함으로 한 사람씩 성령의 임재를 체험했습니다. "오순절 날이 이미 이르매 그들이 다 같이 한 곳에 모였더니 (2) 홀연히 하늘로부터 급하고 강한 바람 같은 소리가 있어 그들이 앉은 온 집에 가득하며 (3) 마치 불의 혀처럼 갈라지는 것들이 그들에게 보여 각 사람 위에 하나씩 임하여 있더니 (4) 그들이 다 성령의 충만함을 받고 성령이 말하게 하심을 따라 다른 언어들로 말하기를 시작하니라."(행 2:1-4). 성령받기를 기도하던 120명의 사람들에게 하나씩 임하셨습니다. 오순절이 지난 한 날에 3천명이나 되는 유대인들이 베드로의 설교를 듣고 회개하고 세례를 받고 초대 교회를 세우는 놀라운 성령의 역사가 일어나지 않았습니까? 개인의 성령 충만함도 공동체 없는 '나'가 아닌 공동체 안에 있는 '나'임을 깨달으시기 바랍니다. 성령이 충만하면 찬양하게 됩니다. 혼자도 찬양하지만, 받은 은혜가 너무도 크기에 그 감격스러움을 숨기지 못하고 서로 간증하며 함께 기쁨으로 찬양하게 되는 것입니다.

둘째, 하나님께 감사하게 됩니다(엡5:20절). 감사에 관해서는 별도로 말씀을 드리지 않아도 잘 아실 것입니다. 성령의 깨닫게 하신과 말씀과 기도로 충만하게 되면, 입술 가운데 불평과 원망의 언어가 사라집니다. 말씀을 듣고 그 말씀대로 순종하고자 하는데 어떻게 불평과 원망, 불신과 부정의 언어들이 입술에서 흘러나오겠습니까? 성령은 감사의 영입니다. 감사는 저절로 되는 것이 아닌 내가 선택하는 것인데, 감사를 선택하도록 마음의 동기를 부여하시는 분이 바로 성령 하나님이십니다.

우리가 믿는 하나님은 가장 좋은 것을 주시고 푸르른 초장과 쉴 만한 물가로 인도하시는 아버지이십니다. 믿으십니까? 그 하나님을 믿는다면, 설령, 지금 나의 삶이 힘들고 뜻하는 대로 되는 일이 없다할지라도 감사할 수 있습니다. 여러분에게 주어지는 모든 일들, 관계들을 감사로 시작하고 감사로 끝맺기를 바랍니다.

셋째, 아름다운 가정을 만들게 됩니다(21절 이하). 성령의 충만은 단순히 교회 내에서의 신앙에만 국한 되는 것이 아닌 부부 관계에까지 미친다는 것을 깨닫게 됩니다. 즉, 아름다운 부부 관계, 가정을 이루기 위해서 반드시 필요한 것이 성령의 충만함, 성령의 지배를 받아야 한다는 것입니다. 그러면서 바울 선생님은 아내가 남편에게 복종하고 남편은 아내를 사랑하라고 명하고 있습니다.

성경은 남자(아담)를 'Headship'(헤드십)으로 여자(하와)를 'Servantship'(서번트십)으로 창조하신 창조 원리를 대입해서 설명하고 있습니다. 우리는 이 부분에서도 공동체로서의 가정(부부) 또한 성령의 충만함이 얼마나 중요한지를 발견할 수 있습니다. 가정에서 남편에 대한 복종은 존경과 인정으로 대체할 수 있고, 여자에 대한 사랑은 보살핌과 인내로 대체할 수 있습니다.

이런 마음들은 내 안에서 자연스럽게 나오는 것이 아닌, 성령으로 충만할 때 맺어지는 성품적인 열매들을 통해서 가능한 것입니다. "오직 성령의 열매는 사랑과 희락과 화평과 오래 참음과 자비와 양선과 충성과 온유와 절제니 이 같은 것을 금지할 법이 없느니라"(갈 5:22-23). 지금 여러분의 가정은 어떤가요? 부모님의 관계는? 만일, 여러 상처와 아픔으로 인해 분열과 갈등의 상태에 있다면 오늘 간절히 기도하십시오! 하나님! 저희 가정 안에 성령을 부어주옵소서! 하나님의 나라가 임하게 하시고 성령의 다스림을 받는 아버지 어머니 가정 되게 하옵소서! 배우자를 위한 기도제목을 오늘 하나 더 추가하십시오!

넷째, 아담의 죄악으로 들어온 세상 신들이 물러갑니다. 성령의 지배를 받으면 아담의 죄악으로 사람들에게 들어와 주인노릇을 하는 귀신들이 물러갑니다. 귀신들은 죄를 짓게 하는 매개체입니다.

귀신은 죄를 지을 때 밥을 먹고 살아가기 때문에 귀신들이 사람에게 침입하면 자신의 성향과 같은 죄를 짓도록 충동하는 것입니다.

혈통에 역사하는 악령이 저지르게 하는 비행은 '간음' '폭행' '사기' '절도' '불륜' '성추행' '집착' '게으름' 등과 같이 많은 종류의 비행과 연관이 있습니다. 혈통에 역사하는 악령이 저지르는 육체의 질환들은 '근육통' '목과 허리디스크' '턱관절디스크' '어깨통증' '골반의 질병' '심장병' '각종암' '자궁의 질병' '갑산선 질환' '당뇨' '고혈압' '아토피 피부병' 등등입니다.

혈통에 역사하는 악령이 저지르는 정신적인 질환들은 '우울증' '조울증' '불면증' '공황장애' '대인기피증' '악성두통' 등등입니다. 혈통에 역사하는 악령이 저지르는 영적인 질환들은 '귀신들림' '환청' '환시' '헛소리' '투시' '신령함' '발작증세' '중얼거림' '가난' '사업파산' '이혼' '태아유산' '불임' '불감증' '다발사고' '무엇을 해도 되지 않음' '정신분별증(조현병)' 등등입니다.

이런 혈통의 죄얼에 의하여 영들의 전이로 발생하는 질병들은 혈통의 대를 이어서 계속 이어지기 때문에 유전적인 것으로 오해하기 쉽습니다. 이러한 혈통을 타고 역사하던 귀신들이 5차원인 성령님이 주인 되심으로 귀신들이 자동으로 떠나가게 됩니다. 성령의 역사가 전인격을 지배하면 귀신은 떠나가야 되는 것입니다. 그러므로 귀신만 떠나보내려고 노력하지 말고, 자신이 성령으로 지배되려고 노력하는 것이 귀신을 쫓아내는 것보다 중요합니다.

다섯째, 성령의 인도를 받으면서 살아갑니다. 성령의 인도란 성령님이 주인 되어 성령께서 감동하시고 깨닫게 하시는 대로 순종하는 것을 말합니다. 성령의 지배를 받으면 자신이 없어짐으로 성령의 인도를 받아 세상을 살아가게 됩니다. 성령님의 인도하심으로 권능 있는 삶을 살아가게 됩니다.

여섯째, 성령의 열매를 맺으면서 살아갑니다. 성령의 지배를 받으면 "우상 숭배와 주술과 원수 맺는 것과 분쟁과 시기와 분냄과 당 짓는 것과 분열함과 이단과 (21) 투기와 술 취함과 방탕함과 또 그와 같은 것들이라 전에 너희에게 경계한 것 같이 경계하노니 이런 일을 하는 자들은 하나님의 나라를 유업으로 받지 못할 것이요."(갈 5:20-21). 육체의 열매를 맺으면서 살아가던 성도가 성령의 지배를 받으면 성령의 열매를 맺으면서 살아가게 됩니다. "오직 성령의 열매는 사랑과 희락과 화평과 오래 참음과 자비와 양선과 충성과 온유와 절제니 이 같은 것을 금지할 법이 없느니라"(갈 5:22-23).

일곱째, 육체와 정신적인 질병이 치유됩니다. 육체와 정신적인 질병으로 고통당하는 성도들이 성령의 불로 지배를 받으면 심령이 하나님의 성전이 됨으로 질병에서 해방을 받아 건강한 삶을 살아가면서 살아계신 하나님을 증명하게 됩니다. 성령의 지배와 인도는 참으로 중요합니다. 이는 이론이 아니고 실제적인 체험이며 초자연적인 역사입니다. 필자는 진리의 말씀과 성령으로 성도들의 육체와 마음과 심령을 치유하는 사역을 중점으로 20년이 넘도록 사역하고 있습니다. 성도들을 치유하면서 임상적으로 깨달은 것은 성도가 성령으로 세례를 받고 성령의 불세례를 받으며 성령 충만하지 못하면 육체와 마음과 심령이 치유되지 않는다는 것입니다.

살아 역사하시는 성령하나님께서 환자 안에서 역사하여 환자를 지배하시고 장악하시지 못하면 아무리 이론을 많이 알고 교회에서 살다시피 하는 열심 있는 신앙생활을 한다고 하더라도 육체와 마음과 심령의 질병이 치유되지 못하더라는 것입니다.

그러므로 육체와 마음과 심령을 치유하여 평안한 삶을 살아가시려면 성령으로 세례를 받고 성령의 불세례를 받기 위하여 노력을 해야 한다는 것입니다. 그렇기 때문에 아무리 치유의 은사가 있다고 하더라도 성령으로 세례하고 성령의 불세례가 임하지 못한다면 치유는 불가능하다고 해도 과언은 아닐 것입니다. 왜냐하면 치유는 치유의 은사가 있는 사람이 육체와 마음과 심령을 치유하는 것이 아닙니다. 육체와 마음과 심령의 치유는 성령하나님께서 치유하시는 것입니다. 우리는 예수를 믿을 때 죽었고 예수님으로 살아가고 있기 때문에 치유의 은사가 있는 사람이라고 하더라도 예수를 믿을 때 죽었기 때문입니다. 치유의 은사가 있다고 하는 사람의 주인이신 성령하나님께서 그 사람을 통하여 치유하시는 것입니다.

그동안 이론으로 알았던, 말씀으로만 들었던, 성령의 충만함, 성령의 지배를 매주 예배를 통해 경험하시기를 바랍니다. 그런 소원을 품고 매일 매주 예배나 집회에 참석하셔서 찬양하고 성령으로 기도 하기를 사모하세요. 성령의 불세례를 받고 성령충만 성령의 지배를 받으면 이전과 전혀 다른 신앙의 세계가 열릴 것입니다.

20장 성령의 불을 지속적으로 나오게 하는 비결

(살전 5:19-22)"성령을 소멸하지 말며 예언을 멸시하지
말고 범사에 헤아려 좋은 것을 취하고 악은 어떤 모양이라
도 버리라."

성령의 불을 자신 안에서 지속적으로 나오게 하는 것은 참으로
중요합니다. 한번 불세례를 받았다고 끝나는 것이 아닙니다. 쉽게
설명한다면 성령의 불이 자신 안에서 지속적으로 나오게 해야 한
다는 말입니다. 성령으로 충만하려고 의지적인 노력을 해야 하는
것입니다. 무의식적으로 성령님을 찾을 때까지 기도해야 하는 것
입니다. 성령의 불세례, 성령으로 충만한 상태는 언제일까요? 항상
성령님을 찾을 때 성령으로 충만한 것입니다. 이렇게 성령으로 충
만할 때 성령의 기름부음이 유지되는 것입니다. 성령의 기름부음이
유지될 때 성령의 불세례가 지속적으로 나타나게 되는 것입니다.
성령의 불이 지속적으로 나오게 하려면 이렇게 하기를 바랍니다.

**첫째, 성령의 불을 지속적으로 나오게 하려면 예배를 회복해
야 한다.** 영과 진리로 드리는 예배를 통하여 자신을 성전삼고 계시
는 하나님께서 기뻐하심으로 자신을 통하여 지속적으로 나타내시
는 것입니다. 우리에게는 회복해야만 할 영역들이 너무 많습니다.
놀라운 것은 이 모든 것들이 예배의 회복과 연결되어 있다는 점입
니다. 예배는 하나님과의 만남입니다. 우리가 살아오면서 좋은 책

한권을 만도 인생이 바뀌고, 복된 사람을 잘 만나면 삶이 달라집니다. 그리고 좋은 교회를 만나면 인생의 방황은 끝나고 행복을 누리게 됩니다. 예배를 통해 창조주 하나님과의 만남이 회복된다면 어떻게 될까요? 삶 가운데 기적이 일어날 것입니다. 그래서 예배의 승리는 신앙생활의 승리이며, 이는 인생의 승리로 연결됩니다.

인생은 두 가지로 나누어 생각해 볼 수 있습니다. 첫째는 성실인생입니다. 이 인생은 내가 성실하게 노력해서 살아가는 인생입니다. 나의 노력이 인생의 추진력입니다. 둘째는 은혜인생입니다. 이 인생은 나의 약함과 부족함을 인정하고 하나님께 붙들린바 되는 인생입니다. 하나님을 목자로 삼고 그분의 인도를 따라 사는 인생입니다(시23:1-2). 성실인생은 망망대해에서 혼자 노를 젓는 것과 같습니다. 그러나 은혜인생은 같은 배입니다만 돛단배와 같아서 바람을 통해 훨씬 빠르게 목적지를 향합니다. 이 바람을 일으키시는 분이 바로 성령 하나님이십니다. 바람의 방향을 보고 믿음의 돛을 올리면 쉽게 소원의 항구로 갈 수 있습니다.

은혜인생의 특징은 모든 것을 하나님의 은혜로 생각하기에 예배를 기뻐하는 마음으로 살아갑니다(시122:1). 우리에게는 이런 마음이 있습니까? 일 때문에 교회와 멀어지고, 공부 때문에 자녀들을 예배와 멀어지게 만들고 있는 것이 우리의 현실 아닌가요? 은혜인생을 살아가는 사람들은 자신들이 봉사자이기 이전에 예배자라는 것을 잘 인식합니다. 마르다는 마리아와 다르게 손님들을 대접하기 위해 예수님의 말씀을 듣지 못하였습니다(눅10:40). 그것은 나쁜 일이라고 할 수는 없겠지만, 무엇이 더 중요한지 모르는 행동이었습니다. 우리의 가장 근본적인 정체성은 예배자입니다. 봉사도 귀하지만 먼저 하나님이 기뻐 받으시는 예배자가 되어야 합니다. 모든 은혜는 예배로부터 시작되는 것임을 잊지 말아야합니다.

그렇다면 참된 예배를 회복하기 위해서는 어떻게 해야 할까요? 그것은 형식보다는 본질에 충실하고자 하는 자세에서 시작합니다. 하나님은 오늘 아모스 5:21-24절에서 절기와 성회(21), 번제와 소제와 화목제(22), 찬양과 연주(23)도 기뻐하지 않고 받지도 않겠다고 말씀하십니다. 의식과 예물과 찬양이 중요하지 않은 것은 아닙니다. 그러나 하나님은 이러한 것들보다 믿음과 마음의 중심을 보시고, 말씀의 실천을 원하십니다. 이것이 없는 형식만 남아 있는 예배는 신령과 진정의 예배가 아니기 때문에 하나님께서 받으시지 않는 것입니다.

참된 예배자는 삶을 주님께 드리는 사람입니다. 주일과 주일 사이에 세상을 따르지 않고, 하나님의 뜻을 따라 사는 사람입니다(롬 12:1-2). 교회를 벗어나 가정과 직장에서도 작은 자, 소외된 자들을 위해 기도하며 삶을 나누는 사람입니다. 그 결과 하나님의 정의와 공의를 온 세상에 물같이, 강같이 흐르게 하는 사람입니다(암 5:24). 오늘 말씀이 핵심은 삶이 예배이며, 삶이 따르지 않는 예배는 하나님과 상관없다는 것입니다. 우리는 참된 예배를 상실한 시대를 살고 있습니다. 이로 인하여 삶의 많은 부분들이 허물어지고 있음을 깨달아야 합니다. 참된 예배를 회복함으로 성령의 불세례를 지속적으로 나타내면서 삶이 회복되어 기쁨과 행복을 누리시기를 소망합니다.

둘째, 성령의 불을 지속적으로 유지하기 위해 노력하라. 자신 안에서 성령의 불세례를 지속적으로 받으며 유지하기 위하여 조심해야 할 것은 사단이 마음에 틈타지 않도록 해야 합니다. 얌전히 앉아 있어도 세상 정보가 우리 마음에 쓰레기 같은 정보들이 틈을 탑니다. 쓰레기통에 쓰레기가 쌓이는 것처럼 우리 마음에 쌓입니다. 세상에 살고 있는 한 우리 마음은 더러움을 입을 수 있고 그리고 더러움이 있으면 사단이 들어 올 수 있습니다. 걱정이나 불안이나 근심을 통해서도 들어옵니다. 분노하거나 시기 질투를 하거나 해도 들어옵니다. 상처 받아 치유 되지 않아도 들어 올 수 있습니다.

그러므로 매일 말씀과 성령으로 씻음을 받아야 합니다. 예수님의 피로 씻어내는 깊은 영의기도를 하세요. 그러므로 매일 방언으로 영의기도를 하세요. 그러면서 떠오르는 죄를 회개하세요. 그래야 신선하고 불같은 기름부음을 유지할 수가 있습니다. 로마서 말씀에 믿음으로 행하지 않는 것은 다 죄라고 했습니다. 우리에게는 믿음으로 행하지 않는 것이 얼마나 많은지 모릅니다. 아무도 이 죄에서 피할 사람은 없을 것입니다. 그렇기에 매순간 예수님의 피를 의지해야 합니다. 믿음으로 의롭다 여김을 받았으나 성령의 역사를 방해하는 작은 죄들을 버려서 사단이 마음에 틈을 타는 것을 방지해야합니다. 작은 죄들 습관적인 죄들을 멀리하고 말씀과 성령으로 씻어내야 합니다. 반드시 성령의 지배 가운데 해야 합니다.

어느 날 젊은이를 중보 하다가 환상을 보았습니다. 여우가 꼬리를 세우고 그 청년 주위에서 빙빙 돕니다. 그 청년의 죄를 예수님의 피로 씻어 달라고 기도를 계속 했습니다. 그리고 예수 이름으로 명하노니 그 청년에게서 귀신아 떠나가라고 명했습니다. 그랬더니 여우가 꼬리를 세우고 그 청년에게서 떠나갔습니다.

요한복음 13장에서 주님이 이렇게 말씀합니다. 이미 목욕 한자는 다시 목욕할 필요가 없고 발만 씻으면 되느니라. 원죄에서는 속량 받았으나 날마다 생활 하면서 발에 먼지가 묻듯이 우리 마음에 틈을 타서 들어옵니다. 그렇기에 발을 씻듯이 날마다 말씀에 마음을 담가야 합니다. 주님 앞에 죄들을 자백하고 회개하면서 기도하세요. 삶속에서 영은 거듭났고 말씀과 성령으로 거듭난 영 안에는 사단이 들어오지 못합니다.

그리고 크고 작은 죄들을 예수님의 피로 씻어 달라고 기도하세요. 그래서 사단이 들어올 틈을 주지 말아야 합니다. 그래야 신선하고 불같은 기름부음을 유지할 수가 있습니다. 우리는 의지적인 노력도 해야 합니다. 히브리서 13장 12절에 이렇게 말씀합니다. 예수도 자기 피로서 백성을 거룩하게 하려고 성문 밖에서 고난을 받으셨느니라. 그런즉 우리도 그의 치욕을 짊어지고 영문 밖으로 그에게 나아가자 라고 말합니다. 그리스도께서 우리 죄들을 씻어내고 거룩하게 하려고 십자가를 지셨습니다.

그러므로 그 피를 날마다 의지해서 죄책감에 시달리지 말고 모든 죄에서 속량 받았음을 믿고 마음을 성결하게 하되 무엇보다 이미 속량 받았음을 믿기를 바랍니다. 그렇기에 죄들을 멀리해야 합니다. 그리고 죄책감에 눌리지 말아야 합니다. 누가 나를 정죄하리요. 누가 나를 판단하리요. 나를 의롭다 하신 이는 그리스도 예수시니 그분의 사랑에서 아무도 끊어 낼 수는 없다고 선포하세요. 담대하게 선포하세요. 날마다 성령의 불세례가 나오기를 사모하세요. 성령을 힘입어 귀신들을 몰아낼 수 있습니다. 능력 주는 자 안에서 무엇이든 할 수 있습니다. 내 힘으로는 아무것도 할 수 없습니다. 세상에 마귀가 있기 때문입니다. 바울도 내 속에서 역사 하는 능력을 따라 힘을 다하여 수고한다고 했습니다. 성령의 나타남에 관심이 없이 주님의 일을 할 수도 있습니다. 그러나 열매는 없을 것입니다. 날마다 성령님이 거하시는 성전을 깨끗이 청소하세요. 말씀으로 영혼을 씻어 내세요. 깊은 영의기도로 영혼을 씻어 내세요. 예수님의 피로 죄들을 씻는 기도를 쉬지 말아야 합니다.

셋째, 온유한 마음을 유지하라. 사람은 약합니다. 왜 그런가? 육을 가지고 있기 때문입니다. 아무리 성령으로 충만한 성도라도 혈기를 내면 육체로 돌아갑니다. 그래서 성경은 항상 기뻐하라. 쉬지 말고 기도하라. 범사에 감사하라고 하는 것입니다. 성경 말씀은 모두 우리를 위하여 하나님이 주신 것입니다. 우리는 성령으로 충만하여 항상 기뻐해야 합니다. 항상 기뻐하면 건강에도 좋습니다. 우리가 기뻐할 때 몸에서 엔도르핀이 나옵니다. 그래서 육체에 활력을 주어서 건강을 유지하게 됩니다. 그것뿐만이 아니라 마음이 열리게 되므로 성령의 불세례가 타오르고 나와서 성령으로 충만하게 되는 것입니다. 그러나 반대로 혈기를 내거나 분노할 때는 아드레날린이 분비됩니다. 그래서 우리의 뼈와 뼈 사이에 들어가 뼈로 마르게 합니다.

모든 질병은 자율신경의 계통의 흐름과 부조화로 생기게 됩니다. 모든 질병의 대부분이 자율 신경의 부조화에서 나오는 경우가 많습니다. 그렇기 때문에 내 영이 무거운 죄 짐이나, 불평이나, 원망의 무서운 독소에서 자유 함이 있어야 합니다. 자율 신경의 조화는 주로 마음의 평안과 영의 기쁨을 항상 유지하게 됩니다.

자율 신경의 교감신경은 불안 좌절 분노, 등의 결과를 유발합니다. 부교감 신경은 주로 기쁨, 화평, 감사, 용서, 사랑, 절제, 인내, 자비와 양선과 충성과 온유함을 주관합니다. 그래서 하나님은 빌립보서 4장 4절에서 "주 안에서 항상 기뻐하라 내가 다시 말하노니 기뻐하라." 하시는 것입니다.

포도나무의 가지가 원줄기에 붙어 있어야 하듯이, 우리의 영적 생명과 성령의 역사는 생명의 근원 되시는 예수님에게 붙어 있어야 합니다. 그래서 영적 신령한 생명이 계속 공급을 받아서 끊임없이 흘러나오거나 솟아나야 합니다. 그런데 우리가 분노하거나 혈기를 내면 육성으로 돌아가기 때문에 이런 영적 생명이 공급되지 못하는 것입니다. 그래서 우리는 자신의 건강을 위해서라도 분노하거나 혈기를 내면 안 되는 것입니다. 성도는 마음에 보복의 칼을 품어서는 안 됩니다. 이는 자신의 영성관리와 건강을 위해서 삼가야 합니다. 그래서 우리는 항상 마음에 평안을 유지하려고 의지적인 노력을 해야 하는 것입니다. 그래야 내 안에 계신 성령으로부터 영적생명이 흘러나오는 것입니다. 이러한 생명의 흐름이나 성령의 흐름이 성경에서는 기름부음이라는 표현으로 설명되고 있습니다. 이러한 예수의 생명이 흘러넘치는 역사가 충만하기 위해서는 속사람(영)이 강건해야 합니다. 이 속사람은 자율신경의 부교감 신경에 주로 영향을 받게 됩니다. 자율 신경의 조화를 이루지 못하고, 분노나 불안이나 좌절 등을 일으키면 육성으로 돌아가 기도가 막히게 됩니다. 그래서 성령의 역사를 소멸하게 되는 것입니다. 성령을 소멸하게 되니 자신도 모르는 사이에 마귀가 틈을 타서 마귀가 역사하는 것입니다. 거기다가 건강에도 영향을 미쳐서 위장, 간, 심장, 폐 등 오장육부의 혈관 정맥, 근육 등에 뻗어 있는 자율 신경에 자극을 주게 되어, 신체에 이상을 일으키고 질병을 유발시키는 것입니다. 각종 암병을 만들기도 합니다.

넷째, 성령 안에서 온몸으로 기도하는 시간을 가져야 한다. 우리 예수님을 보면 우리 예수님만큼 바쁘신 분 없습니다. 예수님은 식사하실 겨를도 없으셨다고 그랬습니다. 예수님께서 성령의 권능이 나타나니까, 수많은 각색 병자들이 예수님께 다 몰려들었습니다. 이 마을에 가면 이 마을로, 이 집에 들어가면 이 집으로 그냥 사람들이 장사진을 치는 것입니다. 그러니까 예수님이 어떻게 쉬시고 식사할 시간이 있겠습니까? 이렇게 눈 붙일 시간이 없이 바쁘신 데도 불구하고 우리 예수님의 생애를 보면 하나님과의 친밀한 시간을 가졌던 걸 볼 수 있습니다. 마가복음 1장 35절 보면 "새벽 오히려 미명에 예수께서 일어나 나가 한적한 곳으로 가사 거기서 기도하시더니" 그랬습니다. 바로 새벽 시간을 통해서 우리 예수님은 하나님과 친밀한 시간을 가지셨습니다.

성령의 불세례를 나타내는 것은 우리 예수님과 친밀하고 특별한 시간을 갖는 시간에 우리 예수님께로부터 직접 안수 기도 받는 시간이 되는 것입니다. 자신 안에 계신 예수님으로부터 성령의 불세례를 나타내는 것은 취임식, 안수식과 같습니다. 그래서 "하나님! 내가 정말! 우리 가정의 아버지로, 아내로 그리고 남편으로 또 교회 집사로, 목사로, 장로로 하나님! 내가 정말 이 귀한 직분을 잘 감당해야 되겠는데 하나님 감당할 수 있는 기름을 부어주시옵소서."

"또 직장에서는 사장으로, 여러 가지 직원으로 정말 이러한 일들을 감당해야 되겠는데 하나님! 내게 능력을 부어주셔야 되겠습니다." 하고 하나님과 나와의 특별한 시간을 갖는 것입니다. 그 시간에 우리 주님이 기름을 부어 주시는 것입니다. 바로 우리 예수님은 그렇게 바쁘셨는데 특별한 시간을 가지셨습니다.

그래서 누가복음 6장 12절 보면 "예수님께서 기도하시러 산으로 가사 밤이 맞도록 기도하시더니" 그랬습니다. 그러니까 우리 예수님은 하루 온 일정 가운데 분주하신 사역의 일정을 맞춰 놓으시고 또 기도하러 가셨습니다. 그래서 우리 하나님 아버지와 특별한 시간을 가지신 것입니다. 이 시간이 바로 성령의 불이 나오는 시간입니다. 그래서 우리들이 아무리 시간이 없어도 우리 하나님과 특별한 시간을 만들어야 합니다. 바로 이 시간이 너무 중요한 것입니다. 하나님과 특별히 개인적으로 만나는 시간을 우리들이 만들어야 그 시간이 성령의 불세례를 나타내는 시간이 되는 것입니다.

바로 그 시간을 갖는 사람들은 승리할 수 있는 것입니다. 그 시간을 갖는 사람들은 참으로 그 시간이 행복한 시간, 기다려지는 시간이 될 것입니다. 너무 너무 축복된 시간이 되는 것입니다.

저도 성령의 불의 역사를 일으키며 성령 사역을 하면서 주님과 나 사이, 주님과 나만의 특별한 이 시간을 갖는 그 시간이 가장 행복한 시간인 것 같습니다. 그 시간에 사실 궁금한 문제들이 다 풀어집니다. 내 안의 주님께 성령의 불을 충만하게 받게 되었을 때 나는 정말 하나님이 기뻐하시는 사역들을 감당할 수 있게 되었습니다.

때로는 우리가 직분을 받고, 무엇보다도 직분 받을 때 기뻐하지만 정말 사명을 감당하기 위해서는 자신 안에 주인으로 계시는 예수님으로부터 성령의 불을 받는 것이 더욱 중요합니다. 자신 안에 예수님께 기도하는 것입니다. 바빠서 기도를 하지 못한다고요. 예수님은 특별한 시간을 만드시지 않았습니까? 바빠도 얼마든지 기도할 수 있습니다.

"저는 기도할시간이 없는데요." 그건 전부 다 거짓말입니다. 모두 기도할 수 있습니다. 예수님이 기도하셨는데 우리는 얼마든지 기도할 수 있습니다. 그 말씀은 뭐냐 하면, 바로 예수님이 그렇게 바쁘셨는데 기도하셨다는 이야기입니다. 우리가 집집마다 기도실을 만들어야 됩니다. "아이! 목사님! 우리 집을 못 와 보셔서 그렇죠. 우리는 그냥 아이들 지낼 방도 없는데요." 걱정하지 마세요! 거실이 있잖아요."

얼마든지 거실에서 기도할 수 있습니다. 자신 안에 있는 골방에 들어가서 주님과 나와의 단둘이 갖는 시간을 꼭 가져야 합니다. 그 시간이 바로 주님께 안수 받는 시간입니다. 성령의 불을 받고 유지하는 시간이 되는 것입니다. 그 시간이 얼마나 행복한 시간인가? 체험을 하지 못한 분은 이해하지 못합니다. 매일 특별한 시간을,

주님과 갖는 특별한 시간을 꼭 갖기를 바랍니다.

다섯째, 성령으로 기도하여 온몸을 정화해야 한다. 우리 주님께서 꼭 기사를 행하시거나, 이런 특별한 은혜를 주실 때 먼저 성결을 요구 하십니다. 그래서 제사장들이고 왕이고, 선지자들이고 할 것 없이 기름을 부어 세울 때는 먼저 성결이었습니다. "먼저 깨끗이 하라!" 성결을 요구하셨습니다.

역대하 35장 6절 보면 "스스로 성결케 하고 유월절 어린 양을 잡아 너희 형제를 위하여 예비하되 여호와께서 모세로 전하신 말씀을 따라 행할찌니라." 바로 스스로 성결케 하고, 그 다음 출애굽기 19장 10절에 보면 이제 이스라엘 백성들에게 시내산에 우리 하나님께서 강림 하실 때 먼저 이 백성들이 강림하신 하나님을 만나 뵈려면 "모세에게 이르시되 너는 백성에게로 가서 오늘과 내일 그들을 성결케 하며 그들로 옷을 빨고" 그랬습니다. 그래서 먼저 성결을 요구하셨습니다.

그 다음에 여호수아서7장 13절 보면 이제 이스라엘 백성들이 가나안 땅에 들어갈 때 요단강을 건너서 들어가는데 요단강을 하나님의 능력으로 갈라주시고 건너는 이런 엄청난 기사를 행하시기 전에 먼저 백성들에게 요구하신 것이 뭐냐 하면 성결이었습니다.

여호수아서7장 13절 보면 "너는 일어나서 백성을 성결케 하여 이르기를 너희는 스스로 성결케 하여 내일을 기다리라. 이스라엘의 하나님 여호와의 말씀에 이스라엘아 너의 중에 바친 물건이 있나니 네가 그 바친 물건을 너의 중에서 제하기 전에는 너의 대적을 당치 못하리라." 하나님의 놀라운 기적이 정말 매일 우리 가정에, 우리 사업장과 우리 교회에 일어나기를 원한다면 먼저 성결하길 바랍니다. 성령으로 기도할 때 성결하게 됩니다. 하나님 앞에 깨끗한 그릇을 준비하는 것입니다. 날마다 우리가 심령부흥을 체험하기를 원하는 것입니다. 하나님께 아름답지 못한 모든 습관들, 행한 일들, 생각나는 것들, 이런 것들을 다 씻어 버리는 것입니다.

디모데후서4장 5절에 "하나님의 말씀과 기도로 거룩하여짐이니라." 그랬습니다. 바로 하나님의 말씀을 계속 묵상하고 우리가 이제 하나씩 하나씩 뽑아내는 것입니다. 예수 이름으로 회개하는 것입니다. 그때마다 하나님께서 이제 우리 심령만 정결하게 되면 생각만 해도 하나님은 응답해 주시는 것입니다. 죄악을 품은 기도는 하나님이 듣지 아니하신다고 말씀하셨습니다. 내가 아무리 하나님 앞에 기도를 많이 해도 죄악을 품은 기도는 듣지 않으십니다. 더러운 죄악 가운데 빠져 가지고 정말 하나님 앞에 기도해도 우리 주님께서는 "내가 귀가 어두워서 네 말을 듣지 못함이 아니요 내 손이 짧아서 너를 구원치 못함이 아니요 너희 죄악이 너희와 하나님 사이를 내었다." 우리가 주님과 교통하지 못하면 우리 주님이 얼마나 안타까워하시는 지 우리는 바르게 알아야 합니다.

그러므로 다른 것보다도 하나님 보시기에 합당치 않은 것은 아예 싹 끊어버리기를 바랍니다. 그래서 우리 가정에서도 여하간 다른 사람을 험담하고, 판단하고, 정죄하고, 욕하고, 이런 것들은 아예 끊어 버려야 됩니다. 완전히 끊어 버려야 하나님과 교통합니다. 악은 조금이라도 남기지 말고 끊어버리기를 바랍니다.

여섯째, 성령의 인도에 순종해야 한다. 말씀을 보면 예수님이 이렇게 말씀 하십니다. "주의 성령이 내게 임하셨으니 이는 가난한 자에게 복음을 전하게 하시려고 내게 기름을 부으시고 나를 보내사 포로 된 자에게 자유를, 눈먼 자에게 다시 보게 함을 전파하며 눌린 자를 자유케 하고 주의 은혜의 해를 전파하게 하려 하심이라." 바로 하나님께서 예수님을 이 땅에 보내주신 것은 가난한 자에게 복음을 전하게 하시고 눈먼 자를 보게 하시고 눌린 자를 자유케 하시고 이런 은혜의 해를 전파하게 하시기 위함입니다.

그래서 예수님께서 순종하셔서 이 땅에 오셨고, 순종하셔서 이 사역을 감당하실 때 성령을 물 붓듯, 기름 붓듯 부어 주셔서 능력 있게 사역을 행할 수 있도록 은혜 주신 줄 믿습니다. 우리가 하나님께 부름을 받았을 때 그 사명을 감당하려고 순종하기만 하면 하나님께서 기름을 부어 주시는 것입니다. 그래서 그 사역을 감당하게 하시는 것입니다.

모세를 보세요. 모세가 하나님께 부름을 받았을 때 계속 핑계를 댔습니다. "하나님! 보낼 만한 사람 보내시죠. 하나님! 저는 입이 둔합니다. 저는 말을 할 줄 몰라요." 그러면서 계속해서 핑계를 댑니다. 그때 까지는 주님께서 그에게 능력을 부어주실 수 없었습니다. 그런데 결국 모세가 하나님께 설득을 당하고 이제 가기로 작정하고, 애굽을 향해서 순종해서 갈 때, 바로 바로 앞에서 순종해서 사역을 감당하기 위해서 갈 때 하나님께서 모세에게 성령의 기름 부으심으로 충만케 하신 줄 믿습니다. 그러니까 놀라운 능력이 그에게 임했습니다.

우리는 우리 자신의 실력으로 하나님의 사역을 하는 것이 아닙니다. 하나님이 우리에게 직분을 주셨을 때는 감당할 수 있는 그러한 능력도 준비하시고 우리를 부르신 줄 믿어야 합니다. 우리가 하나님에게 직분을 받았다면 성령의 불을 받은 것입니다. 만약에 받지를 못했다면 자신이 준비하지 못해서 받지 못한 것입니다. 하나님은 직분을 감당하도록 성령의 불과 성령의 기름을 부어주십니다.

우리에게 필요한 건 순종입니다. 성령 안에서 온몸으로 기도하는 것입니다. 그냥 하나님이 하라고 하는 대로 순종만 하면 하나님께서 기름을 부으셔서 은혜를 주실 줄 믿습니다. 바울도 하나님이 부르셔서 그가 그냥 순종했을 때 하나님께서 그에게 성령으로 기름을 부으시니까 능력이 나타나는 사역이 이루어졌습니다.

예수님의 제자들 참으로 평범했습니다. 그러나 "너희는 가서 모든 족속으로 제자를 삼아 아버지와 아들과 성령의 이름으로 세례를 주고 내가 너희에게 분부한 모든 것을 가르쳐 지키게 하라." 바로 주님의 말씀대로 그냥 순종해서 그들이 이제 복음을 전할 때 하나님께서 그들에게 성령의 기름을 부어 주셨습니다.

성령의 불이 자신 안에서 강에서 물이 흐르듯이 흘러나오게 해야 합니다. 성령의 불이 끊어지지 않고 지속적으로 나오게 해야 우리의 온몸이 건강하고 성령충만하여 살아계신 하나님의 성전이 되어 지금 살아서 천국을 누리게 되는 것입니다. 하나님은 "하나님의 말씀과 기도로 거룩하여짐이라."(딤전 4:5). 하셨습니다. 성령 안에서 말씀을 묵상하고 기도해야 성령의 불이 자신 안에서 강물이 흐르는 것과 같이 흐르게 되는 것입니다.

5부 성령의 불세례 받으면 삶이 달라진다.

21장 지금 온몸으로 천국을 누리면서 산다.

(롬 11:36)"이는 만물이 주에게서 나오고 주로 말미암고 주에게로 돌아감이라 그에게 영광이 세세에 있을지어다 아멘"

성령의 불을 받아 성령의 지배를 받는 성도가 되면 지금 살아서 온몸으로 천국을 누리면서 살아가게 됩니다. 이는 체험해보아야 이해하게 되고 아멘으로 화답하게 됩니다. 하나님은 성령의 불을 받고 성령의 불의 지배를 받고 이 땅에서 하나님의 일을 하면서 하나님의 성전으로 살면서 하나님의 형상으로 바뀌도록 하십니다. 하나님의 나라가 되게 하시어 지금 세상에서 천국을 누리면서 살다가 영원한 천국으로 데리고 가십니다. 하나님은 사람의 근원이요 또한 만물의 근원입니다. 그러니까, 우리들은 하나님께서 창조하시고 이 땅에서 천국을 만들어 천국에서 살게 하시다가 영원한 천국에 들어오게 하시는 것입니다. 그러므로 하나님은 첫째 사람을 위하여 하늘 땅 만물을 다 지으시고 마지막에 사람을 하나님의 형상을 따라 하나님의 모양대로 지으셨습니다. 흔히 사람들이 사람은 만물의 영장이라고 하는데 하나님이 사람을 지으신 목적은 하나님을 담기 위하여 지으신 것입니다. 하나님을 담은 성도들을 통하여 이 땅에 하나님의 나라를 굳건하게 하시는 것입니다.

그런데 사람은 인류의 조상으로 하여금 타락하여 죄인으로 전락되어 죄인의 생활을 하다가 결국 주에게로 돌아가 심판을 받아 불 못으로 가게 된 것입니다. 하늘은 땅을 위하여 지으시고 땅은 만물을 위하여 지으시고 만물은 사람을 위하여 지으시고 사람은 하나님을 위하여 지으셨습니다. 이것이 우주의 돌아가는 순리입니다.

그런데 사람이 타락되어 하나님의 대적인 사탄의 본성을 담았으므로 하나님의 대적자 원수가 되었습니다. (롬 5:12)"그러므로 한 사람으로 말미암아 죄가 세상에 들어오고 죄로 말미암아 사망이 들어왔나니 이와 같이 모든 사람이 죄를 지었으므로 사망이 모든 사람에게 이르렀느니라." 그러므로 불 못으로 가게 된 것입니다. 결국 아담의 죄악으로 사람이 세상에서 하나님을 대적하면서 자신들의 마음대로 살다가 하나님께서 범죄자들을 위하여 만드신 영원한 지옥 불 못으로 들어가서 영생하도록 하신 것입니다.

그러나 긍휼히 풍성하신 하나님께서 이 땅에 타락한 인간을 죄에서 구원하기 위하여 사람의 몸을 입고 이 땅에 예수로 오시었습니다. 예수님께서 사람의 몸을 가지고 33년 동안 하나님을 온전히 나타내시고 세상의 죄(모든 사람들의 죄)를 없이 하시기 위하여 사셨습니다. (요 1:29)"이튿날 요한이 예수께서 자기에게 나아오심을 보고 이르되 보라 세상 죄를 지고 가는 하나님의 어린 양이로다" 세상 죄를 지고 십자가를 걸머지고 죽으시고 장사지낸바 되어 3일동안 무덤 속에 계시다가 부활하셔서 믿는 자에게 생명을 주시는 영(보혜사 성령)인 그리스도가 되었고 승천하셨습니다.

(행 2:36)"그런즉 이스라엘 온 집은 확실히 알지니 너희가 십자

가에 못 박은 이 예수를 하나님이 주와 그리스도가 되게 하셨느니라 하니라" (요 14:26)"보혜사 곧 아버지께서 내 이름으로 보내실 성령 그가 너희에게 모든 것을 가르치고 내가 너희에게 말한 모든 것을 생각나게 하리라"

이제 타락되었던 사람들은 모두 이 사실을 믿고 예수님을 주인으로 모시고 주의 이름을 불러 구원을 받으라고 하신 것입니다. (롬 10:13) "누구든지 주의 이름을 부르는자는 구원을 얻으리라"

주의 이름을 부른 자는 하나님을 담은자로 그리스도인입니다. 하나님을 담은자란 하나님으로 온전하게 채운 자를 말하는 것입니다. 하나님을 주인으로 모시고 사는 사람을 말합니다. 이것이 하나님이 사람을 회복시킨 것입니다. 그러므로 주의 이름을 부른 자는 이 땅에 살다가 주에게로 가도 심판을 받지 않고 영원히 사는 것입니다. (요 3:18)"그를 믿는 자는 심판을 받지 아니하는 것이요 믿지 아니하는 자는 하나님의 독생자의 이름을 믿지 아니하므로 벌써 심판을 받은 것이니라." 예수님만이 구원자 이십니다. 예수님을 찬양합니다. 예수님께 찬양과 영광을 돌립니다.

첫째, 예수를 믿는 자를 천국을 만드십니다. 필자에게 많은 분들이 전화를 합니다. 목사님도, 장로님도, 권사님도, 집사님도 전화하시는 거의 모든 분들이 영육의 문제의 해결을 위하여 전화하시는 것입니다. 전화를 하시면 대략적인 전화하신 이유를 듣습니다. 다 듣고 제가 묻습니다. 권사님은 예수님을 믿을 때 어떻게 되었습니까? 그러면 대다수의 사람들이 간증을 합니다. 필자가 묻습니다. 간증하라는 것이 아니고 예수님을 믿을 때 권사님이 어떻게 되었느냐를 묻는 것입니다. 그러면 대답을 하지 못하고 머뭇거립니다. 시간이 없으니 제가 간단하게 요약해서 말씀드리겠습니다. 하나님은 갈라디아서 2장 20절에서 이렇게 말씀하십니다. "내가 그리스도와 함께 십자가에 못 박혔나니 그런즉 이제는 내가 사는 것이 아니요, 오직 내 안에 그리스도께서 사시는 것이라. 이제 내가 육체 가운데 사는 것은 나를 사랑하사 나를 위하여 자기 자신을 버리신 하나님의 아들을 믿는 믿음 안에서 사는 것이라" 데살로니가전서 5장 10절에서는 "예수께서 우리를 위하여 죽으사 우리로 하여금 깨어 있든지 자든지 자기와 함께 살게 하려 하셨느니라."

크리스천은 예수님을 믿는 순간 죽었습니다. 예수님을 주인으로 영접하는 순간 자신은 죽은 것입니다. 예수님께서 대신 죽으셨기 때문입니다. 예수님을 믿는 순간 죄인(아담)이 죽은 것입니다. 죽는 순간 부활하신 예수님으로 사시는 것입니다. 하나님을 만나도 죽지 않는 의인이 되었다는 것입니다. "하나님의 아들을 믿는 믿음 안에서 사는 것이라" 이제 예수님을 주인으로 모시고 예수님의 인생을 사시를 것입니다. 이것이 몸과 마음으로 믿어져서 예수님으로 사셔야 예수님이 모든 것을 해결하여 주실 수가 있는 것입니다.

분명하게 사도 바울은 로마서 6장 8절에서 "만일 우리가 그리스도와 함께 죽었으면 또한 그와 함께 살줄을 믿노니"라고 말했습니다. 그리스도와 죽지 않았다면 그리스도와 함께 살지 않는 사람입니다. 죄보다 무서운 것은 죽지 않은 자아입니다. 자아가 죽지 않은 채, 열심만 있으면 하나님의 일을 방해할 뿐입니다.

많은 기독교인들이 복음에 대한 좌절감, 무력감에 무너지고 있습니다. 십자가 복음이 무능해서가 아니라 진정한 십자가 복음이 무엇인지 알지 못하고 믿지 않기 때문입니다. 십자가는 모든 사람들을 위한 구원의 문을 열어 놓았습니다.

그러므로 예수로 죽고 예수로 사는 것은 옛 자아가 예수님과 함께 십자가에 죽었고, 예수님과 함께 새 생명으로 천국의 삶을 살아가는 것입니다. 예수님께서 성령으로 인도하시면서 옛 자아를 없어지게 하는 것입니다. 옛 자아를 없어지게 하는 방법은 사람에 따라 여러 가지가 그 중에 제일로 많이 사용하시는 방법이 하나님을 찾고 기도하게 하시는 방법입니다.

어느 안수집사님이 지방에서 전화를 하셨습니다. 자신은 5년 전에 간에 암이 생겨서 수술하고 항암치료를 하는데 더하지도 아니하고 덜하지도 않아서 산속에 있는 요양 시설에서 요양하고 있다는 것입니다. 자신의 부인은 권사인데 24동안 공직생활을 잘하다가 퇴직을 했는데 퇴직 당시 주변 사람의 꾐에 빠져서 퇴직금을 일시불로 받아 투자하여 동업하다가 망해서 10원도 건지지 못했다는 것입니다. 이렇게 되다가 보니 있는 있던 재산이 슬슬 없어지기 시작하여 사면초과에 있다는 것입니다.

이를 어떻게 해야 되겠느냐는 것입니다. 그래서 필자가 이렇게 말했습니다. 하나님께서 그 모든 것들을 가지고 가신 것이 절대로 아닙니다. 하나님은 예수를 믿는 성도들이 세상에서 잘 살면서 하나님의 영광을 나타내면서 천국을 누리다가 영원한 천국으로 데려가시기를 원하십니다. 그런데 예수를 믿을 때 죽었다고 하나 죽지 않고 살아서 자기 마음대로 하면 아직 아담이 남아있어서 아담에게 역사하는 귀신이 방해를 하는 것입니다. 하나님께서 주인이 되셨으면 하나님께서 모든 것을 보호하시면서 하나님의 나라가 되게 하셨을 것입니다.

만약에 권사님이 퇴직금을 모두 투자한 사업이 잘되었으면 하나님께서 잘 되게 하셨다고 기도하며 영광을 돌렸겠습니까? 욕심과 자아가 남아있기 때문에 돈을 버는데 바빠서 하나님께 관심을 두지 못했을 경우도 있습니다. 그러면 권사님이나 집사님은 예수님을 믿느라하면서 하나님의 형상으로 채워지지 못하고 육신적으로 살다가 영원한 천국에 가지 못했을 경우도 있습니다. 하나님은 예수를 믿는 사람들이 하나님을 주인으로 모시고 매사를 하나님께 하문하여 하나님의 뜻에 따라 결정하면서 하나님과 친밀해져서 하나님의 영으로 채워져서 지금 살아서 천국을 누리다가 영원한 천국으로 데리고 가시는 것입니다. 영원한 천국은 지금 살아서 천국을 누리는 성도만이 들어가는 것입니다.

하나님께서 집사님의 가정에 주인에 되지 못하니 마귀가 역사하여 환경적으로 육체적으로 정신적으로 어려움이 찾아왔다고 보아도 잘못된 표현은 아닐 것입니다. 그러나 영적으로 보면 축복입니다. 어려움이 찾아오니 영적인 책도 읽고 기도도 하면서 필자에게 전화도 하여 영적인 권면도 받게 되어 하나님께서 기뻐하시는 영혼이 되도록 인도하시기 때문입니다.

많은 분들이 예수를 믿으면 아브라함의 복을 받아서 돈을 잘 벌고 재산을 증식하면서 사는 것으로 알고 믿는 분들이 많습니다. 그러나 하나님은 그렇게 하시지 않습니다. 자신이 온전하게 없어지고 하나님께서 주인 된 성도를 축복하십니다. 하나님께서 주인 되지 아니하면 축복을 받아도 얼마가지 않아 마귀가 공작을 하여 슬슬 없어지게 하기도 합니다. 하나님께서 온전하게 주인이 되지 못했으니 마귀가 빼앗아 가는 것입니다. 그래서 하나님은 로마서 8장 13-14절에서 "너희가 육신대로 살면 반드시 죽을 것이로되 영으로써 몸의 행실을 죽이면 살리니 (14) 무릇 하나님의 영으로 인도함을 받는 사람은 곧 하나님의 아들이라." 하신 것입니다. 하나님은 성령으로 인도하시면서 하나님의 형상으로 바꾸시고 천국으로 인도하십니다.

이는 예수님께서 공생애 기간 동안 제자를 12명만 선택하고 만들어 데리고 다니셨는가를 깨달으면 이해가 빨리 될 것입니다. 예수님은 당시 수만 명의 사람들을 모아 데리고 위세를 드러내 내면서 하나님의 나라를 선포하셨을 수도 있습니다. 그러나 예수님은 단지 12명의 제자만 데리고 다니셨습니다. 예수님은 군중들을 피하여 산으로 가셔서 기도하셨습니다. 요한복음 6장 14-15절을 보면 "그 사람들이 예수께서 행하신 이 표적을 보고 말하되 이는 참으로 세상에 오실 그 선지자라 하더라 (15) 그러므로 예수께서 그들이 와서 자기를 억지로 붙들어 임금으로 삼으려는 줄 아시고 다시 혼자 산으로 떠나가시니라"

자신을 임금 삼으려는 군중들을 떠나서 산으로 가서 기도하셨습니다. 하나님께 기도하며 하나님으로 채우셨습니다. 많은 군중을 피하여 산으로 가신 이유는 군중들로 인하여 자신의 영성을 관리하실 수가 없고, 하나님과 기도할 수가 없으니 예수님 자신의 관리를 위하여 그렇게 하신 것입니다. 이를 추리하여 보면 지금 시대를 살아가는 성도들에게 하나님께 기도하며 자신을 하나님의 성령으로 채우는 일이 중요하다는 것을 보여주신 것입니다. 우리들도 세상욕심을 뒤로하고 하나님께서 기도하여 하나님으로 채우는 일이 더 중요한 것입니다. 하나님으로 채워지면 하나님께서 아브라함의 축복을 누리게 하시는 것입니다.

만약에 예수님께서 지금 세상에서 권세를 누리는 사람들과 같이 인간적으로 행동을 했다면 예수님의 사명인 인류의 죄를 지고 십자가에서 죽으시지도 못했을 것입니다. 생전에 예수님께 은혜를 받았던 수만 명들이 예수님을 잡아서 재판할 때나 십자가에 달 때 가만히 보고만 있지 않았을 것입니다. 그렇기 때문에 예수님께서 능력이 있으시면 서도 12명의 제자들만 데리고 다니신 것입니다. 성경에 보면 유대인들도 예수로 인하여 민란이 일어날 것을 두려워했습니다. "이틀이 지나면 유월절과 무교절이라 대제사장들과 서기관들이 예수를 흉계로 잡아 죽일 방도를 구하며 (2) 이르되 민란이 날까 하노니 명절에는 하지 말자 하더라."(막 14:1-2). 성령의 인도를 받는 예수님으로 인하여 "민란이 날까 하노니 명절에는 하지 말자 하더라." 우리 모두는 예수님과 같이 성령의 인도를 받으며 자기 관리를 잘하고 하나님의 영으로 충만해져서 지금 천국을 누리면서 사시다가 영원한 천국에 들어가시기를 바랍니다.

둘째, 세상을 천국을 만들고 살아가야 합니다. 보이는 면에 만족하지 말고 보이지 않는 면에 만족할 줄 아는 자가 되어야 합니다. 한마디로 영적인 눈이 열려야 한다는 말입니다. 영적인 눈은 어떻게 열릴까요, 능력 있다는 목사에게 눈 안수를 받으면 열릴까요. 영적인 눈은 하나님을 자신의 주인으로 삼으려는 관심으로 열리는 것입니다. 하나님을 향한 관심이 있어야 열린다는 것입니다. 관심이 굉장하게 중요한 것입니다.

창세기에 나오는 이삭에게는 쌍둥이 아들이 있었습니다. 형은 에서이고 동생은 야곱입니다. 에서는 자신의 재능과 힘만을 의지하는 인간적인 사람이었습니다. 마음을 세상에게 빼앗긴 사람이었습니다. 하나님을 찾지 않는 전형적인 아담이었습니다. 하나님 없이도 살수 있다는 자만심이 풍성한 아담입니다. 야곱은 하나님의 축복을 받으면서 살아가려는 꿈이 있었습니다. 하나님의 축복에 관심이 많았습니다. 야곱은 어머니의 사랑을 받았습니다. 그는 성질이 온순하며 자기 어머니를 더욱 기쁘게 하려고 했습니다. 에서는 외형적인 성향의 사람이요, 야곱은 영적인 눈이 열린 내형적인 성향의 사람입니다. 야곱은 하나님의 은혜와 축복을 사모했습니다. 어찌 하든지 하나님으로부터 장자의 축복을 자기 것으로 삼아야 하겠다는 의지가 강했습니다. 그는 어찌하면 장자의 축복을 자기 것으로 삼을까 관심을 집중하며 하나님의 지혜를 구했습니다. 결국 아버지 이삭으로부터 장자의 축복을 받아 이스라엘이 되었습니다.

에서는 육적인 눈이 밝아 보이는 것을 추구합니다. 야곱은 하나님의 축복을 받아 누리려고 관심을 가지니 영적인 눈이 열립니다. 이는 어떻게 알 수가 있느냐 야곱이 20년 동안 외삼촌 집에서 살다가 고향에 돌아오는 상황을 이해하면 알 수가 있습니다. 에서가 야곱이 돌아온다는 소식을 듣고 군사 400명을 데리고 야곱을 만나 죽이려고 합니다. 왜 400명이나 되는 군사를 데리고 갔을까요. 극히 인간적인 에서는 야곱이 하나님의 축복을 받아 20동안 살았으니 수많은 군사를 거느리고, 백말타고 오는 줄로 생각한 것입니다. 우리가 역설적으로 생각하면 이스라엘(야곱)은 수많은 하늘의 군대가 호위하며 백말타고 오는 것이 맞습니다.

그러나 에서의 눈에 보인 실상은 머리가 산발이 되고 다리를 질질 끌면서 장애인이 되어서 오는 극히 불쌍한 모습으로 나타난 것입니다. 순간 에서의 마음을 하나님께서 장악하여 불쌍하게 본 것입니다. 야~ 이 사람아 하나님의 축복을 가로채가지고 도망을 하여 20년이나 살다오더니 거지가 되어가지고 오느냐 포옹을 하고 맞이했던 것입니다. 그런데 에서의 눈에는 하나님께서 야곱과 함께하는 것이 보이지 않은 것입니다. 하나님의 군대가 야곱(이스라엘)을 호위하는 것을 보지 못합니다. 야곱은 가나안으로 가라는 하나님의 말씀에 순종하지 않고 얍복강 가에서 두려워하며 에서를 만나로 가지 못하였습니다.

두려워하고 있는데 어떤 사람이 나타났습니다. 이는 하나님의 사자입니다. 야곱이 얍복 나루터에서 밤새도록 하나님의 사자와 씨름을 하고 난 다음 하나님이 그를 치매 허벅지 관절이 어그러지므로 하나님 앞에 크게 회개하고 하나님의 사자를 붙잡고서 "나를 축복해 주지 않으면 당신을 놓지 않겠나이다." "하나님 없이 살아가지 못합니다." "너 이름이 뭐냐?", "야곱, 사기꾼입니다." "이젠 네 이름을 이스라엘이라 하라. 하나님과 씨름해서 이긴 자라고 하라. 하나님과 대면하여 산자라 하라" 그렇게 이름조차 바꾸어 주어서 하나님이 같이 하므로 형이 아무리 동생을 죽이려고 400인 군대를 가지고 와도 하나님이 야곱과 같이 행하매 형이 동생을 죽이지 못하고 그 마음이 녹아져 버려서 오히려 동생을 호위하고 가게 된 것입니다. 이렇게 관심이 세상의 눈을 열게 하기도 하고 하나님을 보는 눈이 열리기도 하는 것입니다. 우리는 하나님께만 관심을 두어 영이신 하나님의 축복 속에서 천국을 누리면서 사시기를 바랍니다.

하나님은 영안을 열어 세상에서 천국을 누리면서 살기를 원하십니다. 내가 하나님의 영으로 충만하게 채워지면 어디를 가나 천국이 되는 것입니다. 필자는 이런 이야기를 읽어본 적이 있습니다. 한 부인이 세상살이가 너무나 힘들어서 자신을 하나님이 계신 곳으로 데려가 달라고 기도를 했습니다. 하루는 천사가 나타나서 "하나님이 네 기도를 응답 했으니 곧 너를 데려 가겠다. 그러나 네가 할 일이 있다. 집안을 깨끗이 정리해 놓고 와야지 이렇게 어지럽게 해놓고 너만 천국 오면 어떻게 하느냐? 집안을 깨끗이 정리정돈 하라!" 그래서 열심히 집안을 소재하고 정리정돈을 했습니다. 그리고 기도했습니다. "집안 정리정돈을 다 했으니까 이제 데려가 주십시오." 천사가 와서 "저 마당에 저 잡초가 저게 뭐냐? 마당에 잡초가 많아서 보기가 흉하고 다음 사람이 와서 살더라도 이런 집에서 살려고 하겠느냐? 잡초를 정리하고 아름다운 나무를 심고 꽃을 가꾸고 난 다음에 천국에 오너라!" 그래서 열심히 정원을 가꿨습니다. 잡초를 뽑고 아름다운 꽃을 심고 나무를 심고 정원을 돌보고 난 다음에 "이제 천국 갈 때가 되었으니 이제 나를 데려 가 주십시오." 하니까 천사가 나타나서 "아직 멀었다. 왜냐하면 너의 집 앞을 봐라! 거지가 찾아와 있는데 먹이지도 아니하고 입히지도 아니했지 않느냐? 너 이웃집하고 사이가 나쁘지 않느냐. 그것을 정리해 놓고 난 다음 천국 와야지 그것을 그대로 두고 천국 올 수는 없다." 그래서 그때부터 거지에게 잘 먹이고 입히니까 거지들이 줄을 서서 옵니다.

그래서 다 먹이고 입히고 이웃 사람들에게 친절히 하고 사랑을 베풀고, 또 남편과 자식들에게 아주 사랑과 친절을 베풀어서 인기 100%가 되었습니다. 그래서 주님께 "이제는 다 되었지요?" 하니까 천사가 와서 그 부인의 손을 잡고 창문가에 나와서 창문을 활짝 열어 놓고 "바깥을 한번 바라보라!" 보니 정원에는 꽃이 만발하고 나비가 날고 새들이 노래합니다. 사람들이 보는 곳마다 손을 흔들고 감사하는 것입니다. 남편도 우리 집사람이 제일이라고 하고 자식들도 우리 어머니가 제일이라고 하니까 가만 보니까 천국에 갈 필요 없이 여기가 천국이거든요. 그래서 천사보고 "아이 나 천국은 좀 있다가 가겠습니다. 여기서 좀 더 살게 해주십시오." 그렇게 말했다는 것입니다. 천국은 자기가 만들기에 달려있는 것입니다. 자기가 천국을 만들 수도 있고 지옥을 만들 수도 있는 것입니다.

로마서 15장 13절에 "소망의 하나님이 모든 기쁨과 평강을 믿음 안에서 너희에게 충만하게 하사 성령의 능력으로 소망이 넘치게 하시기를 원하노라" 성령이 오시면 소망도 있고 마음속에 평강이 충만해야 되는 것입니다. 소망과 평화가 넘치면 마음속에 천국이 역사하는 것입니다. 그러므로 우리는 천국을 다른데서 찾지 말고 우리의 마음에서 우리의 환경에서 찾아야 되는 것입니다.

우리가 옛날에 예수를 모르고 세상에 살다가 예수를 믿고 난 다음에 예수님으로 죽을 때 하나님께 수고하고 무거운 짐을 다 맡기고 성령으로 충만할 때 마음에 얼마나 놀라운 믿음, 소망, 사랑, 의, 평강이 강물같이 넘치지 않습니까? 벌써 마음속에 천국이 들어와 있는 것을 느낄 수가 있는 것입니다.

누가복음 17장 21절에 "또 여기 있다 저기 있다고도 못하리니 하나님의 나라는 너희 안에 있느니라" 하나님의 나라는 우리 마음속에 언제나 임하여 있는 것입니다. 우리 마음속에 예수님이 주인으로 계시기 때문입니다. 우리가 이 세상 환경이 아무리 어렵더라도 예수님이 마음 중심에 계시고 우리가 성령으로 충만하고 기도하면서 살면 마음의 평화가 바로 천국인 것입니다. 이 세상에 부귀영화 공명보다 더 가장 중요한 것이 마음의 평안입니다. 마음의 평안은 돈 주고 못삽니다. 지위나 명예나 권세를 주고 살 수가 없습니다. 오직 예수님 안에서 성령이 임재하실 때 주는 평안 이것이 참된 평안이요, 평안이 있어야 행복한 것입니다. 평안하게 잠자리에 들어가고 평안하게 깨어나고 하루를 살아도 마음속에 평안을 가지고 살 수 있으면 그것이 행복이요, 천국이 바로 그 마음속에 있는 것입니다. 마음이 평안이 없고 불안하고 초조하고 공포가 있고 마음이 답답한 마음을 가지고 있으면 자도 편하지 않고 깨어나도 편하지 않고 밥을 먹어도 편하지 않고 하루 종일 친구를 만나도 편하지 않고 마음속에 불안이 꽉 들어차면 그는 사는 것이 아니라 벌써 지옥을 맛보고 있는 것입니다.

우리가 이 땅에 살면서 하나님의 나라를 위해서 힘써 일하는 것은 장차 우리가 하늘에 올라가서 하나님의 축복을 받을 씨앗을 심는 것입니다. 사람이 임종이 되면 그 사람이 천국 가는지 지옥 가는지 알 수 있다는 이야기가 있습니다.

종교개혁자이자 장로교의 창시자였던 존 칼빈은 "사람은 그 죽는 것을 보아야 그 삶이 어떠했는지를 알 수 있다."라고 말한 것입니다. 이 세상에 지옥같이 산 사람은 죽을 때 눈을 감지 못하고 얼굴에 흑암의 권세에 잡혀서 이를 갈고 안 죽으려고 발버둥을 치며 온몸이 경직되어서 죽습니다.

한국의 유명한 부흥사이며, '사랑의 배달부'라고 불리던 길선주 목사님은 임종 시에 주변에 있던 사람들에게 "하늘에서 내게 전보가 왔어. 이제 떠나야 돼. 다들 잘 있게."그렇게 말하고 떠났습니다. 주변에 있는 친구들을 보고 하늘에서 내게 오라는 전보가 왔어. 이제 내가 떠나야 돼. 잘 있게. 그리고 떠났습니다. 천국 간 일이 얼마나 확실합니까? 미국의 유명한 부흥사였던 무디 목사님은 죽기 직전에 그를 임종하려고 모여 있는 자녀들과 많은 일가친척들 앞에서 갑자기 벌떡 일어나더니 이렇게 말했습니다. "영광이로다! 땅이 물러가고 하늘이 내게 다가오는 도다. 그리고 여러분 내일 아침 신문에 무디가 죽었다고 보도 되더라도 믿지 마세요. 무디는 죽은 것이 아닙니다. 여러분들이 보시는 대로 이렇게 하늘로 올라갑니다."라고 하더니 쓰러져서 눈감고 세상을 떠나고만 것입니다.

우리의 사후의 세계는 분명히 있습니다. 인간이면 누구든지 낙원 아니면 천국의 음부로 가야만 합니다. 그것은 우리가 이 세상에 살면서 뿌린 씨앗의 열매를 그대로 거두는 것입니다. 우리가 우리의 선한 행위로 구원을 받는 것은 아닙니다. 예수 그리스도께서 우리의 죄와 불의, 추악과 저주와 절망을 걸머지고 십자가에서 한없는 고통과 괴로움을 다하여 우리의 죄악을 다 청산해 주셨기 때문에 예수님을 구주로 모셔야만 죄 사함을 받을 수 있는 것입니다. 인간의 선한 행위로써는 결코 천국을 갈 수 없습니다. 그러나 예수님의 보혈의 능력은 어떠한 죄인도 씻어주고 구원해 주고 천국에 가는 확신을 줄 수 있는 것입니다. 그러므로 이 세상에 가장 큰 보배가 마음속에 예수님을 모신 것입니다. 그것보다 더 귀한 보배는 없습니다.

충만한 교회에서는 매주 월-화-금-토요일 09:00-11:00까지 1주전 예약하여 집중기도 내적치유 시간이 있습니다. 성령의 불세례를 받고 싶으나 받지 못하며, 상처나 질병이 깊어 서 장기간 고통을 당하고, 권능이 나타나지 않는 분들이 참석하시면 모두다 기적적인 영육의 치유와 능력을 받습니다. 반드시 1주전에 전화하시고 예약해야 합니다.

22장 성령께서 진리를 깨닫게 하며 인도한다.

(요 16:7-13)"(13) 그러나 진리의 성령이 오시면 그가 너희를 모든 진리 가운데로 인도하시리니 그가 스스로 말하지 않고 오직 들은 것을 말하며 장래 일을 너희에게 알리시리라"

성령의 불을 받아 성령의 불로 충만한 성도가 되면 성령께서 진리를 깨닫게 하시면서 축복 속으로 인도하십니다. 분명하게 진리 성경말씀을 사람의 지식이나 머리로 깨달아 아는 것이 아니고 성령께서 깨닫게 하시고 믿게 하시고 온전하게 순종하게 하십니다.

본문은 십자가의 죽음을 앞둔 성자 예수님께서, 이 땅을 떠난 후에 오실 성령님이 하시는 일에 대하여 설명하고 있습니다. 여기서 우리는 성삼위 일체 하나님의 사역을 살펴볼 필요가 있습니다. 성부 하나님께서는 인류를 구원하실 계획을 세웠습니다. 그것은 하나님의 아들 (성자 예수님)을 이 땅에 보내시고 인간의 모든 죄를 담당하여 십자가에 죽게 하실 계획이었습니다. 마침내 성부 하나님의 계획은 완전하게 성취되었습니다. 우리 예수님은 십자가에 죽으시고 부활하심으로 사망권세를 이기시고 우리의 구세주가 되셨습니다. 이를 밝히 깨달아 알게 하시는 분은 성령님이십니다.

예수님께서 이 땅을 떠나가야 보혜사 성령께서 오신다고 말씀하십니다. 마침내 부활하신 예수님께서는 하늘로 올라가시고 성령을 우리에게 보내셨습니다. 본문 요16:7절, "그러하나 내가 너희에게 실상을 말하노니 내가 떠나가는 것이 너희에게 유익이라 내가 떠나가지 아니하면 보혜사가 너희에게로 오시지 아니할 것이요 가면 내가 그를 너희에게로 보내리니" 즉 예수님이 이 땅에 오셔서 해야 할 모든 일을 완성하신 후에, 오실 성령께서 하실 일이 있다는 것입니다. 그 일이 무엇일까요? 요16: 8절, "그가 와서 죄에 대하여, 의에 대하여, 심판에 대하여 세상을 책망하시리라"

여기서 "책망하신다"는 말은 헬라어로 '엘렉코'인데 '죄를 깨닫게 하다.', '잘못된 것을 찾아 교정하다'는 뜻입니다. 죄에 대하여 책망하시는 것은 예수님을 믿지 않기 때문입니다. "죄에 대하여라. 함은 그들이 나를 믿지 아니함이요"(요16:9). 예수님을 믿지 않으면 정죄 받아 심판을 받는 것입니다. 그러나 성령의 빛이 임하면 자기 죄가 깨달아지고 십자가 피의 공로가 믿어지게 됩니다. 성령께서 오시면 의에 대하여 심판하십니다. "의에 대하여라 함은 내가 아버지께로 가니 너희가 다시 나를 보지 못함이요"(요16:10절). 성령님께서 의에 대해 책망하시면서 "내가 아버지께로 가니 다시 나를 보지 못한다."고 하셨는데 이것과 무슨 상관이 있을까요?

사람들은 의로우신 예수님을 하나님의 저주를 받았다고 핍박했습니다. 그러나 예수님은 의로운 분은 증명이 되었습니다. 죽음의 권세를 이기고 부활 승천하셨기 때문입니다. 그러므로 성령께서 예수님을 핍박한 자들을 책망하신다는 것입니다. "심판에 대하여라 함은 이 세상 임금이 심판을 받았음이니라"(요16:11절). 예수님이 부활하심으로 마귀의 사망권세가 깨짐으로 마귀가 심판을 받은 것이지요. 그래서 이제 마귀를 무서워할 필요가 없습니다. "내가 아직도 너희에게 이를 것이 많으나 지금은 너희가 감당치 못하리라"(요16:12). 인간적인 수준이니 깨닫지 못한 다는 것입니다.

영적인 세계는 깊이가 무궁무진하기 때문에 어린아이 신앙으로는 장성한 분량의 맛을 알지 못합니다. "그러하나 진리의 성령이 오시면 그가 너희를 모든 진리 가운데로 인도하시리니 그가 자의로 말하지 않고 오직 듣는 것을 말하시며 장래 일을 너희에게 알리시리라"(요16:13). 성령님이 모든 것을 밝히 알게 하십니다.

첫째, 성령님은 진리가운데로 우리를 인도하십니다. 진리가 무엇입니까? 하나님의 말씀이시요. 성령님께서 하나님의 말씀을 깨닫게 만들고, 하나님의 말씀 속에 살게 만들며 하나님의 말씀의 인도를 받게 만듭니다. 성령님은 진리의 말씀이 육신이 되신 예수님께로 우리를 인도하십니다. 성령님의 인도는 예수님의 품속에 들어가서 예수님과 깊은 사랑의 교제를 하게 만듭니다. 예수님을 깊이 만난 만큼 예수님 닮게 되고 예수님의 생각, 마음으로 모든 것이 새로워집니다. 성령님은 날마다 세상 모든 만물들을 날마다 새롭게 하실뿐만 아니라 우리의 영혼과 육체를 새롭게 하시고 새 일을 허락해 주십니다. 만약 식물이 죽어 썩어졌다면 그 안에 생명이 없습니다. 그러면 세상은 온통 썩은 냄새로 가득하지 않겠어요? 그런데 하나님은 날마다 새롭게 창조하시는 분이기 때문에, 나무가 죽고 썩을지라도 새롭게 창조되어 거기에서 싹이 나고 꽃이 피고, 열매를 맺게 하십니다.

이 모든 목적은 무엇일까요? 우리를 그 가운데로 안전하고 행복하게 살게 하기 위해서입니다. 하나님은 공기를 창조하시고, 오염된 지대를 청정하게 만드셔서 인간이 수천 년 동안 이 땅에서 살고 있지 않습니까? 하나님께서 우리를 매일 새롭게 해주셔야 우리의 영혼이 새로워질 수 있습니다. 하나님께서 만물을 새롭게 해주셔야 이 세상이 새롭게 될 수 있습니다. 우리에게도 성령이 임하면 새로운 사람이 됩니다. 그리고 창조적인 사람이 됩니다. 성령세례를 받은 사람들은 날마다 새로운 생각을 하고 새로운 아이디어가 떠오르고, 선하고 아름다운 생각과 지혜가 떠오르게 됩니다.

창세기 39장에서는 요셉이라는 인물을 다루고 있습니다. 요셉이 얼마나 똑똑합니까? 그러나 아버지 품에서 색동옷을 입고 자라다가 애굽에 노예로 팔려가 애굽 왕궁의 친위대장 보디발의 집에서 종살이를 합니다. 그런데 보디발이 아무리 생각해도 요셉이 자기보다 훨씬 더 똑똑한 것입니다. 보디발은 애굽의 모든 학문을 터득하고 용맹한 사람이며 높은 지위를 가진 똑똑한 사람입니다.

요즘 말하면 미국 하버드 대학교 정도의 학문을 나왔을 것입니다. 경험도 많았습니다. 그래서 왕의 친위대장이 되어 왕을 보좌합니다. 그럼에도 불구하고 그 지혜가 요셉만 못했습니다. 그래서 요셉을 보고 탄복하는 것입니다. 요셉이 감옥에 들어갔을 때는 간수가 '저 지혜가 어디로부터 왔을까?' 탄복합니다. 요셉이 후에 애굽의 총리가 되었을 때, 애굽왕이 요셉의 지혜를 보고 탄복합니다.

애굽 왕이 어떤 사람입니까? 당대의 세계를 지배한 지혜로운 사람입니다. 그럼에도 불구하고 애굽 왕의 지혜가 요셉을 따라갈 수 없었습니다. 왜 그랬을까요? 지혜의 원천이 달랐기 때문입니다. 이 세상의 지혜라고 하는 것은 경험에서 비롯되는 것입니다. 학문도

경험에서 나오는 것입니다. 이 세상의 모든 지혜라고 하는 것은 사람의 머리에서 나온 것이고, 지금까지 축적된 일반적 지식에 불과합니다. 그러나 참된 지혜는 하나님으로부터 옵니다. 그래서 모든 지혜의 원천은 하나님이십니다. 더 쉽게 말하자면 하나님의 지혜입니다. 하나님의 지혜는 모든 문제를 해결합니다. 세상의 지혜가 하나님의 지혜를 따라갈 수 있나요? 하나님의 지혜는 친위대장 보디발의 것보다 높고, 간수보다 높고, 왕보다도 더 높은 것이었습니다.

애굽왕 바로는 요셉에게 "너와 같이 명철하고 지혜 있는 자가 없도다"(창41:39)라고 탄복합니다. 왜 그렇습니까? 요셉의 지혜는 하나님의 지혜였기 때문입니다. 그러면 그 지혜와 지식이 어디에 있을까요? 성경에 보니까 모든 지식과 지혜의 보화가 예수 그리스도 안에 숨겨져 있다고 말씀하고 계십니다. "그 안에는 지혜와 지식의 모든 보화가 감추어 있느니라"(골 2:3). 예수 그리스도 안에서 모든 지혜와 지식으로 충만하시기 바랍니다.

이 세상 학문을 도통했던 바울이 말하기를, "예수 그리스도 안에서의 지식이 가장 고상하므로 내가 가진 모든 지식을 분토(糞土)와 같이 버렸다"는 얘기를 합니다. 그러면 바울이 얘기하는 "예수님 안에서의 지식"이란 무엇일까요? 십자가를 의미하지요. 하나님의 지혜와 지식의 최고의 결정은 "예수 그리스도의 십자가"입니다. 십자가의 사건은 하나님의 사랑과 공의를 동시에 실천했습니다. 사랑은 용서해야 하고 공의는 벌을 줘야 하는데 어떻게 두 가지를 동시에 이룰 수 있습니까?

하나님 아들이신 예수님께서 친히 우리의 죄악을 담당하시고 벌

받게 만들어서, 우리가 받아야 할 영원한 지옥의 형벌을 예수님께서 모두 담당하시고 부활하심으로 사망 권세 마귀권세를 깨뜨리시고 마귀를 심판하셨습니다.

우리를 구원하시는 십자가의 지식이 가장 고상하여 그 십자가의 사건을 통하여 하나님이 우리를 얼마나 사랑하시는지 실재로 독생자 아들 예수 그리스도를 우리에게 내어주시기까지 사랑하셨어요. 하나님의 최고의 지혜가 십자가인 것을 믿으시기 바랍니다. 예수 그리스도 십자가의 사랑이 무엇인지 알고 싶습니까? 성령으로 세례를 받고 성령의 불세례를 받으면서 충만하기 바랍니다. 성령 충만한 만큼 하나님의 넓이, 길이, 높이, 깊이를 알게 됩니다.

우리의 모든 문제의 해답은 사랑입니다. 우리 마음에 하나님의 사랑으로 가득 채우면 우리 마음에 참된 위안과 평안을 얻으며 그 사랑 안에서 하나님과 연합되게 합니다. 능력의 사람이 되고 싶습니까? 성령 안에서 예수님을 만나 주인으로 모시면 능력의 사람이 될 수 있습니다. 예수님은 성령과 능력을 기름 붓듯 받으시고 마귀에게 눌린 자, 모든 병을 고치시고 성령으로 일하셨습니다. "사무엘이 기름 뿔을 취하여 그 형제 중에서 그에게 부었더니 이 날 이후로 다윗이 여호와의 신에게 크게 감동되니라. 사무엘이 떠나서 라마로 가니라"(삼상 16:13).

다윗이 성령 충만함을 받은 다음에 골리앗이 등장하지요. 사단의 상징인 골리앗을 성령님의 역사로 물맷돌 곧 산돌, 하나님의 말씀을 던져서 이기지요. 예수님이 공생애 사역을 시작하시기 전에 광야에서 마귀를 이긴 세 가지 시험과 같습니다. 우리가 정말 사모할 것은 성령 충만입니다. "나는 재능이 부족해. 나는 배운 것이 적어서"라며 스스로 우리의 능력을 제한시켜 버립니다. 성령 충만 외에 다른 방법이 없습니다. 성령 충만하면 천군 천사를 동원할 수 있으며 사람의 마음을 움직입니다. 이스라엘 당대에 가장 힘이 센 사람이 누구였지요? 삼손이지요. 삼손은 성령님께 사로 잡혀서 나귀 턱뼈 하나로 블레셋 1천 군사를 죽여 버리게 됩니다. 삼손이 어떻게 이런 위력을 가지게 되었습니까? 사사기 13장에 보면, 하나님의 사자가 삼손의 어머니에게 나타났습니다. "여호와의 사자가 그 여인에게 나타나시고 그에게 이르시되 보라 이제 잉태하여 아들을 낳으리니 그러므로 너는 삼가서 포도주와 독주를 마시지 말찌며 무릇 부정한 것을 먹지 말지니라 보라 네가 잉태하여 아들을 낳으리니 그 머리에 삭도를 대지 말라 이 아이는 태에서 나옴으로부터 하나님께 바치운 나실인이 됨이라 그가 블레셋 사람의 손에서 이스라엘을 구원하기 시작하니라"(삿13:3-5).

그 후에 하나님의 사자가 삼손의 아버지 마노아에게 나타났습니다. "마노아가 또 여호와의 사자에게 말씀하되 당신의 이름이 무엇이니이까 당신의 말씀이 이룰 때에 우리가 당신을 존중하리이다. 여호와의 사자가 그에게 이르시되 어찌하여 나를 묻느냐 내 이름은 기묘니라. 이에 마노아가 염소 새끼 하나와 소제물을 취하여 반석 위에서 여호와께 드리매 사자가 이적을 행한지라 마노아와 그 아내가 본즉 불꽃이 단에서부터 하늘로 올라가는 동시에 여호와의 사자가 단 불꽃 가운데로 좇아 올라간지라 마노아와 그 아내가 이것을 보고 얼굴을 땅에 대고 엎드리니라"(삿 13:17-20). "내 이름은 기묘나라" 예수님이 기묘자로 오셨지요. 사실 여기서 여호와의 사자는 예수님을 말합니다.

그런데 언제 불행이 찾아왔습니까? 삼손이 드릴라의 무릎을 베고 잠을 자다가 머리가 깎여지게 되었습니다. 그 순간부터 삼손은 힘을 잃었습니다. 마침내 꼼짝없이 블레셋 군사들에 의해 잡히게 되었습니다. 보세요. 힘이 천하 장사였던 삼손이 언제 힘이 빠지고 평범한 사람으로 바꾸어졌습니까? 머리털이 잘라져 버린 순간부터 입니다. 그럼 삼손의 머리털에서 힘이 나오는 것입니까? 그는 나실인으로서 머리털을 깎아서는 안 되는 사람이었습니다. 그런데 그는 하나님의 말씀을 범했습니다. 그때부터 성령님께서 떠나시고 힘이 없어지게 된 것입니다. 기억하시기 바랍니다. 성령님은 말씀을 수레로 삼고 오시기에 우리가 성령님의 인도를 무시하고 하나님의 말씀을 순종하지 않으면 성령님이 떠나버리게 된다는 것을… 성령께서 감동하시는 말씀에 순종하기를 바랍니다.

둘째, 성령님은 장래 일을 알게 하십니다. 성경의 저자는 성령하나님이시지요. 성경이 무엇입니까? 예언서지요. 성령님은 스스로 말하지 않습니다. 오직 하나님 아버지로부터 듣는 것을 말하시고 장래 일을 말하십니다. 그래서 하나님께서 아모스를 통해서 확실하게 증거하십니다. "주 여호와께서는 자기의 비밀을 그 종 선지자들에게 보이지 아니하시고는 결코 행하심이 없으시리라"(아모스 3:7). 하나님이 성령으로 우리에게 보여주지 않고는 행하시는 일이 결단코 없다고 하십니다.

소돔과 고모라가 멸망할 때에 천사가 아브라함에게 와서 알려줍니다. "아브라함아, 저 소돔과 고모라가 죄악이 극심해서 내가 멸망시키러 간다." 그러니까 소돔과 고모라가 멸망하기 전에 아브라함이 안 것입니다. 이때, 아브라함이 소돔에 살고 있는 롯을 위해서 하나님께 간절히 기도합니다. 하나님께서 아브라함의 기도를 들으시고 롯을 구원하여 주십니다. 아브라함은 소돔과 함께 롯도 멸망할 것을 알고 있었기 때문에 살려달라고 기도했고, 하나님께서는 그의 기도에 응답하여 롯이 살 수 있었습니다.

성경은 에녹이 3백 년 동안 하나님과 동행하면서 죽음을 보지 않고 올라간다고 말합니다. 그런데 에녹이 살아 있을 때 얼마나 성령이 충만했느냐, 아들을 낳을 때 그 이름을 므두셀라라고 지었습니다. 므두셀라라는 뜻은 "이 아이가 죽으면 심판이 온다"는 뜻입니다. 실제로 므두셀라가 죽고 나서 14일 만에 이 세상에 홍수가 내립니다. 므두셀라는 969세까지 살았습니다. 그러므로 에녹은 969년 후에 일어날 일을 미리서 알고 있었다는 것이지요.

에녹이 살 때 얼마나 성령의 충만함을 받았는지 천년후의 일을 알고 자기 자식의 이름을 '므두셀라'라고 지은 것입니다. 그리고 실제적으로 므두셀라가 죽은 후 14일 만에 결국 홍수 심판으로 세상이 멸망합니다. 노아는 세상이 멸망하기 전에 하나님께서 말씀하시니 하나님의 비밀을 알았고 순종하고 방주를 짓습니다. 그 방주가 다 지어지자 하나님의 심판이 시작되었으나 노아의 가족은 살아납니다. 하나님의 성령이 충만한 자들은 하나님의 비밀을 압니다. 이 세상이 아무리 혼탁하고 어지러울지라도 불경기로 경제적인 어려움을 당하고 있을지라도 하나님과 동행하고 성령으로 충만하면 하나님의 비밀을 알고 세상의 승리자가 될 수 있습니다.

성령에 충만하면 머리가 될지언정 꼬리가 되지 않습니다. 올라갈지라도 내려가지 않습니다. 꾸어줄지라도 꾸지 않은 여호와의 백성이 될 수 있습니다. 우리가 예수님 안에서 성령으로 충만하시길 주님의 이름으로 축원합니다. 우리가 기도할 때 성령님의 인도함을 받습니다. 성령님의 인도를 받으면 반드시 승리와 축복이 있습니다. 다윗의 삶을 깊이 살펴보면 다윗이 승리한 이유를 알 수 있습니다. 모두가 다 기도의 응답이었습니다.

다윗이 정치적 망령자로 블레셋으로 갔을 때, 가족들이 거주하는 시글락이 적군의 침략으로 불타버렸고 모두가 다 사로잡혀 갔습니다. 다윗의 생애가운데 최대의 위기였습니다. 다윗을 따르던 충신 부하들이 자기들의 가족을 잃게 된 것을 다윗에게 탓을 돌리며 돌을 들어 다윗을 쳐 죽이려 했습니다. "백성이 각기 자녀들을 위하여 마음이 슬퍼서 다윗을 돌로 치자 하니 다윗이 크게 군급하였으나 그 하나님 여호와를 힘입고 용기를 얻었더라"(삼상 30:6). 이 때도 다윗이 기도할 때 "추격하여라"는 하나님의 명령이 떨어집니다. 하지만 적군이 어디로 갔는지 알 수 없습니다. 추격해 가는 길에서 한 병사가 병들어 길거리에 죽어가는 것을 보게 되었습니다. 다윗이 그를 긍휼히 여겨 음식을 주어 살려 주었더니 다윗에게 적군의 행로를 자세하게 알려줍니다. 마침내 전쟁에서 대 승리를 거두게 됩니다. 이 실화는 우리에게 무엇을 말해 줍니까? 병들어 주인으로부터 버림당한 작은 병사에게 은혜를 베풀었더니 그 병사가 문제해결의 키(key)를 가지고 있었습니다. 하나님은 주변 사람을 통하여 문제 해결의 지혜를 주십니다.

책을 읽는 분 중에 모든 환경이 절벽이요, 캄캄한 상황입니까? 자신의 주위를 살펴보기 바랍니다. 목마르고 배고파 죽어가는 사람들이 있습니다. 바로 그들이 축복의 통로가 됩니다. 선교지에서 목숨 걸고 일하는 귀한 선교사님들이 있습니다. 그들을 대접하는 것이 곧 예수님을 대접하는 것입니다. 무슨 말입니까? 하나님의 말씀을 지키는 곳에 하나님의 역사가 있다는 것입니다.

아브라함의 조카 롯은 요단 뜰을 바라보니 물이 넉넉합니다. 그래서 좋은 땅을 삼촌에게 양보하지 않고 자기가 먼저 차지해 버리지요. 그런데 롯이 들어간 성읍이 소돔과 고모라였습니다. 얼마 후에 그곳에 전쟁이 일어나 조카 롯이 사로잡혀 가게 되었지요. 그때 아브라함이 그 소식을 듣고 자기가 훈련시킨 318명의 사병을 이끌고 수천리길을 추격하여 롯을 찾아옵니다. 지금도 교회에 왔다가 나오지 않는 장기결석자들이 바로 오늘 이 롯과 같이 우리가 도움을 주어야 할 사람들입니다. 마귀에게 사로잡혀 간 그들을 건져와야 합니다. 그들을 예배당으로 데려와 살려야 합니다.

아브라함이 언제 복을 받았습니까? "아브람이 그돌라오멜과 그와 함께 한 왕들을 쳐부수고 돌아올 때에 소돔 왕이 사웨 골짜기 곧 왕의 골짜기로 나와 그를 영접하였고 (18) 살렘 왕 멜기세덱이 떡과 포도주를 가지고 나왔으니 그는 지극히 높으신 하나님의 제사장이었더라 (19) 그가 아브람에게 축복하여 이르되 천지의 주재이시요 지극히 높으신 하나님이여 아브람에게 복을 주옵소서"(창 14:17-19). 살렘왕 멜기세덱이 우리 예수님의 모형이 되십니다.

멜기세덱이 언제 하나님께 아브라함을 복달라고 축복합니까? 아브라함은 배신한 롯이 전쟁으로 잡혀 죽게 된 상황에서 롯을 미워하지 않고 끝까지 사랑으로 섬기고 롯을 살려왔습니다. 아브라함이 넓은 마음으로 열정을 가지고 조차 롯을 기어코 살려오니까 멜기세덱이 그 아브라함의 사랑을 보고 하나님께 아브라함의 축복을 구했습니다. 곧 아브라함이 롯을 구해온 결과 하나님께서는 아브라함에게 예수님을 만나는 복을 받게 하신 것입니다.

심판 날에 예수님께서 대백보좌 심판대에서 우리에게 하실 말씀을 기억하고 있습니까? "지극히 작은 자에게 행한 것이 곧 나에게 행한 것이라"고 하셨기에 행한 대로 갚아 주십니다. 100% 성령님의 인도함을 받는 삶을 살기를 원하십니까? 하나님의 말씀대로 살기를 바랍니다. 하나님과 온전하게 동행하기를 바랍니다. 그러면 모든 일에서 형통의 복을 얻게 될 줄 믿습니다.

아브라함은 가장 신임하는 늙은 종에게 이삭의 신부감을 데려오라고 합니다. 조건이 있었어요. "너는 내가 거주하는 이 지방 가나안 족속의 딸 중에서 내 아들을 위하여 아내를 택하지 말고 내 고향 내 족속에게로 가서 내 아들 이삭을 위하여 아내를 택하라" 사명을 받은 늙은 종은 우물곁에서 주인 아들의 신부감을 순조롭게 만나게 해달라고 하나님께 기도합니다. "성중에서 우물을 길르러 나온 소녀에게 물을 좀 달라고 청하여 나에게 물을 줄 뿐만 아니라 내 낙타에게도 마시게 하면 그는 분명히 이삭의 아내 될 사람으로 여기겠습니다."(창24:13-14).

기도를 마치자마자 아리따운 소녀가 물 항아리를 어깨에 메고

오니다. 기도한대로 '당신도 마시고 약대도 먹이소서' 그러면서 약대 10필까지 물을 길러다 먹입니다. "이에 그 사람이 머리를 숙여 여호와께 경배하고 (27) 가로되 나의 주인 아브라함의 하나님 여호와를 찬송하나이다 나의 주인에게 주의 인자와 성실을 끊이지 아니하셨사오며 여호와께서 길에서 나를 인도하사 내 주인의 동생집에 이르게 하셨나이다 하니라"(창24:26-27). 하나님의 성령님께서 인도하셨다고 고백하지요. 오늘도 우리가 기도할 때 하나님의 성령님께서 우리의 길을 인도하십니다.

그러면 어떻게 하면 성령 충만을 받을 수 있을까요? 하나님께서는 죄에 대해 책망하십니다. 성령님께서 책망하심에 따라 회개하는 것입니다. 바른 길로 돌아서는 것입니다. 성령의 빛에 의해 하나님의 말씀에 어긋난 것 철저히 통회자복하면서 회개하는 것입니다. 회개의 깊이만큼, 회개한 만큼 성령으로 충만케 됩니다. 의에 대해 책망하십니다. 하나님 앞에 나의 의, 내 자랑, 내안의 자만, 교만을 철저히 회개하고 나의 모든 것 내려놓고 오직 하나님의 은혜라는 고백이 나와야 합니다. 하나님의 성령의 빛 앞에서면 내 의가 촛불에 불과하기에 하나님의 의 앞에 고꾸라져서 나의 연약함과 부끄러움을 깨닫고 자복하고 회개할 때 성령 충만을 받게 됩니다.

심판에 대해 책망하십니다. 내가 이 세상 마귀 따라가는 생각, 마음과 이 세상을 사랑한 모든 것 철저히 회개할 때 성령충만이 오게 됩니다. 우리 모두 성령 충만하여 성령님의 인도로 예수 그리스도의 품속에서 하나님의 사랑을 깊이 경험하시므로 진리의 사람, 사랑의 사람으로 복된 승리의 축복이 있으시기를 축원 드립니다.

23장 예수님의 평안을 누리면서 살게 된다.

(요 14:27)"평안을 너희에게 끼치노니 곧 나의 평안을
너희에게 주노라 내가 너희에게 주는 것은 세상이 주는 것
과 같지 아니하니라. 너희는 마음에 근심하지도 말고 두려
워하지도 말라"

성령의 불을 받고 성령의 불로 지배와 장악된 가운데 세상을 살
아가면 예수님의 평안을 누리면서 살아가게 됩니다. 예수님의 평
안이란 하늘나라가 된 상태로서 영혼육의 불안전요소가 없는 성
령으로 하나 된 상태를 말합니다. 영-혼-육이 성령의 지배와 장악
이 된 상태를 말합니다. 예수님으로 하나가 되어 안정한 심령상태
가 된 것을 예수님의 평안이라고 말하는 것입니다. 성도가 누리는
평안은 세상이나 권력을 가진 어떤 사람이 줄 수 있는 그런 차원
의 것이 아닙니다. 오직 예수님만이 주실 수 있습니다.성도는 부
활하신 그리스도를 믿음으로 영원한 생명을 얻게 되고, 영원한 생
명이 삶 속에 있음으로 주님의 평안을 누리게 됩니다.

첫째, 평안은 예수님께서 주인으로 계셔야 누린다. 천국은 예
수님 안에 있는 곳입니다. 아무리 미사어구로 표현해도 예수님 안
계신 곳에는 천국은 없습니다. 우리가 예수님 안에 들어가면 갈수
록 더 깊은 천국을 체험하게 되며 천국은 지금 세상에서 살아있

을 때 체험하는 것입니다. 우리가 천국은 황금보석 길, 열두 진주 문… 그것은 체험해보지 않은 사람의 소리일 뿐입니다. 황금 보석 이 있고 열두 진주문이 있어도 내 속에 예수님이 계시지 않아 지 옥이 활활 타면은 그곳이 지옥인 것입니다. 분명하게 지금 살아서 천국을 만끽하면서 누리지 못하면 사후에 영원한 천국도 보장되 지 못할 수 있다는 것을 명심해야 합니다. 이는 열 처녀의 비유를 통하여 밝히 드러났습니다. 믿으면 영원한 천국을 들어간다는 이 론은 희망사항일 뿐입니다. 이 지옥 불을 끄고 우리를 구출할 분 은 예수님 밖에 없습니다. 예수님이 있으면 지옥에서도 천국이 됩 니다. 내가 거기 가보니까 예수님의 보혈을 부르니까 지옥이 아무 힘도 없습니다. 지옥이 예수님의 보혈이 없는 곳에 지옥이 힘을 발하지 예수님의 보혈을 말할 때는 지옥은 아무 힘도 없었습니다.

아무리 천국이 황금 보석길, 열두 진주문이 있어도 예수님이 없 으면 그 자리가 지옥이 되고 마는 것입니다. 우리 속에 지옥이 타 는 것입니다. 지옥은 바깥에서 오는 것이 아니라 자신들의 마음속 에서 불탑니다. 나는 밖에서 불이 타는 줄 알았는데 지옥은 속에 서 불이 타올라 오고 속에서 구더기가 득실거리고 속에서 소금 치 듯 하고 속에서는 이를 갈고 고통을 하게 되니까 피할 데가 없습 니다. 다른데 같으면 바깥에 있는 것처럼 피할 수 있잖아요. 속에 서 고통이 다가오는데 어떻게 피하는 것입니까? 천국도 마음속에 서 시작하고 지옥도 마음속에서 시작하니 이 땅에 사는 동안에 벌 써 예수 모시고 마음에 천국이 이루어진 것이요, 예수 없이 세속에 살아서 지옥이 마음속에 이루어진 것입니다.

마음속에 지옥을 가진 사람이 지옥에 끌려 들어가고 마음속에 예수님이 주인 되어 천국이 이루어진 사람이 천국으로 가는 것입니다. 마음에 예수님께서 주인으로 계시지 않아 천국도 이루어지지 않으면서 교회 왔다 갔다 한다고 형식과 의식을 해서 영원한 천국에 들어가지 못합니다. 천국은 지금 만끽하고 있는 사람이 끌려 올라가고 지옥은 마음속에 지옥이 있는 사람이 끌려 들어가는 것입니다. 그러므로 지옥을 보고 난 다음에 천국을 정말 느낄 수가 있었던 것입니다.

좌우간에 이 세상에서 거지가 되더라도 지옥만은 가지 않는 것이 세상의 거지는 잠시 동안 지나가는 것 아닙니까? 지옥은 영원한 고통 아닙니까? 잘살고 못살고 높고 낮고 부귀영화가 문제가 아닙니다. 그것은 잠시 있다 사라지는 안개입니다. 내 속에 그리스도가 있느냐. 세상인 죄악이 들어 있느냐가 우리 영원한 운명을 결정하는 것을 알기 때문에 그때부터 심신을 새롭게 하고 말과 행동에 조심하게 되는 것입니다.

예수 믿는 사람들이 일생을 살아가면서 그 지옥을 보고 난 다음부터 달라진 것은 없습니다. 달라지는 것은 성령으로 되는 것입니다. 성령님은 우리를 바꾸는 역사를 하시기 때문입니다. 그렇기 때문에 지옥을 보고 왔다고 사람이 달라지지는 못하고 경각심을 가지고 평생 살아가는 것입니다. 지옥을 생각할 때마다 두렵고 떨리고 무섭고 몸서리가 쳐지는 것입니다. 그리고 두드러지게 지옥을 보고 느끼는 것은 죄가 바로 지옥으로 끌려가는 자석의 목적이 된다는 것입니다. 그렇기 때문에 지옥을 믿는 나라, 지옥을 믿는 사람들이 죄를 지을 수가 없고 불의를 행할 수 없는 것을 깨달은 것입니다.

천국은 정의와 거룩함이 넘치는 곳입니다. 예수님 보혈의 샘에서 씻고 성령으로 충만하니까 용서와 의와 영광이 충만하고 거룩함과 성령 충만이 충만한 것입니다. 천국은 정의로운 곳이고 성령이 충만한 곳입니다. 이 땅에 살면서 우리가 벌써 천국을 체험하는 것은 예수를 믿고 보혈로 씻어 불의보다 정의를 택하고, 성령을 따라 예수님으로 하나 된 삶을 사는 것이 벌써 천국의 시작인 것입니다. 예수님으로 주인삼고 살아가는 것이 천국삶인 것입니다. 어느곳이든지 예수님으로 하나가 된 곳은 하늘나라 천국입니다. 자꾸 천국을 지역적인 계념으로 생각을 하면 안 됩니다. 천국을 황금 보석이 있고 열두 진주문이 있는 곳으로 인식하기 때문에 지금 천국을 만끽하지 못하는 것입니다. 천국은 존재적인 계념으로 인식해야 합니다. 즉 예수님께서 주인으로 계시는 곳이 천국이라는 것입니다. 자신 안에 예수님이 주인이시면 지금 천국이 되는 것입니다.

둘째, 예수님께서 주인으로 께시니 평안한 곳이다. 하늘나라는 예수님의 평안을 만끽하며 누리는 곳입니다. 아무리 예수를 믿고 성령으로 거듭났다고 하더라도 평안하지 않으면 하늘나라가 임한 것이 아니라는 것입니다. 성령으로 내면세계가 정리되어 안정되면 평안하지 않을 수가 없습니다. 이는 체험하여 보아야 이해되고 알 수가 있습니다. 예수님이 주인이신 하늘나라는 예수님의 평안이 있는 곳입니다. 예수님이 주시는 평안은 세상이 주는 것과 같지 않습니다.

필자는 매주 월화금토요일 집중정밀치유를 합니다. 이때 정밀치유를 하면 모든 분들이 참으로 평안하다고 하십니다. 그러면 필자가 이렇게 말합니다. 성령으로 전인격이 지배와 장악이 되어 자신 안에 주인으로 계시는 예수님의 참 평안이 온전하게 흘러나오는 것이라고 합니다. 그러면서 예수님 외에 다른 세상 것들이 성령의 역사로 모두 배출이 되어 온전하게 예수님으로 하나가 된 증거라고 설명을 합니다. 천국은 세상이 주는 것과 같지 않은 예수님의 평안이 자신의 전인격을 지배한 상태라고 표현하면 정확합니다. 말씀지식으로가 아니고 실제적으로 느끼는 평안입니다.

예수님께서 주시는 평안에 대해 생각해 봅니다. 예수님의 평안은 영원히 함께하는 평안입니다. 교회에서만 평안한 것이 아니고 차를 타고 가거나 가정에서 쉬고 있는 시간이나 일터에 가서 일을 할 때도 함께하며 나타내는 평안입니다. 영원한 평안입니다. 예수님이 자신의 주인으로 계시기 때문입니다. "평안을 너희에게 끼치노니 곧 나의 평안을 너희에게 주노라 내가 너희에게 주는 것은 세상이 주는 것과 같지 아니하니라"(요14:27). 예수님께서는 우리들에게 평안을 주신다고 말씀하시면서 예수님께서 주시는 평안은 세상이 주는 것과 다르다고 말씀하십니다. 평안이란 세상에서도 나름대로 사찰에서 하는 법회참석, 신신령이나 용왕에게 고사 지내고. 조상신에게 제사지내고, 무당을 찾아가 점을 치고, 무당을 초청하여 굿을 하고, 마음수련, 명상호흡, 단 월드, 단전호흡, 기 치료, 명상, 웃음치료, 프로포폴 투약, 마약투여 등을 통하여 나름대로 평안을 누리고 있기 때문입니다.

더구나 본문에서 말하는 세상은 일반적으로 생각하는 세상이 아닙니다. 즉 부정과 부패가 난무하는 저 '로마'의 백성들이 아니라, 하나님을 향하여 율법을 지키며 기도하던 '유대' 백성들이 곧 '세상(눅 12:30)'입니다. 말로는 하나님을 사랑한다고 하면서 그의 계명을 가지고 지키는 것(요 14:21)이 무엇인지 모르는, 그래서 진리의 영(성령)을 받지 못하는 대상이 곧 세상이라는 말입니다(요14:17). 다른 말로 하면 '자기 목숨을 위하여' 신앙 생활하는 사람들이 성경적 '세상사람'들입니다. 예수는 믿었지만 영-혼-육이 성령의 지배와 장악이 되지 않은 사람들을 가리켜 주님은 세상의 평안이라고 하십니다.

세상은 이런 사람들에게 자기의 평안을 선물하는데 이것이 곧 '기도함으로써' 누리는 평안이요, '보시, 구제함으로써' 가지는 평안입니다. 기도는 자신의 욕구를 충족하는 내용으로 간구하는 기도요, 기도시간을 때워야 율법을 범하지 않기 때문에 하는 인간적인 기도를 말합니다. 그래서 어렵사리 '큰 일' 한 건 하고 나면 몸은 피곤해도 소위 영혼은 하나님 앞에 뿌듯하고 자랑스럽고 평안한 것입니다.

예수님은 이런 종류의 세상의 평안을 주는 것이 아니라고 말씀합니다. "평안을 너희에게 끼치노니 곧 나의 평안을 너희에게 주노라 내가 너희에게 주는 것은 세상이 주는 것과 같지 아니하니라. 내가 갔다가 너희에게로 온다 하는 말을 너희가 들었나니 나를 사랑하였더라면 내가 아버지께로 감을 기뻐하였으리라 아버지는 나보다 크심이라"(요14:27-28).

갔다가 온다는 말씀은 십자가 대속의 죽음을 완성하신 후에 부활하여 하늘로 올라가실 것과 성령으로 제자들의 영혼 속으로 돌아오실 것을 말씀하신 것입니다. 성령이 임하실 때 그리고 그리스도의 영이 제자들의 영혼 속으로 돌아오실 때 제자들은 영적 지혜와 능력을 얻게 될 것이고 예수님께 들었던 천국 말씀을 온전히 깨닫게 되고 천국에 대한 소망 부활에 대한 소망을 온전하게 갖게 될 것입니다. 항상 함께 하시는 평안입니다.

바로 이것이 예수님께서 주려고 하시는 평안입니다. 천국에서 누리게 될 영원한 생명과 영광의 삶을 확실하게 믿고 소망하면서 마음 깊이 간직하게 될 평안을 말씀하신 것입니다. "보혜사 곧 아버지께서 내 이름으로 보내실 성령 그가 너희에게 모든 것을 가르치고 내가 너희에게 말한 모든 것을 생각나게 하리라"(요14:26). 예수님께서는 제자들이 성령을 받음으로써 성령의 가르침을 받아 천국 말씀을 확실하게 깨닫게 될 때 그래서 천국에 대한 확실한 믿음과 소망을 갖게 될 때 예수님께서 가지신 평안과 똑같은 평안을 제자들이 얻게 될 것이라고 생각하십니다.

예수님께서는 천국에 대한 소망을 통해서 영혼 깊은 곳에 평안을 갖게 될 것이니 이제는 더 이상 그 어떤 것에 대해서도 근심하지도 말고 두려워하지도 말라고 말씀하십니다. 오직 예수님께서 하늘로 올라가시며 성령으로 돌아오실 것에 대해서 기뻐하고 즐거워할 것이며 천국이 완성되는 것을 하나님과 함께 기뻐하라고 말씀하십니다.

"평안을 너희에게 끼치노니 곧 나의 평안을 너희에게 주노라 내가 너희에게 주는 것은 세상이 주는 것과 같지 아니하니라. 너희는 마음에 근심하지도 말고 두려워하지도 말라. 내가 갔다가 너희에게로 온다 하는 말을 너희가 들었나니 나를 사랑하였더라면 내가 아버지께로 감을 기뻐하였으리라 아버지는 나보다 크심이라"(요14:27-28). 예수님의 이 모든 말씀은 제자들이 성령으로 충만하여 예수님과 똑같은 생각과 마음을 갖게 되는 것을 전제로 한 말씀입니다. 우리가 성령으로 충만하게 되면 우리의 생각과 마음이 예수님의 생각과 마음과 똑같은 상태가 됩니다. 그렇게 되면 이 세상에 대해서 육체에 대해서 그 어떤 것도 근심하거나 염려하지 않으며 그 어떤 것도 두려워하지 않는 마음을 갖게 되는 것입니다. 하지만 실제에 있어서 우리는 온전히 그렇게 되지 않음을 경험하게 됩니다. 우리의 마음과 생각이 100% 성령으로 충만하지 못하기 때문입니다.

가끔은 정말로 세상에 대해서 그 어떤 것도 염려하지 않고 두려워하지 않는 마음 천국으로 충만한 마음을 갖기도 하지만, 많은 경우에 있어서 여전히 세상 문제 때문에 걱정하고 근심하고 두려워할 때가 많은 것입니다. 우리는 예수님의 말씀을 들으면서 우리자신이 얼마나 부족한 존재인가를 마음 깊이 깨닫고 더 온전한 천국 사람이 되기 위해서 부단히 노력하는 사람들이 되어야 할 것입니다. "몸은 죽여도 영혼은 능히 죽이지 못하는 자들을 두려워하지 말고 오직 몸과 영혼을 능히 지옥에 멸하실 수 있는 이를 두려워하라"(마10:28).

우리가 성령의 인도를 받으며 경건한 삶을 날마다 성공해 나갈 때 실제에 있어서 이 세상에 그 어떤 것도 우리 영혼을 죽일 수도 없고 우리 영혼이 가진 것을 빼앗을 수도 없습니다. 우리 영혼은 영원히 병들지 않으며 영원히 늙지 않으며 영원한 빛과 생명의 삶만이 우리를 기다리고 있는 것입니다. 우리가 세상에 대해서 걱정하고 근심하고 두려워하는 모든 것들은 어차피 죽을 육신의 죽음을 두려워하거나 어차피 영원히 없어져 버릴 세상 것들에 대한 염려와 근심인 것입니다.

예수님께서는 영의 세계와 육체의 세계를 동시에 보고 계시기 때문에 예수님을 믿는 사람들이 육체의 문제에 대해서 그 어떤 걱정도 근심도 두려움도 가질 필요가 없다고 말씀하십니다. 그런 마음으로 영원한 천국을 향하는 삶을 살아가는 것이 당연한 것으로 말씀하십니다. 하지만 우리 인간들은 부활에 이르기 전까지는 영의 세계는 전혀 볼 수 없는 상태에서 날마다 오직 육체의 세계만을 보면서 인생을 살아가고 있습니다. 그러다보니 마음과 생각으로는 예수님의 말씀을 받아들이면서도 날마다 맞닥뜨리는 육체의 문제 세상 문제에 대해서 아무 것도 근심하지 않고 아무 것도 염려하지 않고 아무 것도 두려워하지 않고 살아간다는 것이 거의 불가능하게 느껴지는 것입니다.

비록 우리 인생의 현실이 이렇다 할지라도 우리는 예수님의 말씀이 조금도 틀리지 않습니다. 예수님의 말씀대로 사는 것이 가장 올바른 길이라는 사실 우리는 반드시 그런 사람이 되어야 한다는 것을 온 마음으로 받아들여야 합니다. 힘을 다해서 끊임없이 육체의 생각과 마음들을 죽이고 영의 생각과 마음을 통해서 예수님과 똑같이 생각하고 예수님과 똑같이 행동하는 사람이 되려고 끊임없이 노력해야 할 것입니다.

셋째, 예수님이 계신 곳은 전인적인 치유로 평안한 곳이다. 예수 그리스도를 구주로 믿을 때 다가오는 그 깊은 인격적인 변화는 천국이 실제적으로 있다는 것을 보여주는 것입니다. 유명한 찬송 작가인 존 뉴튼은 말할 수 없이 악한 사람이었습니다. 그는 노예 상인으로서 아프리카에 가서 무자비하게 아프리카 흑인들을 붙잡아 왔습니다. 그래서 남편을, 아내를, 자식을 각각 분리해 잡아서 배에다가 짐짝처럼 싣고 대서양에 가서 미국에 가서 팔아먹는 노예 상인이었습니다. 그러나 그가 한 때 바다의 큰 풍랑을 만났었을 때 충격을 입고 그는 하나님 앞에 엎드려져서 내 영혼을 구원해 주면 나의 여생을 주님을 위해서 살겠다고 기도한 결과로 바다의 풍랑 가운데서 예수님을 만나게 되고 그의 영혼은 깊은 변화를 받았습니다. 그는 완전히 새사람이 되었습니다.

그는 노예 상인으로서 노예를 잡아다가 미국에 팔은 그 죄악을 철저히 청산하고 회개하고 주의 종이 되어 일평생 목숨을 바쳐 주를 위해서 살았습니다. 그가 지은 노래가 "크신 은혜 복된 말씀 죽은 나 살렸네 죽은 영혼 다시 살았다"는 이 위대한 체험담을 노래하게 된 것입니다. 이와 같이 천국이 살아서 역사 한다는 것은 우리가 예수 믿을 때 그 인격적으로 깊은 변화가 다가오는 것을 보고 체험할 수 있는 것입니다.

귀신을 쫓아낼 때 하나님의 천국이 우리 안에 이미 와서 역사 하는 것을 알 수 있습니다. 누가복음 11장 20절에 "그러나 내가 만일 하나님의 손을 힘입어 귀신을 쫓아내는 것이면 하나님의 나라가 이미 너희에게 임하였느니라"고 예수님께서 말씀하신 것입니다. 이렇기 때문에 마가복음 16장 17절에 "믿는 자들에게는 이런 표적이 따르리니 곧 저희가 내 이름으로 귀신을 쫓아내며 새 방언을 말하며 뱀을 집으며 무슨 독을 마실지라도 해를 받지 아니하며 병든 자에게 손을 얹은즉 나으리라"고 한 것은 바로 천국이 오늘날 그 능력이 우리 가운데 나타나서 보여주는 역사인 것입니다.

오늘날도 천국은 나타나서 포로된 자에게 자유를 선포하는 위대한 역사를 베풀어주시는 것입니다. 병고침은 역시 천국의 체험인 것입니다. 예수님께서 70인의 제자들에게 이런 말을 하신 것입니다. 누가복음 10장 9절에 "거기 있는 병자들을 고치고 또 말하기를 하나님의 나라가 너희에게 가까이 왔다 하라" 주님께서는 반드시 천국을 전파하고 난 다음에는 병을 고치고 병을 고친 다음에는 이것이 바로 하늘나라가 너희에게 가까이 왔다는 증거를 말하라고 한 것입니다. 이러므로 병 고치는 것과 천국은 분리하려야 분리할 수가 없는 것입니다. 천국이 전파되는 곳에 병 고침이 있고 병 고침이 있는 곳에 천국의 전파가 있는 것입니다. 희한하게도 예수님 당시에는 예수님이 아무리 병을 고쳐도 예수님 병 고침에 대해서는 아무 논란을 안 했습니다. 그러나 예수께서 죄인을 용서해주자 그가 참람하다 어찌 사람이 죄를 용서하느냐고 예수님을 공격했었습니다.

그러나 오늘날에 와서는 예수께서 사람들의 죄를 용서해 준 것에 대해서는 사람들이 아무런 반발을 안 합니다. 그러나 예수 이름으로 병을 고치면 오늘날 사람들은 이제 병을 고치는 시대는 지나갔다, 교회에서 무슨 병을 고치냐고 하는 분들이 있습니다. 그러나 천국이 전파되는 곳에는 오늘날에도 병 고치는 역사가 일어나서 가지가지 병 고침을 받고 우리는 건강하고 새로운 사람이 되는 것입니다. 예수께서 말씀하시기를 "도적이 오는 것은 도적질하고 죽이고 멸망시키려는 것뿐이요 내가 온 것은 양으로 생명을 얻되 더 풍성히 얻게 하려 함이라"고 말씀하신 것입니다. 이러므로 천국이 우리 가운데 임하여 계시기 때문에 병 고치는 역사가 우리 가운데 올 수 있는 것입니다. 우리는 병에서 놓여남을 받을 수 있는 것입니다.

천국의 임재는 또한 축복의 형태로 나타날 수 있는 것입니다. 고린도후서 6장 1절로 2절에 "우리가 하나님과 함께 일하는 자로서 너희를 권하노니 하나님의 은혜를 헛되이 받지 말라 가라사대 내가 은혜 베풀 때에 너를 듣고 구원의 날에 너를 도왔다 하셨으니 보라 지금은 은혜 받을 만한 때요 보라 지금은 구원의 날이로다" 하나님께서는 지금이 은혜 받을 때요 지금이 구원을 얻을 때라고 하신 것입니다. 이 때 은혜를 받지 못하고 이때 구원의 체험을 하지 못하면 하나님의 책임이 아니라 사람들이 믿지 않고 기도하지 않기 때문에 그렇게 된 것입니다.

이러므로 오늘날에 우리가 진실로 회개하고 그리스도의 십자가 대속의 그 깊은 은혜의 말씀을 깨닫게 되면 천국의 역사가 나타나서 우리가 저주와 가시덤쿨에서 가난과 저주에서 벗어남을 받을 수가 있는 것입니다. 이것이 또한 우리 환경 가운데 천국의 역사인 것입니다. 하나님의 성령께서 역사 하는 곳마다 가시는 물러갑니다. 엉겅퀴도 물러갑니다. 하나님의 성령이 역사 하는 곳에 저주도 물러가고 가난도 물러가는 것입니다.

"예수 그리스도의 은혜를 너희가 알거니와 저가 부요하신 자로서 너희를 인하여 가난하게 되심은 저의 가난하심으로 인하여 너희로 부요케 하려 하심이라"고 성경은 밝히 말씀하고 있는 것입니다. "그리스도께서 우리를 위하여 저주를 받은바 되사 율법의 저주에서 우리를 속량하셨으니 이는 기록된바 나무에 달린 자마다 저주 아래 있는 자라 하였음이라" 이는 그리스도 예수 안에서 아브라함의 복이 이방인에게 미치게 하고 우리들에게 미치게 하고 모든 믿는 자에게 미치게 하고 믿음으로 말미암아 성령을 선물로 받게 하심이라고 성경은 밝히 말씀하고 있는 것입니다.

이러므로 축복의 체험은 바로 오늘날 천국이 우리 가운데 와서 역사 하는 체험인 것입니다. 이렇기 때문에 천국이 여기 있다 저기 있다고도 못합니다. 오늘날 천국은 우리 가운데서 역사하사 인격적인 변화를 가져오며 귀신을 내어 쫓아내며 병을 고치며 환경의 문제를 해결하고 우리에게 은혜와 축복과 구원을 주는 역사를 베풀고 있기 때문에 아무도 천국의 임재 함을 부인할 도리가 없는 것입니다.

결론적으로 자신 안에서 성령의 불을 받는 수준이 되었다는 것은 자신 안에 주인으로 계시는 예수님과 하나가 되었다는 보증입니다. 예수님은 우리가 "하나"되어야 하는 궁극적 이유를 어떻게 기도하십니까? "내게 주신 영광을 내가 그들에게 주었사오니 이는 우리가 하나가 된 것 같이 그들도 하나가 되게 하려 함이니이다."(요17:22). 주님은 우리가 조직적인 체계의 획일화된 하나가 아니라, 하나님의 본질적인 속성과 인격이신 "사랑"으로 함께 하는 하늘나라 공동체적 통일성을 꿈꾸셨고 당부합니다. 이것이 하나님을 아는 것이고 믿는 것이며, 그 하나님의 보내신바 되신 그리스도 예수를 온전히 아는 것이고 믿는 것이기 때문입니다. 따라서 예수님은 자신이 세상에서 지금까지 그렇게 살아왔고, 자신을 따르는 이들도 그렇게 살아가기를 마지막으로 간구합니다. "의로

우신 아버지여 세상이 아버지를 알지 못하여도 나는 아버지를 알 았사옵고, 그들도 아버지께서 나를 보내신 줄 알았사옵나이다. 내 가 아버지의 이름을 그들에게 알게 하였고 또 알게 하리니 이는 나를 사랑하신 사랑이 그들 안에 있고 나도 그들 안에 있게 하려 함이니이다."(요17:25-26).

우리가 예수 안에서 하나 되기를 꿈꾸며 기도하는 것이 무엇이 라고 생각합니까? 예수께서 하나님의 뜻을 자기 생애를 통해 이 루셨듯이, 예수님을 통해서 계시된 하나님의 뜻을 우리 생애를 통 해 이루어가는 것이, 그리스도인이고 기독교 신앙입니다. 우리가 행한다는 데에 중심이 있는 것이 아니라, 우리의 마음속에 하나님 과 예수님을 담는 것입니다. 아니, 그분 안에 거하는 것입니다. 그 럴 때 말씀의 진리가 우리의 온 몸과 영혼을 하늘의 생명으로 물 들일 것입니다. 그러면 우리의 모든 사고와 삶의 방식과 언어가 주님의 뜻을 이루는 것으로 표현되고 표출되어질 수밖에 없습니 다. 우리 안에 거룩하신 성령이 충만하게 임재하기 때문입니다.

이렇게 성령으로 충만하게 채워지니 지금 하늘나라 천국의 평 안을 만끽하며 누리게 되는 것입니다. 천국은 예수님으로 하나가 된 곳입니다. 반대로 지옥은 어디일가요? 세상으로 하나 되었거 나, 예수님과 세상이 섞여서 날마다 충돌하는 곳입니다. 섞여있는 예수님과 세상을 성령으로 하나가 되게 해야 합니다. 성령의 불을 받으면서 예수님과 하나 될 때 예수님의 평안을 누리면서 자연스 럽게 세상에서 천국을 누리며 살게 됩니다.

24장 하나님의 성전으로 하나님을 나타낸다.

(행 17:24-25)"우주와 그 가운데 있는 만물을 지으신 하나님께서는 천지의 주재시니 손으로 지은 전에 계시지 아니하시고, 또 무엇이 부족한 것처럼 사람의 손으로 섬김을 받으시는 것이 아니니 이는 만민에게 생명과 호흡과 만물을 친히 주시는 이심이라."

성령의 불을 받아 성령의 불로 충만한 성도가 되면 살아계신 하나님의 성전으로 살아갑니다. 온몸이 살아계신 하나님의 성전이 되어 성전으로 살아간다는 말입니다. 많은 수의 목회자와 성도들이 성전하면 벽돌로 지어진 교회라고 알고 있습니다. 이는 잘못알고 있는 것입니다. 분명하게 "하나님께서는 천지의 주재시니 손으로 지은 전에 계시지 아니하시고"(행17:24). 하나님은 예수를 믿는 사람을 성전삼고 그 사람을 통하여 세상을 치리하시고 계십니다. "너희가 하나님의 성전인 것과 하나님의 성령이 너희 안에 거하시는 것을 알지 못하느뇨(고전3:16)" "너희 몸은 너희가 하나님께로부터 받은바 너희 가운데 계신 성령의 전인 줄을 알지 못하느냐 너희는 너희의 것이 아니라(고전6:19)" "하나님의 성전과 우상이 어찌 일치가 되리요, 우리는 살아 계신 하나님의 성전이라(고후6:16)" "그의 안에서 건물마다 서로 연결하여 주 안에서 성전이 되어 가고 너희도 성령 안에서 하나님의 거하실 처소가 되기 위하여 예수 안에서 함께 지어져 가느니라(엡2:21-22)" "만일 내가 지체하면 너로 하나님의 집에서 어떻게 행하여야 할 것을 알게 하려 함이니 이 집(성도)은 살아 계신 하나님의 교회요 진리의 기둥과 터이니라(딤전3:15)"

하나님의 성전이라는 말씀을 바르게 깨달아야 합니다. 하나님의 성전이라는 것은 초자연적이고 5차원이신 하나님의 집이라는 것입니다. 살아계신 하나님께서 예수를 믿고 성령으로 거듭난 자신을 집으로 삼고 주인으로 계신다는 것입니다. 하나님은 사도행전 17장 24-25절에서 "우주와 그 가운데 있는 만물을 지으신 하나님께서는 천지의 주재시니 손으로 지은 전에 계시지 아니하시고 (25) 또 무엇이 부족한 것처럼 사람의 손으로 섬김을 받으시는 것이 아니니 이는 만민에게 생명과 호흡과 만물을 친히 주시는 이심이라." 분명하게 말씀하셨습니다. 하나님께서는 자신을 주인으로 모신 사람 안에 주인으로 오셔서 성전삼고 계십니다.

건물 성전 시대는 이미 지나갔으며 폐지되었습니다. 진정한 기독교는 더 이상 거룩한 장소나 건물을 갖고 있지 않고 오직 거룩한 사람들만 소유하고 있습니다. 예수를 믿고 성령으로 세례를 받아 성령의 인도를 받는 성도들 한 사람 한 사람이 하나님의 성전입니다. 이제 성경으로 돌아가 구약과 신약에 나타난 성전의 진정한 의미를 바르게 정리하여 보도록 하겠습니다.

첫째, 광야교회의 성막규례. 구약시대의 성전은 이스라엘 민족이 출애굽 하여 광야에서 하나님을 섬기던 '성막'에서 유래됩니다. 지성소와 성소를 구분하고, 지성소에는 아론의 싹 난 지팡이와 만나 항아리가 언약궤 앞에 놓여있고, 십계명의 두 돌 판이 언약궤 안에 들어가 있었습니다.

하나님께서는 왜 이 성막을 만들도록 하셨을까요? 성막은 규례의 완성으로, 범죄한 이스라엘 민족의 죄를 양의 피로 용서하는 제사를 하나님께 드림으로 언제나 하나님을 기억하고 경외하고자 하는 섭리였던 것이었습니다. 왜냐하면 피흘림이 없으면 죄사함이 없기 때문인 것입니다(히9장22절). 즉, 아침저녁으로 속죄제의 제물이 불살라져 그 연기가 올라갈 때 이스라엘 민족은 자신들의 죄가 용서함 받았음을 깨닫고 오직 여호와 하나님께 감사와 찬양을 돌리게 되는 것입니다. 이스라엘 민족의 죄를 용서하는 제사를 드리려면, 반드시 다음 3가지 요건이 갖추어져 있어야 합니다. 첫째로 성막(성전), 둘째로 제사장, 셋째로 제물이 준비되어야 합니다. 이 3가지가 충족되어야 무서운 죄가 용서받을 수 있게 되는 것입니다. 여기서 이러한 3가지 요건들은 모두 불완전하여 하루도 빼먹지 말고 매일 아침저녁으로 제물을 불살라야 했습니다. 하나님은 (히 10장 1-4절) "율법은 장차 오는 좋은 일의 그림자요 참 형상이 아니므로 해마다 늘 드리는바 같은 제사로는 나아오는 자들을 언제든지 온전케 할 수 없느니라. 그렇지 아니하면 섬기는 자들이 단번에 정결케 되어 다시 죄를 깨닫는 일이 없으리니 어찌 드리는 일을 그치지 아니하였으리요, 그러나 이 제사들은 해마다 죄를 생각하게 하는 것이 있나니 이는 황소와 염소의 피가 능히 죄를 없이 하지 못함이라"

둘째, 솔로몬의 성전. 이스라엘 민족은 젖과 꿀이 흐르는 약속의 가나안땅에 들어가 성막을 실로에 내내 두고 있다가, 드디어 솔로몬 왕이 모리아 산에 황금으로 만든 '성전'을 20년 만에 완공시키게 됩니다. (역대하 3장 1절)"솔로몬이 예루살렘 모리아산에 여호와의 전 건축하기를 시작하니 그곳은 전에 여호와께서 그 아비 다윗에게 나타나신 곳이요 여부스 사람 오르난의 타작마당에 다윗이 정한 곳이라." 여기서 이 모리아산은 지금의 갈보리(골고다)언덕을 의미합니다. "하나님께서 참으로 땅에 거하시리이까? 하늘과 하늘들의 하늘이라도 주를 용납치 못하겠거든 하물며 내가 건축한 이 전이오리이까"라는 성전 건축의 기도를 드리며, 솔로몬 왕은 하나님께서 주는 계신 곳 하늘에서 백성들의 기도를 들어달라는 간청을 합니다. 여기서 중요한 것은 솔로몬 왕이 이방 귀신을 섬기는 무당들 같이 하늘에 계신 하나님께서 이 성전에 강림하셔서 임재하여 달라는 간구를 하지 않았다는 사실입니다. 이방 종교는 반드시 신전(신사)을 지어놓고, 그 장소에 귀신을 모셔 놓습니다. 제우스 신전, 바다귀신 신당, 부처 신을 모신 대웅전 등이 그 예가 되겠습니다.

그러나 솔로몬 왕은 하늘들의 하늘이라도 주를 용납치 못하는데, 자기가 건축한 성전이 하나님을 용납할 수 없다는 분명한 고백을 하고 있습니다. 그리고 계속하여 역대하 6: 21 주의 계신 곳 하늘에서 들으시고, 역대하 6: 23 주는 하늘에서 들으시고, 역대하 6: 25 주는 하늘에서 들으시고, 역대하 6: 27 주는 하늘에서 들으사, 역대하 6: 30 주는 계신 곳 하늘에서 들으시며,

역대하 6: 33 주는 계신 곳 하늘에서 들으시고, 역대하 6: 35 주는 하늘에서 저희의 기도와 간구를 들으시고,

역대하 6: 39 주는 계신 곳 하늘에서 저희의 기도와 간구를 들으시고, 라는 분명한 기도를 드리자, 하나님께서 받으시고 응답으로 하늘에서 불이 내려와 번제물과 제물들을 사르고 여호와의 영광이 그 전에 가득하게 됩니다(대하 7:1).

이는 이사야 선지자의 증거와도 같은 맥락을 이루고 있습니다. "여호와께서 이와 같이 말씀하시되 하늘은 나의 보좌요 땅은 나의 발판이니 너희가 나를 위하여 무슨 집을 지으랴 내가 안식할 처소가 어디랴 나 여호와가 말하노라 내 손이 이 모든 것을 지었으므로 그들이 생겼느니라 무릇 마음이 가난하고 심령에 통회하며 내 말을 듣고 떠는 자 그 사람은 내가 돌보려니와 소를 잡아 드리는 것은 살인함과 다름이 없이 하고 어린 양으로 제사드리는 것은 개의 목을 꺾음과 다름이 없이 하며 드리는 예물은 돼지의 피와 다름이 없이 하고 분향하는 것은 우상을 찬송함과 다름이 없이 행하는 그들은 자기의 길을 택하며 그들의 마음은 가증한 것을 기뻐한즉"(사 60:1~3). 하지만, 이 솔로몬 왕이 황금으로 세운 성전은 세 번씩이나 무너짐을 당하는 수난을 겪게 됩니다.

첫째로 BC 572년 바벨론의 침략으로 솔로몬의 황금 성전을 여지없이 무너지게 되고 그 속의 모든 제사도구들을 다 강탈당하게 됩니다.

둘째로 바벨론 포로에서 돌아온 백성들이 BC 516년 학개와 스가랴에 의하여 다시 성전을 전과 같이 재건하지만, 헬라 시대에

애굽 왕 안디오쿠스에게 BC 168년 다시 훼파되어 황폐하여집니다. 이때 언약궤도 없어진 것으로 추정되지만, 가장 중요한 언약궤도 지금 어디에 있는지 아무도 모르는 것입니다.

셋째로 마지막으로 BC 3세기경 헤롯 대왕에 의하여 대리석과 금으로 사치스럽게 재건됩니다. 그러나 예수님께서 이 헤롯의 성전을 가리켜 "돌 하나도 돌 위에 남지 않고 다 무너뜨리우리라"라고 마태복음 24장 2절에 저주의 말씀을 하신 뒤에, 40년도 못되어 AD 70년 로마 군대가 쳐들어와서 완전히 황폐하게 부셔버려, 지금은 통곡의 벽이라 불리는 성벽 일부가 남아 현재까지 이르고 있는 실정입니다. 지금은 솔로몬의 성전 자리에 모하메드 신전이 세워져 있습니다. 이는 바로 누가복음 21장 24절 저희가 칼날에 죽임을 당하며 모든 이방에 사로잡혀 가겠고, 예루살렘은 이방인의 때가 차기까지 이방인들에게 밟히리라 라는 말씀대로 그대로 실현되는 증거인 것입니다. 위와 같은 일련의 사건은 무엇을 의미하고 있을까요?

셋째, 성령이 역사하시는 교회시대의 참 성전. 솔로몬 왕이 모리아 산에 여호와 하나님의 성전을 지어 제사를 드렸다는 사실은 바로 똑같은 장소인 골고다 언덕에서 장차 예수 그리스도가 성도들의 죄를 위한 십자가의 죽음을 당하실 것에 대한 예표(예언)적인 사건인 것입니다. 요한복음 2장 19절에서 "너희가 이 성전을 헐라 내가 사흘 동안에 일으키리라"라고 말씀하셨던 예수님께서 요한복음 2장 21절에서 "성전 된 자기 육체"를 가리켜 말씀하신 것이라는 참된 성전의 의미를 가리켜 주십니다.

즉, 모리아 산에 세 번이나 세워졌던 성전은 결국은 무너져버려야 하는 '저주'의 의미를 내포하고 있는 것입니다. 즉 구약의 성전은 "예수 그리스도의 육체"를 암시하는 것으로, 예수님의 육체가 바로 참 성전임을 증거하고 있는 놀라운 역사적 사건인 것입니다. 다시 말해서 예수 그리스도는 자신의 육체로 참 성전 되시고, 제사장중의 대 제사장으로, 성도들의 죄를 대신하는 어린양의 제물로서, 영원하신 참 제사를 모리아 산(골고다언덕)에서 드리신 것입니다. 히브리서 9장 12절에서 "염소와 송아지의 피로 하지 아니하고 오직 자기의 피로 영원한 속죄를 이루사 단번에 성소에 들어가셨느니라." 말씀하십니다. 이제 21세기를 맞이하는 지금도 골목마다 세워진 인간의 손으로 만든 벽돌 건물들을 가리켜, 가톨릭에서는 성당(聖堂)이라 하고, 개신교에서는 집 당이라는 한자를 집전으로 바꾸어 성전(聖殿)이라고 하여 거룩한 장소로 만들어 이방 종교의 신당(神堂)과 신사(神寺)로 꾸며가고 있습니다.

북쪽 이스라엘은 산꼭대기마다 산당을 지어 놓고 "이것이 성전이다"하여 우상 숭배하다가 결국 멸망당하고야 말았습니다. 지금은 지구상 어느 곳에도 성전은 남아 있지 아니합니다. 오직 그림자적인 성전은 예루살렘의 모리아산에만 세워져야 합니다. 또한 반드시 언약궤가 있어야 하며, 레위지파 제사장이 있어야 하는 것입니다. 우리가 히브리서 9장 24절을 보면 "그리스도께서는 참 것의 그림자인 손으로 만든 성소에 들어가지 아니하시고 바로 그 하늘에 들어가사 이제 우리를 위하여 하나님 앞에 나타나시고"

라고 하신 말씀을 성령으로 깨달아 적용해야 합니다. 말씀을 성령으로 깨달아 인용해야 합니다. 그래야 성령으로 거듭난 새사람으로 살아갈 수가 있습니다.

또 구약의 성전은 예수 그리스도의 죽음과 부활을 예표하는 것으로 반드시 무너지게 되어 있습니다(시간성). 지금도 가톨릭 신부들은 자신들이 제사장이라고 주장합니다. 제사장은 반드시 레위 지파에서 나와야 합니다. 지금의 목사나 신부가 레위지파 제사장입니까? 절대로 아닙니다. 만약에 지금도 성전(당)에서 제사장 목사(신부)가 죄를 용서하는 제사 예배를 드린다면, 이는 예수 그리스도의 십자가를 부정하는 이단 행위가 되는 것입니다.

그러한 분들이 자꾸 성전이라는 주장을 하면, "언약궤가 있느냐"고 물어보십시오. 그리고 "당신이 레위지파냐"고 물어보십시오. 이러한 구약의 율법대로 성전을 세워 거룩히 여기고 있는 유대인을 향하여 스데반 집사님께서도 사도행전 7장 47-51절에 "솔로몬이 그를 위하여 집을 지었느니라. 그러나 지극히 높으신 이는 손으로 지은 곳에 계시지 아니 하시나니 선지자의 말한 바 주께서 말씀하시되 하늘은 나의 보좌요 땅은 나의 발등상이니 너희가 나를 위하여 무슨 집을 짓겠으며 나의 안식할 처소가 어디뇨 이 모든 것이 다 내 손으로 지은 것이 아니냐 함과 같으니라. 목이 곧고 마음과 귀에 할례를 받지 못한 사람들아 너희가 항상 성령을 거스려 너희 조상과 같이 너희도 하는 도다" 라는 말씀의 증거를 하시다가 순교를 당하셨습니다.

또한 그리스의 수도 아테네에서 수많은 신전을 바라보며, 사도 바울은 사도행전 17장 24-25절에서 "우주와 그 가운데 있는 만물을 지으신 하나님께서는 천지의 주재시니 손으로 지은 전에 계시지 아니하시고 또 무엇이 부족한 것처럼 사람의 손으로 섬김을 받으시는 것이 아니니 이는 만민에게 생명과 호흡과 만물을 친히 주시는 이심이라" 라는 분명한 증거로써, 온 우주 만물의 창조주이며 주재신이신 영원하신 하나님께서 이방 종교의 귀신들 같이 인간의 손으로 만든 성전에 계시지 아니하며, 또한 언제나 배가 고파 돼지머리를 찾아 인간의 손으로 섬김을 받는 분이 절대로 아니라는 것을 보여주십니다. 오히려 하나님께서는 온 인류에게 생명과 호흡과 만물을 친히 주시는 분이십니다. 영광의 하나님께 찬양과 경배를 올립니다.

넷째, 성경적 복음적인 참 성전. 성경적 복음적 성전은 하늘에 있는 참 성전과 지상에 있는 성전으로 크게 둘로 나눌 수가 있습니다. 영의 눈이 열려야 밝히 보이고 믿을 수가 있을 것입니다.

1) 어린양의 신부인 하늘의 성전(천상교회). 요한계시록 21:9절에 "일곱 대접을 가지고 마지막 일곱 재앙을 담은 일곱 천사 중 하나가 나아와서 내게 말하여 이르되 이리 오라 내가 신부 곧 어린 양의 아내를 네게 보이리라 하고 성령으로 나를 데리고 크고 높은 산으로 올라가 하나님께로부터 하늘에서 내려오는 거룩한 성(城) 예루살렘을 보이니"라는 말씀과 같이, 어린양이신 예수 그리스도의 아름다운 신부의 비밀이 바로 하나님께로부터 하늘에서 내려오는 거룩한 성 예루살렘(천상 교회)인 것을 보여주고 있습니

다. 바로 하늘의 참 성전이 어린양의 신부가 되는 것입니다.

이곳에는 성령으로 거듭나 성령의 인도를 받으면서 하나님의 집 성전으로 살아가면서 매일 하늘나라 천국을 누리면서 사는 성도들이 들어갑니다. 신앙은 지금이 중요합니다. 지금 성령으로 세례를 받고 성령으로 거듭나 성령의 인도를 받으면서 걸어 다니는 성전으로 살아가는 성도가 예수님 재림하실 때에 들림을 받아 영원한 천상의 교회에서 예수님을 찬양하며 영원히 사는 것입니다. 이는 예수님께서 마태복음 25장 1-13절에서 강조하신 열 처녀의 비유에서 잘 이해하고 기름을 준비할 수가 있는 것입니다.

2) 지상 성전(지상교회-예수를 믿는 성도들). 사도 바울은 많은 그의 서신서에서 성전의 참된 의미를 분명하고도 명쾌하게 증거하고 있습니다. "너희가 하나님의 성전인 것과 하나님의 성령이 너희 안에 거하시는 것을 알지 못하느뇨(고전 3:16)"과 "하나님의 성전과 우상이 어찌 일치가 되리요 우리는 살아 계신 하나님의 성전이라(고후 6:16)"과 또 "너희 몸은 너희가 하나님께로부터 받은바 너희 가운데 계신 성령의 전(殿)인 줄을 알지 못하느냐 너희는 너희의 것이 아니라 값으로 산 것이 되었으니 그런즉 너희 몸으로 하나님께 영광을 돌리라(고후 6:19)"라는 말씀에서, 깨달은 대로 바로 예수 그리스도께서 보혈의 공로로 사신 하나님의 택하신 자녀인 예수님을 믿고 성령으로 세례 받아 성령의 인도를 받는 성도(지상교회)가 살아 계신 하나님의 집 성전이며, 하나님의 성령을 모시는 성령의 전(殿)이라는 것을 증거하고 있습니다. 예수믿고 성령으로 거듭난 성도들이 지상교회(성전)라는 말입니다.

또한 "그러므로 이제부터 너희가 외인도 아니요 손도 아니요 오직 성도들과 동일한 시민이요 하나님의 권속이라 너희는 사도들과 선지자들의 터 위에 세우심을 입은 자라 그리스도 예수께서 친히 모퉁이 돌이 되셨느니라. 그의 안에서 건물마다 서로 연결하여 주안에서 성전이 되어 가고 너희도 성령 안에서 하나님의 거하실 처소가 되기 위하여 예수 안에서 함께 지어져 가느니라"(엡 2:19-22)라는 말씀으로, 우리 이방인들도 사도들과 선지자의 터 위에 세우심을 입고 함께 서로서로 연결되어져 예수 안에서 함께 지어져 가는, 그리스도께서 친히 모퉁이 돌이 되신 하나님의 집 처소(성전)가 된다는 것을 증거하고 있습니다.

3) 성전(교회)의 비밀. 이제 성령 하나님을 마음속에 주인으로 모시고 사는, 즉 살아 있는 하나님의 성전인 성도들의 모임인 교회예배당에 대하여 구체적으로 알아보도록 하겠습니다. 예수님께서도 마태복음 18:20절에서 "두세 사람이 내 이름으로 모인 곳에는 나도 그들 중에 있느니라"라는 말씀으로 성도들과 함께 하심을 증거 하십니다. 그러므로, 사도 바울은 고린도전서 1:2절에서 "고린도에 있는 하나님의 교회 곧 그리스도 예수 안에서 거룩하여지고 성도라 부르심을 입은 자들과 또 각처에서 우리의 주 곧 저희와 우리의 주되신 예수 그리스도의 이름을 부르는 모든 자들에게"라는 말씀에서, 하나님의 교회가 바로 주되신 예수 그리스도의 이름을 부르는 모든 성도들의 모임이라는 분명한 증거를 하고 있습니다.

그러니까, 예수님을 믿고 성령으로 세례를 받아 성령의 인도를 받는 성도들이 모여 있어야 교회예배당이라는 것입니다. 반드시 성도들이 두세 사람이 모여 있어야 교회예배당이 되는 것입니다. 교회에서 성도들이 떠나면 성전이 되지 못합니다. 건물입니다.

또한 사도바울은 에베소서 3:6절에 "이는 이방인들이 복음으로 말미암아 그리스도 예수 안에서 함께 상속자가 되고 함께 지체가 되고 함께 약속에 참여하는 자가 됨이라" 라는 증거대로, 성경에는 이방인들도 복음을 듣고 함께 약속에 참여하는 후사가 된다고 하는 너무도 귀한 말씀이 기록되어져 있습니다.

여기서 너무도 놀라운 것은, 이방인에게도 복음이 전파되어 주 예수의 이름을 불러 구원을 얻게 되는 이 모두가 하나님의 창세전에 계획하신 뜻대로 이루어져 가는 놀라운 복음 전파의 역사적 사실이라는 것입니다. "곧 영원부터 우리 주 그리스도 예수 안에서 예정하신 뜻대로 하신 것이라"(엡 3:11)

그러므로 오직 하나님의 은혜로 장차 부활하여 영원한 천국에 가서 이러한 천상 교회를 이루게 될 성도들이, 이 지상에 사는 동안에는 지상 교회(성령으로 거듭난 하나님의 집인 성전 된 성도)를 이루어 그리스도 안에서 점점 성장하게 됩니다. 그러나 이 지상 교회(거듭난 성도)에게는 온갖 거짓 진리와 투쟁을 하며 성경의 진리를 수호하며 오고가는 다음 세대에게 전수하여야 할 사명이 있음으로 "투쟁 교회"라는 표현을 하기도 합니다.

이번 코로나19로 인하여 교회가 정부로부터 여러 제재를 받은 것도 이 때문입니다. 사단은 어찌하든지 성도들이 교회예배당에 나와서 성령 충만하지 못하도록 기를 쓰고 방해하기 때문입니다.

사단은 정부의 권세를 이용하여 겁박하고 믿지 않는 자들을 동조하개 하며 군중심리를 조장하여 성도들이 성령의 기름부음으로 충만하지 못하게 하는 것입니다. 사단의 전략을 알아야 합니다.

지금 교회예배당에 나와서 예배를 드리지 않는 성도들이 많다고 하는데 이는 크게 잘못된 것입니다. 성도라면 주일만이라도 교회예배당에 나와서 영과 진리로 예배를 드리면서 성전 된 자신의 전인격을 정화하여 성령의 충만함으로 성화가 되도록 해야 하는 것입니다. 그래야 예수님 재림하실 때 들림을 받을 수가 있는 것입니다.

4) 유형 교회와 무형 교회. 하나님께로부터 영생을 주시기로 작정된 자들이(행 13:48) 복음을 듣고 예수님을 믿어 주님의 품으로 돌아와 함께 이루어진 성도들의 모임을 보이는 "유형 교회"라고 말합니다. 건물로 지어진 교회예배당에 모인 성도들을 "유형 교회"라고 하는 것입니다.

그리고 "무형 교회"는 고린도 성 안 사람들에게 복음 전하는 사도 바울에게 하나님께서는 사도행전 18:10절의 "내가 너와 함께 있으매 아무 사람도 너를 대적하여 해롭게 할 자가 없을 것이니 이는 이 성 중에 내 백성이 많음이라 하시더라" 라는 말씀을 통하여, 아직 때가 되지 않아 복음을 듣지 못한 하나님의 백성(성도)이 있음을 가리켜 주고 있습니다. 이를 가리켜 "무형 교회"라고 합니다.

그러므로 이 "무형 교회"의 하나님의 택하신 성도들은 때가 되어 주님의 복된 소식을 듣고, 주님께로 돌아와 "유형 교회"를 이루어 이 지상에서의 사명을 감당하게 되는 지상 교회의 구성원으로서 지내다가, 부활 후 하늘의 거룩한 천상 교회의 구성의 일원이 되는 것입니다. "무엇이든지 속된 것이나 가증한 일 또는 거짓말하는 자는 결코 그리로 들어오지 못하되 오직 어린양의 생명책에 기록된 자들뿐이라."(계시록 21:27).

결론적으로 교회건물은 성전이 아닙니다. 교회예배당이며, 예수를 믿어 성령으로 세례를 받고 성령의 인도를 받는 하나님의 집 성전 된 성도들이 모여서 영과 진리로 예배를 드리며 성령으로 세례를 받고 자신 안에서 성령의 불이 나오게 기도하며 자신을 성전으로 거룩하게 가꾸어 가는 교회예배당입니다.

교회란 "하나님의 자녀들의 공동체" 혹은 "불려 내어진 무리"라는 뜻입니다(무리, 공동체). 예수를 영접한 사람이외의 그 어떤 것도 교회가 될 수 없습니다. 흔히 너무도 많은 사람들이 교회라고 착각하고 있는 교회건물은 교회당, 예배당일 뿐이지 정확한 의미에서 교회당은 교회가 아닙니다. 뿐 만 아니라, 인간이 만든 조직이나 제도 역시 그 자체가 교회는 아니며, 그 자체가 신성한 것도 아닙니다. 그것은 대치적 교회구조일 뿐, 결코 교회 본질의 일부가 될 수 없습니다. 교회당 건물을 "성전"이라고 부르는 것은 우민화된 증거이자, 무지의 소치이며, 반성경적인 것이기도 합니다. 교회당 건물을 "주님의 집"이라고 하는 것은 부당합니다. 왜냐하면 교회란 곧 믿는 사람들이기 때문입니다.

오늘 한국교회는 교회가 사람이어야 하는데 그렇지 못하고 건물이 교회입니다. 그래서 교회를 '성전'이라고 하고, '제단'이라고 부르면서 크고 화려한 성전을 지어서 하나님 앞에 영광을 돌리자는 것이 구호입니다. 교회와 세상을 이분법적으로 구별해버렸습니다. 그래서 모든 것을 교회 안으로 끌어 모으는데 온 힘을 쏟습니다. 더 크고 더 화려한 건물을 짓는 것이 우상이 되고 목회 성공의 잣대가 되어버렸습니다.

그런데 세상 사람들은 우리를 개독이라고 조롱하고, 하나님의 이름과 영광을 땅에 떨어지고 짓밟히고 조롱당하고 있습니다. 하나님을 이야기하면 "하나님 좋아하고 있네!"라고 조롱합니다. 왜 그럴까요? 건물은 크고 화려한 데 하나님의 살아계신 역사가 나타나지 않습니다. 자기들하고 별로 다를 것이 없으니까요. 그래서 교회가 "모여라. 돈 내라. 집짓자."하는 곳으로 이해하며 조롱합니다. 하나님은 사람의 손으로 지은 건물에 계시지 않습니다(행 17:24). 예수를 믿어 성령으로 거듭난 성도를 성전삼고 계십니다.

그래서 건물로 지어진 교회가 성전이 아니라, 하나님께서 주인으로 계시는 자신이 성전이라는 의식을 가지고 믿음생활을 해야 합니다. 우리는 참 하나님과 자기의 하나님을 분명히 구별해야 하며, 참 예수님과 거짓예수를 분별해 나가야 합니다. 무엇이 성경적인 진리인지, 유사 진리인지 성령으로 깨달아 알고 믿고 행해야 하며, 무엇이 교회인지 무엇이 교회가 아닌지 분명히 알아야 합니다. 특별하게 하나님의 형상으로 살아갈 성도들은 자신이 성전이라는 것을 분명하게 깨닫고 자신이 하나님의 성전이 되도록 성령의 인도를 받으면서 관리를 해야 할 것입니다. 온몸이 살아계신 하나님의 성전으로 살아가는 성도는 지금 살아서 천국을 누리게 됩니다.

25장 성령의 권능을 나타내며 세상을 살아간다.

(행 3:3-10)"그가 베드로와 요한이 성전에 들어가려 함을 보고 구걸하거늘 베드로가 요한과 더불어 주목하여 이르되 우리를 보라 하니, 그가 그들에게서 무엇을 얻을까 하여 바라보거늘 베드로가 이르되 은과 금은 내게 없거니와 내게 있는 이것을 네게 주노니 나사렛 예수 그리스도의 이름으로 일어나 걸으라 하고, 오른손을 잡아 일으키니 발과 발목이 곧 힘을 얻고, 뛰어 서서 걸으며 그들과 함께 성전으로 들어가면서 걷기도 하고 뛰기도 하며 하나님을 찬송하니, 모든 백성이 그 걷는 것과 하나님을 찬송함을 보고, 그가 본래 성전 미문에 앉아 구걸하던 사람인 줄 알고 그에게 일어난 일로 인하여 심히 놀랍게 여기며 놀라니라"

성령의 불을 받아 성령의 불로 충만한 성도가 되면 살아계신 하나님의 권능으로 살아갑니다. 성령하나님께서 자신의 주인으로 계시기 때문입니다. 살아계신 성령하나님께서 자신을 통하여 역사하시기 때문입니다. 권세와 능력이신 하나님께서 자신을 통하여 나타내시며 세상을 치리하시기 때문입니다. 하나님의 집 성전이 된 성도들은 성령의 지배와 성령의 인도를 받으면서 권세 있고 능력 있는 삶을 사는 것은 당연한 것입니다. 사람들이 도대체 누구를 잡아야 살 수 있을까? 누구의 도움을 받아야 일어설 수 있을까? 고민하고 있습니다. 하지만 세상을 아무리 바라보아도 우리의 도움은 자신을 성전삼고 주인으로 계시는 예수님 밖에 없습니다. 예수 그리스만이 우리 운명을 바꾸는 능력이십니다. 사람들은 돈이 있어야 운명을 바꿀 수 있다고 생각하지만 성경은 우리에게 이렇게 가르쳐줍니다.

베드로가 "은과 금은 내게 없으나 내게 있는 것을 당신에게 주겠소. 나사렛 예수 그리스도의 이름으로 일어나 걸으라"고 말하고 있습니다(행3:3-7). 예수 이름의 능력이 인생의 운명을 바꿉니다. 인생의 희망은 오직 예수 그리스도의 이름에 있습니다. 누구든지 예수 그리스도의 이름을 붙들어야 구원을 얻고 영원한 생명을 얻는 것입니다. 저는 모든 성도들이 자신의 운명을 바꾸는 예수 이름의 권능을 사용하기를 소망합니다. 하나님은 예수 그리스도를 통해 우리의 인생이 평안하기를 원하십니다. 하나님은 예수 그리스도를 통해 주저앉은 삶이 일어나기를 원하십니다. 하나님은 예수 그리스도를 통해 구원받기를 원하십니다.

예수 이름에 변화가 있습니다. 예수 이름에 치유가 있습니다. 예수 이름에 축복이 있습니다. 예수 이름에 행복이 있습니다. 예수 이름에 회복이 있습니다. 예수 이름에 능력이 있습니다. 예수 이름에 기적이 있습니다. 예수 이름에는 평안이 있습니다. 권능 있는 예수 이름을 적절하게 사용하십시오. 그러면 당신의 운명은 주저앉은 인생에서 일어서는 인생으로 바뀌게 될 것입니다. 남에게 도움 받는 인생에서 남을 도와주는 인생으로 바뀌게 될 것입니다. 오직 예수 그리스도의 이름만이 우리의 운명을 변화시키는 기적을 가져옵니다. 예수의 이름에는 능력이 있습니다.

첫째, 성령으로 기도할 때 나타나는 능력. 예수님의 능력은 항상 성령으로 기도하는 사람을 통해 나타납니다. 성령으로 기도하는 사람은 예수 믿을 때 죽었고, 다시 예수님으로 살아나 성령의 인도를 받는 성도이기 때문입니다. 기도가 능력이고, 기도가 성령 충만이기 때문입니다. 유대인들은 바벨론 포로에서 돌아온 후 하루에 세 번 기도하는 습관을 가지고 있었습니다. 본문에는 베드로와 요한이 유대인의 습관을 따라 제 구시에 성전으로 기도하러 올라가는 모습이 소개되고 있습니다.

성령 충만을 경험했던 베드로와 요한이 유대인의 전통적인 기도 시간에 기도하러 성전에 올라갔다는 말은 초대 교회가 유대교의 전통을 완전히 버리지 않고 준행했음을 시사하고 있습니다. 초대교회 성도들이 복음을 유대교의 연장선상에서 이해하고 있었기 때문입니다. 그래서 베드로가 이방인 고넬료에게 복음을 전하는 것을 꺼려했고, 예루살렘 교회 성도들이 문제를 삼았습니다(행 11:2-3). 유대교의 전통을 깨트리기 위하여 성령하나님께서 직접 개입하십니다. 그러나 유대교의 전통이 모두 다 그릇된 것은 아닙니다. 그리스도인이 시간을 정해 놓고 기도하는 습관을 갖는 것은 유익한 것입니다. 베드로와 요한은 자기 형제가 있었지만 그들은 자기 형제 이상으로 친밀한 관계를 유지하고 있었습니다. 그것은 베드로가 회개하고, 하나님이 그를 용납하셨다는 좋은 증거가 되며, 그리스도 안에 있는 교제가 혈연관계보다 더 친밀할 수 있다는 사실을 보여 주는 것입니다.

앉은뱅이가 일어나는 기적은 기도하는 시간에 베드로와 요한을 통해 일어났습니다. 기도하는 사람은 하나님이 함께 하시는 특별한 존재입니다. 그들을 통해 하나님은 기사와 표적을 나타내십니다. 기도는 영적 호흡이며, 하나님과의 교제이고, 자신을 치유하는 시간이고, 심신의 피로를 회복하는 시간이며, 하늘나라의 보물 창고를 열 수 있는 열쇠가 되기 때문입니다. 우리 주님은 구하고 찾는 자에게 가장 좋은 것으로(마7:11), 가장 **빠른 시간 안에**(눅18:8), 우리가 필요한 것만큼(눅11:8) 주시는 분입니다.

하나님께서 우리에게 주신 최고의 능력 가운데 하나가 기도입니다. 하나님께 쓰임 받았던 사람들의 공통점은 기도의 사람이었습니다. 기도의 능력은 제한이 없습니다. 성도는 얼마든지 기도를 통해서 세상을 변화시킬 수 있습니다. 우리는 사도들과 같이 하루에 세 번씩 시간을 정해 놓고 기도할 수는 없어도 하루를 시작하는 새벽 시간을 하나님께 드릴 수는 있습니다. 시간을 정해 놓고 하나님을 만나는 사람은 믿음의 사람입니다.

둘째, 그보다 큰 것도 하는 능력. 성도들의 믿음의 성장, 영적 성장의 과정을 보면 크게 나누어 3단계로 변화를 체험합니다. 예수님을 영접하고 처음 교회에 들어와 새 신자 교육이나, 성경 공부 등을 통하여서 예수님을 우리의 죄를 사하기 위하여서 십자가에 달리신 분이라고 인식하게 됩니다. 즉 "구원자의 예수님"으로 "아 나는 구원을 받았구나" 이렇게 인식하게 됩니다. 그 이후 차츰 시간이 흐르고 목사님들의 설교를 통하여서 혹은 다른 성도들의 간증을 통하여서, 또 성경 말씀을 통하여서 예수님에 대한 인식이 한 단계 변화하게 됩니다.

그 두 번째 단계는 바로 "권능의 예수님"입니다. 성경말씀 속 예수님께서 제자들과 함께 돌아다니시면서 병을 고치시고 귀신을 내보내고 오병이어와 같은 각종 이적과 기사를 행하시는 것을 보면서 "아 예수님은 권능이 있으시구나" "권능의 예수님이시구나" 알게 됩니다.

그런데 문제는 많은 크리스천들이 이 2번째 단계에서 멈춘다는 것입니다. 그 이후에 있는 3번째 단계에 도달하지 못한다는 것입니다. 그렇다면 3번째 단계는 무엇이기에 많은 크리스천들이 이 단계에 도달하지 못하는 것일까요? 바로 3단계는 2단계에서 인식한 능력의 예수님께서 우리에게 실제적으로 역사하는 것을 체험하는 것입니다. 그런데 왜 3단계로 변화되지 못할까요? 그것은 살아있는 성령의 역사를 체험하지 못하기 때문입니다. 성령으로 세례를 받고 내면의 상처를 치유 받으면서 자신에게 역사하는 악한 영을 알고 몰아내는 체험을 하기가 어렵다는 것입니다. 보수적인 교회에서 성령을 체험하기는 상당히 어렵습니다.

왜냐하면 성도들을 양육하는 목회자 중에 예배나 집회를 통하여 성령으로 세례를 베풀 수 있는 목회자가 많지 않기 때문입니다. 그래서 실제 말씀대로 성령의 역사를 일으키지 못합니다. 성도들이 살아있는 성령의 역사를 체험하지 못하니까, 예수님께서 행하신 기적들은 당시 예수님 시대에서만 행하여지는 것이고, 우리가 사는 현대 시대에는 있을 수 없는 일이라고 생각한다는 것입니다. 성도들은 목사님이 알려주는 것만 알고 행하기 때문입니다.

그러므로 담임 목사님들의 영성이 중요합니다. 영적인 진리를 많이 알고 전하고 체험하게 해야 한다는 책임감이 있어야 합니다. 성도들은 자신이 알려주는 것만 알고 있다는 것을 알아야 합니다.

또 우리는 그런 기적을 행할 수 없다고 생각하는 것입니다. 이는 우리가 믿는 기독교가 생명의 종교요, 기적의 종교요, 체험의 종교라는 것을 알지 못하고 믿지 않은 연고입니다. 하지만 우리 안에 성령이 계시고, 지금도 살아서 역사하고 계시는 성령이라는 것을 알고 믿으며, 성경을 하나님의 말씀으로 믿고 있다면 이런 생각은 잘못된 것임을 알아야 합니다.

하나님은 지금도 살아서 역사하시는 하나님이십니다. 하나님은 말씀하신 것을 실제로 이루시는 분입니다. 그러므로 성령의 임재 하에 말씀을 선포한 그대로 이루어진다는 믿음을 가져야 합니다. 요한복음 14장 12절을 보면 "내가 진실로 진실로 너희에게 이르노니 나를 믿는 자는 나의 하는 일을 저도 할 것이요 또한 이보다 큰 것도 하리니 이는 내가 아버지께로 감이니라"

이처럼 예수님께서는 친히 우리에게 우리가 예수님을 믿는다면 예수님께서 하신 일을 할 수 있으며 또 그보다 큰 것도 한다고 말씀하셨습니다. 예수님께서 행하신 눈먼 사람도 고칠 수 있으며, 앉은뱅이도 일어서게 할 수 있으며, 혈루병, 귀신들린 자, 벙어리 된 자, 각종 암, 우울증, 공황장애, 죽은 자, 오병이어의 기적뿐만이 아니라, 그보다 더 큰 기적을 우리는 행할 수 있다고 말하고 계시는 것입니다.

그렇다면 2단계에서 3단계로 성장하기 위해서는 어떻게 해야 할까요? 예수님께서 행하신 기적들을 우리가 행하려면 어떤 것이 필요할까요? 그 비밀의 열쇠는 바로 "예수라는 이름의 능력의 사용"입니다. 예수님의 권능을 사용하려면 먼저 성령을 바르게 알고 성령으로 세례를 받아야 합니다. 성령으로 불세례를 받으면서 성령충만하여 성령의 지배와 인도를 받아야 합니다. 예배나 집회에서 실제로 살아서 역사하시는 성령을 체험해야 영적인 수준이 향상되는 것입니다. 예수님은 이렇게 말씀을 하십니다. "너희가 내 이름으로 무엇을 구하든지 내가 시행하리니 이는 아버지로 하여금 아들을 인하여 영광을 얻으시게 하려함이라 내 이름으로 무엇이든지 내게 구하면 내가 시행하리라"(요 14:13~14)

위 말씀은 예수님께서 직접 하신 말씀으로 13절에 "너희가 내 이름으로 무엇을 구하든지 내가 시행하리니…" 그리고 또 14절 "내 이름으로 무엇이든지 내게 구하면 내가 시행하리라"에 두 차례나 걸쳐서 예수님께서 예수님 자신의 이름으로 "무엇이든지" 구하면 시행하리라 라고 말씀하고 계십니다. 이처럼 내 이름으로! 예수이름! 으로 구하면 시행하신다는 것입니다. 마가복음 16장 17~18절을 보면 "믿는 자들에게는 이런 표적이 따르리니 곧 저희가 내 이름으로 귀신을 좇아내며 새 방언을 말하며 뱀을 집으며 무슨 독을 마실지라도 해를 받지 아니하며 병든 사람에게 손을 얹은즉 나으리라 하시더라"

그렇습니다. 예수라는 이름으로는 불가능한 것이 없습니다. 우리가 예수님의 이름을 부르면 귀신이 떠나가는 역사가 일어납니다. 우리가 예수님의 이름을 부르면 병이 씻은 듯이 낫습니다. 또 우리가 예수님의 이름을 부르면 불가능한 것도 가능해지는 것입니다. 이처럼 예수라는 이름에는 그 이름 속에는 능력과 권세가 있기 때문에 "내가 나사렛 예수의 이름으로 명령하노니 귀신아 떠나가라!" 이렇게 담대히 선포할 수 있는 것입니다.

예수님은 어떠한 제한도 두지 않으시고 '무엇이든지'라고 하셨습니다. 무엇이든지 예수님이름으로 구하면 예수님께서 시행해주신다고 해결해 주신다고 하셨습니다. 예수님께서 말씀하신 '무엇이든지'라는 것을 우리는 마음속 깊숙이 새겨야 합니다. 예수님의 이름의 능력에는 어떠한 조건도 제한도 두어서는 안 됩니다.

지금 저는 성령치유 사역에서 이 예수님의 이름의 권세와 능력을 몸소 체험하고 있습니다. 어디를 갈 때든지 어느 곳에 있든지 항상 예수님께서 동행하신다는 것을 믿으면서 속으로나 혹은 입으로 '예수 이름으로 명하노니…!'라고 계속 선포를 합니다. 저는 앞의 말씀처럼 무엇이든지 구하라 하신 예수님의 말씀을 그대로 믿고 작은 것 하나부터 실천했습니다. 내가 믿음으로 선포할 때 예수님이 하신다는 믿음이 중요합니다. 그래서 그냥 지나칠 수 있는 사소한 일이라도 예수님께 구합니다. 믿음가지고 예수님 이름으로 구합니다. 제가 힘이 없을 때 "예수 이름으로 나에게 힘이 생길지어다"를 외치고 제가 우울해질 때 "예수 이름으로 나의 우울함은 떠나갈지어다"를 외치고, 제가 화가 날 때 누군가가 미워질 때 "예수 이름으로 화는 분은 떠나갈지어다"를 외칩니다. 이렇게 '예수 이름으로'를 외치고 나면 정말로 신기하게도 모든 것이 해결이 되고 마음의 평안이 옵니다. 마음에 사랑이옵니다. 기쁨이 옵니다. 이것이 바로 예수라는 이름의 능력이고 힘인 것입니다.

예수라는 이름에는 이미 그 권세와 능력이 들어있습니다. 그 이름의 능력을 믿고 작은 것부터 예수이름으로 구하여 보십시오. '이런 것쯤이야'라는 나태한 마음을 버리시고 하나하나 작은 것부터 예수이름을 외치십시오. 그런다면 우리도 예수님처럼 귀신을 쫓고 기적을 행하는 진정한 예수님의 제자다운 크리스천이 될 것입니다. 예수님의 권능을 사용할 줄 알아야 진정한 성도가 되는 것입니다.

셋째, 물질보다 더 뛰어난 능력. 예수의 이름에는 은, 금보다 더 뛰어난 능력이 있습니다. 베드로와 요한이 앉은뱅이를 만난 곳은 미문이었습니다. 그 문은 높이가 75피이트에 폭이 60피이트나 되는 거대한 문이었습니다. 사람들은 그 문을 "니카노르 문"(Nicanor Gate)이라고 불렀습니다. 그러나 그 문이 너무나 아름답고 웅장하기 때문에 "아름다운 문"이라고 부르기를 더 좋아했습니다.

그렇게 아름답고 어마어마한 문과는 대조적으로 그 문 앞에 날마다 쭈그리고 앉아 때 묻은 손을 내밀며 구걸하는 불쌍한 사람이 있었습니다. 하나님이 사랑하는 당신이여! 가장 아름다운 공간 안에 가장 초라한 인생이 앉아 있는 모습을 상상해 보시기 바랍니다. 그것은 참으로 아이러니입니다. 사도행전 4장 22절에 "이 표적으로 병 나은 사람은 40여세나 되었더라"고 기록된 것을 보면, 그는 40년간이나 앉은뱅이 인생을 살아 온 것입니다. 어릴 때는 그런대로 부모의 보호를 받으며 자랄 수 있었을 것입니다. 그러나 세월이 지남에 따라 부모도 늙어서 그를 도와 줄 수 없게 되었고, 형제들은 저마다 출가나 분가를 했을지도 모릅니다. 그래서 그는 혼자 남게 되었을 것입니다.

건강하지 못한 이 앉은뱅이는 아무것도 할 수 없었습니다. 그때에 친척과 이웃이 그에게 여러 가지로 권면했을 것입니다. "아무렴 산 사람 입에 거미줄을 쳐서야 되겠느냐?"고 말입니다. 그래서 그는 이웃의 도움을 받으며 미문 앞에서 구걸을 하기 시작했습니다. 살기 위해서 그가 할 수 있는 일은 그것 밖에 없었습니다. 성전 문 앞에는 항상 거지들이 줄지어 있었습니다. 그것은 하나님의 전으로 올라가는 사람들에게 동정이나 자비를 구하는 것이 비교적 쉬웠고 또 자선에도 비교적 관대했었기 때문이었습니다.

그렇게 구걸하며 지내던 어느 날 그는 평소와 같이 때 묻은 손을 내밀며 동정을 구하고 있었는데 그 길을 베드로와 요한이 지나가다가 그를 보게 되었습니다. 가난한 베드로와 요한은 그에게 줄 돈이 없었습니다. 그러나 그냥 지나쳐 갈 수가 없었습니다. 그래서 그에게 우리를 보라고 요청했습니다. 앉은뱅이는 인간적인 기대 이상을 바라지 않았습니다. 내가 무엇을 해야 구원을 받을 수 있느냐고 묻지도 않았습니다.

앉은뱅이가 그들을 바라보자 베드로가 외쳤습니다. "은과 금은 내게 없거니와 내게 있는 것으로 네게 주노니 곧 나사렛 예수 그리스도의 이름으로 걸으라" 베드로는 앉은뱅이가 구하는 돈이 아니라 예수의 이름을 주었습니다. 앉은 뱅이가 일어난 것은 영이 알아듣고 혼에게 명령하니, 혼이 알아듣고 육에게 명령하니 육이 순종하여 앉은뱅이가 뛰어서 걸으며 간증한 것입니다. 우리도 예수 이름의 권능을 전해야 합니다. 희망을 잃은 사람들에게 예수의 이름을 나누어 주는 일은 교회가 할 일입니다. 성도가 할 일입니다. 세상은 은과 금의 이야기로 가득차 있습니다. 돈 이야기를 빼면 할 말이 없는 세상입니다. 그러므로 능력도 상실했습니다.

13세기 로마 법왕이 법왕궁에 쌓인 금을 가리키면서 "은과 금은 없다는 시대는 지나갔다"고 교만하게 말하자 신학자 토마스 아키나스는 "법왕 폐하 옳은 말씀입니다. 그러므로 나사렛 예수의 이름으로 걸으라고 말할 시대도 지나갔습니다"고 대답했습니다. 참으로 안타까운 현실입니다. 영국교회는 잠자고 있습니다.

사람들은 돈이면 무엇이든 할 수 있다고 생각하지만 우리 인생에서 정말 중요한 것은 결코 돈으로 살 수 없습니다. 오늘날 돈에는 부요하지만 영혼은 가난한 사람이 많습니다. 돈은 많지만 참된 평안을 잃어버리고 불안에 떠는 사람이 많습니다. 오늘날 사람들은 은과 금에 인생의 희망을 겁니다. 하지만 인생의 희망은 오직 예수 그리스도의 이름에 있습니다. 누구든지 예수 그리스도의 이름을 붙들어야 구원을 얻고 영원한 생명을 얻는 것입니다. 저는 모든 성도들이 자신의 운명을 바꾸는 예수 이름의 능력을 소유하기를 소망합니다.

넷째, 구하는 것을 주시는 능력. 예수의 이름에는 우리가 구하는 것을 주시는 능력이 있습니다. 또한 우리의 필요를 채워주시는 능력이 있습니다. 베드로는 앉은뱅이의 오른손을 잡아 일으켰습니다. 이 대목에서 베드로의 위대성을 보게 됩니다. 치료의 확신이 없었다면 손을 잡고 일으킬 수가 없었을 것입니다. 진정한 구제는 행동이 수반되어야 합니다. 사도행전 3장 8절은 이 명령이 환자에게 준 영향에 대하여 설명해 주고 있습니다. 그는 말씀에 복종하여 뛰어 일어나 걸었습니다. 그는 잠을 자고 난 후 몸이 회복된 사람처럼, 자기에게 힘이 있는지 의심하지 않고 걷기 시작했습니다. 그것은 수천수만 개의 은과 금이 주지 못하는 놀라운 기적이었습니다. 존재의 변화입니다. 그리고 그가 고침 받은 자신의 모습을 사람들에게 보여 주며 하나님을 찬미한 것은 간증이었습니다. 하나님의 은총을 경험한 사람은 그들이 경험한 것을 증명해야 합니다.

누가 앉은뱅이였던 사람에게 "벌어먹고 살기도 힘들 텐데 다시 앉은뱅이로 돌아가는 것이 어떻겠느냐"고 묻는 다면 그는 단호히 거절할 것입니다. 일어서 보기 전에는 앉아 있는 것이 그런대로 안전하고 편하다고 생각할지도 모릅니다. 그러나 서는 기쁨, 걷는 기쁨, 달리는 기쁨을 경험한 그는 절대로 앉은뱅이 상태로 돌아가려고 하지 않을 것입니다. 넘어지는 것을 겁내는 어린이는 절대로 서서 걸으려고 하지 않습니다. 신앙생활도 마찬가지입니다. 은혜를 경험하고, 주를 위해 봉사하며 말씀대로 살아 본 사람은 절대로 과거로 돌아가려고 하지 않습니다. 그것이 설사 육신적으로 피곤하고 물질적으로 희생이 되어도 그는 그가 경험한 은혜의 자리에서 앞으로 전진 할 뿐입니다.

결론적으로 예수님이 주신 값진 것을 바르게 사용할 수 있는 능력이 있어야 합니다. 우리 한국교회의 맹점이 알기는 많이 아는데 사용할 줄을 모르는데 있습니다. 성령세례, 성령의 불세례, 성령의 충만 등 성령의 역사가 귀하기 때문입니다. 우리나라 교회예배당에 말씀은 아주 풍년입니다. 그런데 성령의 역사는 흉년입니다. 아무리 좋은 것을 주어도 사용할 줄 모르면 무용지물이 되는 것입니다. 그래서 주님은 우리가 군사가 되도록 성령의 인도를 받으며 훈련을 하시는 것입니다. 저는 항상 강조합니다. 성도가 예수를 믿고 교회에 들어와 믿음생활을 바르게 하다가 보면 성령으로 세례를 받습니다. 성령으로 세례를 받고 성령으로 기도하여 성령의 불세례를 받으면 성령의 은사도 나타납니다. 자신에게 임한 성령의 역사와 은사가 자신의 전인적인 치유의 역사로 일어납니다. 이때 성령의 충만과 성령의 기름부음을 체험하게 되는 것입니다.

성령이 자신의 육성을 치유할 때 강력하게 역사하므로 자신의 심령에서 뜨거운 역사가 일어나는 것입니다. 자신을 치유하면서 군사가 되는 것입니다. 하나님은 자신에게 부여한 성령의 권능을 가지고 자신을 치유하면서 군사가 되도록 훈련하는 것입니다. 자신을 치유하고 심령을 천국 만든 다음에 가정을 치유하여 천국을 만드는 것입니다. 이렇게 성령의 권능을 가지고 자신과 가정을 치유하면서 하나님의 군사로 거듭나는 것입니다. 하나님의 군사가 된 다음에 세상에 나가 세상을 성령의 역사로 장악하는 것입니다. 그러므로 성도는 예수님이 주신 권능을 사용할 줄 알아야 진정한 하나님의 형상으로 변화된 하나님의 군사가 되는 것입니다.

이 책을 통해 예수님이 땅끝까지 전파 되기를 소원합니다.
(출판으로 인한 이익금은 문서선교와 개척교회 선교에 사용합니다.)

성령의 불 받을 때 느낌 체험

발 행 일 l 2022. 11.10초판 1쇄 발행

지 은 이 l 강요셉

펴 낸 이 l 강무신

편집담당 l 강무신

디 자 인 l 강무신

교정담당 l 강무신

펴 낸 곳 l 도서출판 성령

신고번호 l 제22-3134호(2007.5.25)

등록번호 l 114-90-70539

주　　소 l 서울 서초구 방배천로 2길 53(방배동)

전　　화 l 02)3474-0675/ 3472-0191

E-mail l kangms113@hanmail.net

유　　통 l 하늘유통. 031)947-7777

ISBN l 978-89-97999-87-3 부가기호 l 03230

가　　격 l 16,000원